Weimar

und Umgebung

Bernd Wurlitzer · Kerstin Sucher

W0046458

Reise-Taschenbuch

Inhalt

Unterwegs in Weimar

Inhalt

Auf Entdeckungstour

Karten und Pläne

▶ Dieses Symbol im Buch verweist auf die
   Extra-Reisekarte Weimar

Das Klima im Blick

Reisen bereichert und verbindet Menschen und Kulturen. Wer reist, erzeugt auch CO_2. Der Flugverkehr trägt mit einem Anteil von bis zu 10 % zur globalen Erwärmung bei. Wer das Klima schützen will, sollte sich für eine schonendere Reiseform (z. B. die Bahn) entscheiden – oder die Projekte von *atmosfair* unterstützen. *Atmosfair* ist eine gemeinnützige Klimaschutzorganisation. Die Idee: Flugpassagiere spenden einen kilometerabhängigen Beitrag für die von ihnen verursachten Emissionen und finanzieren damit Projekte in Entwicklungsländern, die dort den Ausstoß von Klimagasen verringern helfen. Dazu berechnet man mit dem Emissionsrechner auf *www.atmosfair.de*, wie viel CO_2 der Flug produziert und was es kostet, eine vergleichbare Menge Klimagase einzusparen (z. B. Berlin – London – Berlin 13 €). *Atmosfair* garantiert die sorgfältige Verwendung Ihres Beitrags. Klar – auch der DuMont Reiseverlag fliegt mit *atmosfair!*

Schnellüberblick

Im Norden Weimars
Nirgendwo in Deutschland liegen Kultur und Barbarei so dicht beieinander wie im Norden Weimars: Schloss und Park Ettersburg sowie Schloss und Park Tiefurt, die Musenhöfe der Herzogin Anna Amalia, auf der einen Seite – und auf der anderer Seite das Konzentrationslager Buchenwald, ein Ort des Schreckens und Grauens zur Zeit des Nationalsozialismus. S. 176

Südliche Altstadt
Weit über die Landesgrenzen hinaus sind die Sehenswürdigkeiten der südlichen Altstadt bekannt: Goethes Haus am Frauenplan, Schillers Wohnhaus, das Nationaltheater mit Weimars Wahrzeichen, dem Goethe- und Schiller-Denkmal, davor sowie das Bauhaus-Museum. Die Rundgänge beginnen meist am Marktplatz mit dem berühmten Hotel Elephant, in dem Thüringens bester Koch die Gäste verwöhnt. S. 100

Ausflüge in die Umgebung
37 765 Kilometer soll Goethe in seinem Leben zurückgelegt haben. Viele der Reisen führten ihn in Weimars nähere und weitere Umgebung. Doch was damals beschwerliche Reisen waren, sind heute loh-

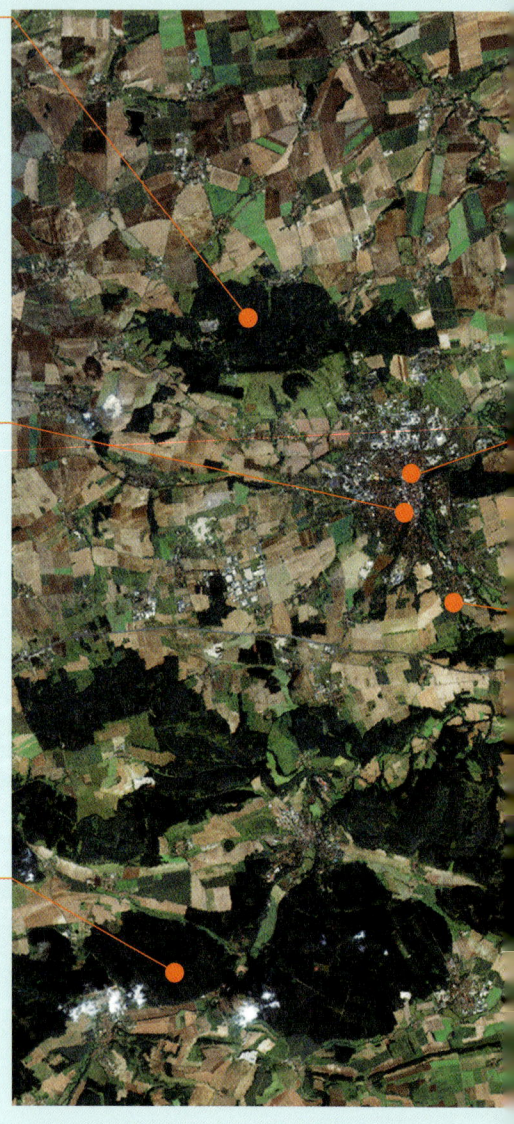

nende Ausflüge: etwa in das Städtchen Bad Berka im Ilmtal, aber auch bis nach Erfurt und Jena. Und natürlich in die herrliche grüne Umgebung rund um die Kulturstadt. S. 246

Nördliche Altstadt

Der Spaziergang vom Markt aus in die nördliche Altstadt ist eine Reise durch die Jahrhunderte: Vom Residenzschloss, das international beachtliche Kunstschätze beherbergt, geht es weiter zur Stadtkirche St. Peter und Paul, in der Johann Gottfried Herder predigte. Schließlich betritt man den ältesten Teil der Stadt, der sich um die Jakobskirche erstreckt. Hat man deren Turm erstiegen, liegt einem Weimar zu Füßen. S. 140

Im Süden Weimars

Eine Fülle von Sehenswertem hält der Süden Weimars bereit: Bauhausbauten, Historischer Friedhof, Park an der Ilm sowie Schloss und Park Belvedere, das »Sanssouci der Herzöge von Weimar«. Dazu kommen zahlreiche Villen mit viel Geschichte. Ganz vorn rangieren jene, die mit dem Namen »des Alleskünstlers für alle«, Henry van de Velde, verbunden sind. S. 208

Die Autoren

Mit Bernd Wurlitzer und Kerstin Sucher unterwegs

Unsere Autoren sind eng mit Weimar verbunden. Bernd Wurlitzer, der Journalistik und Foto-Design studierte, reist bereits seit Jahrzehnten nach Weimar. Kerstin Sucher, die das Studium an der Uni Leipzig als Diplom-Sprachmittlerin abschloss, lebte in Weimar, wo sie nach der Wende rund 12 Jahre für das touristische Auslandsmarketing zuständig war. In der Kulturstadt lernten sich beide kennen; heute leben und arbeiten sie als freie Journalisten in Berlin. Weimar, wo viele ihrer Freunde zu Hause sind, besuchen sie regelmäßig (www.tourismusjournalisten.de).

Kulturstadt mit frischem Wind

Rasch werden Sie feststellen: Weimar hat Flair. Die Stadt ist voller interessanter Gegensätze: Kleinstadtmuff und Modernität, Borniertheit und frischer Wind. Vor allem aber ist in Weimar immer etwas los, in den Theatern, Museen, Kneipen. Dafür sorgen auch die Touristen – immerhin rund drei Millionen im Jahr – sowie rund 5000 Studenten. Und das bei knapp 65 000 Einwohnern. Nichts haben die Worte des Fürsten von Pückler-Muskau – vor fast 200 Jahren geäußert – an Aktualität verloren: »Weimar ist nur eine kleine Stadt und doch eine Weltstadt.«

Weimar ist die Stadt Goethes und Schillers. Die beiden Dichterfürsten tummeln sich wahrlich an fast jeder Ecke. In die thüringische Stadt reist man vor allem, um das »Ensemble Klassisches Weimar« kennenzulernen. Die UNESCO hat es als Welterbe geadelt – ebenso wie die Gründungsbauten des legendären Bauhauses. Gleichberechtigt stehen sie neben dem Sommerpalast in Peking und den Ruinen Trojas auf der Welterbeliste! Das macht die Weimarer stolz und das dürfen sie auch sein.

Doch die Stadt hat weit mehr vorzuweisen: eine Dichte an Museen und Gedenkstätten, wie sie keine andere europäische Stadt dieser Größe auch nur annähernd besitzt, herausragende Werke der Bildenden Kunst und mit dem Deutschen Nationaltheater eine der geschichtsträchtigsten Bühnen Deutschlands. In Weimar haben Johann Sebastian Bach und Franz Liszt Musikgeschichte geschrieben. Deren Erbe wird von der Staatskapelle Weimar und der Musikhochschule »Franz Liszt« gepflegt und weitergeführt – ebenso wie das der Bauhaus-Genies Walter Gropius, Lyonel Feininger & Co. von der Bauhaus-Universität. Daneben ist Weimar ein Ort politischer Entscheidungen: So trägt die erste bürgerliche Demokratie auf deutschem Boden den Namen der Stadt.

Aber auch das ist Weimar: Fast in Rufweite von Goethes Wohnhaus er-

8

richteten die Nationalsozialisten das Konzentrationslager Buchenwald, in denen sie Zehntausende erniedrigten und quälten. Nirgendwo anders in Deutschland liegen Kultur und Barbarei, Humanität und Grauen so dicht beieinander.

Grüne Oasen

Reich gesegnet ist Weimar mit prachtvollen Parkanlagen, sie ziehen sich als grünes Band von Belvedere bis nach Tiefurt. Man sollte die grünen Oasen nutzen! Haben Sie den Kulturmarathon absolviert, kaufen Sie sich auf dem Marktplatz einige Leckereien und lassen sich damit zum Picknick im Ilmpark nahe bei Goethes Gartenhaus nieder. Oder machen Sie das, was zu Thüringen und Weimar gehört: Probieren Sie eine der berühmten Thüringer Bratwürste. Aber bitte mit Senf und nicht mit Ketchup. Sonst outen Sie sich gleich als Tourist.

Jahrzehntelang war Weimar von provinzieller Enge geprägt und sonnte sich im Ruhm der Herren Goethe und Schiller. Mit dem Kulturstadtjahr 1999 begann man, das beschauliche, verstaubte Museumsdasein abzustreifen. Das Kulturleben wurde zeitgemäßer, vor allem durch das vielfarbige Kunstfest »Pèlerinages«. In den nächsten Jahren dürften Sie viel Neues entdecken: Das Residenzschloss wird zum Zentrum der Museumslandschaft, die Ausstellungen verändern sich, ein neues Bauhaus-Museum wird die Brücke zur Gegenwart schlagen ...

Touristenfreundlich

Dichterfürst Goethe sagte vor fast 200 Jahren zum alten Eckermann: »Wo finden Sie auf einem so engen Fleck noch so viel Gutes!« Auch Thomas Mann gefiel der »enge Fleck« und er schrieb in seinem Roman »Lotte in Weimar«: »Bei uns in Weimar gibt es dergleichen wie weite Wege nicht ...« Die meisten Sehenswürdigkeiten drängen sich in der Altstadt, die gerade mal 600 x 500 m misst. Touristenfreundlicher geht es kaum. Also dann: Auf nach Weimar, in die Kulturstadt auf kleinem Raum, durch deren geschichtsträchtige Häuser und Gassen in den nächsten Jahren verstärkt ein zeitgenössischer Wind wehen wird.

9

Café »Frauentor«: leckere Torten und interessierte Blicke, S. 112

Schloss, Park, Theater Kochberg: Kunst, Natur und Kultur beieinander, S. 250

Lieblingsorte!

Im Ilmpark: beim Träumen die Welt um sich vergessen, S. 240

Auf dem Marktplatz: Zwiebelzöpfe, Ginkgo und Rostbratwürste, S. 104

Die Wagnergasse: Jenas Kneipenmeile im Herzen der Altstadt, S. 274

Blick vom Jakobskirchturm: Die Stadt liegt einem zu Füßen, S. 166

Vor dem Café Frauentor sitzen und Touristen beobachten, die dort entlangeilen, wo einst Herzogin Anna Amalia promenierte, im Ilmpark den Blick über das Flüsschen schweifen lassen und in Gedanken Goethe mit seiner Christiane sehen und später in Herders blühendem Hausgarten den Herrn Oberhofprediger ... Manchmal jedoch mögen wir unsere Weimarer Lieblingsorte gar nicht! Dann nämlich, wenn wir wieder einmal die Welt um uns und den Blick auf die Uhr vergessen. Aber ist das nicht legitim? Schließlich sind das die Orte, die wir lieben gelernt haben und deshalb immer wieder gern besuchen, die uns besonders mit Weimar verbinden.

Entspannung pur im Park des Hotels »Dorotheenhof«, S. 196

Herders Hausgarten: grüne Altstadtoase mit Vogelgezwitscher, S. 152

Reiseinfos, Adressen, Websites

Große Musikkunst vor spektakulärer Kulisse beim MDR-Musiksommer

Informationsquellen

Infos im Internet

www.weimar.de
Die sehr umfangreiche und attraktive Seite der Tourismusorganisation informiert über all das, was man bei einem Besuch in Weimar machen kann und sollte. Sie finden ausführliche Beschreibungen der Sehenswürdigkeiten, Veranstaltungstipps, Tourenvorschläge und können Hotelzimmer zu tagesaktuellen Preisen buchen. Ein kleiner Film stimmt auf das Reiseziel ein.

http://stadt.weimar.de
Die offizielle Seite der Stadt Weimar liefert Informationen für Einheimische sowie Gäste. Die Seite ist mit der o. g. Tourismusseite verlinkt. Beide ergänzen sich gegenseitig.

www.weimar-tourist.de
Die übersichtlich aufbereitete Website gibt Antworten auf alles Wissenswerte zur Kulturstadt.

www.klassik-stiftung.de
Wollen Sie sich intensiver mit dem klassischen Erbe Weimars befassen? Dann sind Sie auf dieser Seite genau richtig. Infos über die klassischen Museen, Schlösser und Parks sowie die Klassikergedenkstätten in Thüringen.

www.uni-weimar.de
Mit rund 4000 Studenten ist die Bauhaus-Universität die größte Lehreinrichtung für junge Leute und führt die Traditionen des Bauhauses fort. Innovativ und zukunftsweisend ist demzufolge auch der Internetauftritt.

www.hfm-weimar.de
Neben der Vorstellung der Hochschule für Musik »Franz Liszt« für Studie-

rende lädt der umfangreiche Veranstaltungskalender zum Besuch eines der zahlreichen Konzerte ein.

www.nationaltheater-weimar.de
Was wird gespielt im Deutschen Nationaltheater zum gewünschten Termin? Wie kommen die Inszenierungen an? Online-Buchungen für Aufführungen sind über die Seite möglich.

www.pelerinages.de
Hier findet man Informationen über Weimars bedeutendstes überregionales Kulturfestival, auch ein Blick in die Programme der vergangenen Jahre ist recht interessant.

www.weimarpedia.de
Die Website für junge Menschen animiert zum Mitmachen: Schüler erforschen die klassischen Welterbe-Stätten und setzen sich kreativ mit dem historischen Erbe auseinander.

www.weimartrip.de
Gästeführer stellen ihre Heimatstadt vor. Die Seite ist einfach strukturiert, aber mit viel Liebe gestaltet. Es sind interessante Details zu erfahren.

www.thueringen-tourismus.de
Wer sich neben Weimar auch noch ein wenig im Land umschauen möchte, findet auf dieser Seite umfangreiche Informationen über den Tourismus und Buchungsmöglichkeiten im Freistaat Thüringen.

Touristeninformation

Tourist-Information Weimar
Markt 10, Tel. 03643 74 50, Fax 03643 74 54 20, tourist-info@weimar.de,

www.weimar.de, April–Okt. Mo–Sa 9.30–19, So 9.30–15, Nov.–März Mo–Fr 9.30–18, Sa, So 9.30–14 Uhr

Welcome Center im Atrium

Filiale der Tourist-Information im Shopping-Center Atrium, Friedensstr. 1, Mo–Sa 10–18 Uhr

Besucherinformation der Klassik Stiftung Weimar

Frauentorstr. 4, Tel. 54 54 00, Fax 41 98 16, www.klassik-stiftung.de, Mo–Fr 9–16 Uhr sowie Markt 10, Tel. 54 54 07, Öffnungszeiten wie Tourist-Information

Buchenwald-Information

Markt 10 (in der Tourist-Information), Tel. 74 75 40, www.buchenwald.info, Öffnungszeiten wie Tourist-Information

Weimarer Land

Markt 10 (in der Tourist-Information), Tel 74 54 33, www.im-weimarer-land.de, Öffnungszeiten wie Tourist-Information

Alle zwei Monate erscheint »**weimar plus weimarer land**«, der Veranstaltungskalender für die Kulturstadt und die Umgebung. Sechs Mal im Jahr kommt das anspruchsvolle »**Kultur Journal Mittelthüringen**« heraus.

Lesetipps

Damm, Sigrid: Christiane und Goethe, Frankfurt/Main, Leipzig 1999. Das Lebensbild von Christiane Vulpius, später von Goethe, der Frau an Goethes Seite, vermittelt Erstaunliches und Neues. Ein interessanter Tatsachenbericht über das Alltagsleben Goethes und seiner Familie.

Damm, Sigrid: Das Leben des Friedrich Schiller, Frankfurt/Main, Leipzig 2004.

Eine Entdeckungsreise zu Schiller, die vom »Zauber des Authentischen« lebt. Schiller selbst lässt den Leser teilhaben an der Entstehung seiner Werke und am alltäglichen Familienleben.

Damm, Sigrid: Goethes letzte Reise, Frankfurt/Main, Leipzig 2007. Seine letzte Reise nach Ilmenau im August 1831 tritt Goethe im Wissen um die Endlichkeit des Daseins an. Die Autorin beleuchtet feinfühlig die Auseinandersetzung mit dem nahenden Tod.

Goethe, August von: Wir waren heiter; herausgegeben von Gabriele Radecke, Berlin 2007. Die Tagebuchnotizen von Goethes Sohn August, die er 1819 während einer Reise mit seiner Frau nach Preußen und Sachsen machte, und viele, teils bislang unveröffentlichte Briefe vermitteln das stimmungsvolle Bild einer spannungsgeladenen Ehe und einer schwierigen Vater-Sohn-Beziehung.

Hecker, Jutta: Im Schatten Goethes, Weimar 1993. Eine Novelle über Goethes engen Freund und Sekretär Eckermann.

Jena, Detlef: Maria Pawlowna, Regensburg 1999. Die erste Biografie über die russische Großfürstin, die nach ihrer Heirat mit dem Weimarer Erbherzog Carl Friedrich Weimars Kulturleben herausragend förderte.

Merseburger, Peter: Mythos Weimar – Zwischen Geist und Macht, München 2003. Die kulturelle und politische Geschichte Weimars von der Zeit Luthers bis heute.

Niven, Bill: Das Buchenwaldkind. Wahrheit, Fiktion und Propaganda, Halle 2009. Der Autor beleuchtet den Mythos über die Rettung des vierjährigen Stefan Jerzy Zweig aus dem KZ Buchenwald neu.

Safranski, Rüdiger: Goethe & Schiller. Geschichte einer Freundschaft, München 2009. War es wirklich Freundschaft? Dieser spannenden Frage geht der Autor in seiner leichtfüßig und unterhaltsam geschriebenen Biografie nach. Detailreich schildert er die Entwicklung der Freundschaft und der Zusammenarbeit der charakterlich so gegensätzlichen Dichtergrößen.

Walser, Martin: Ein liebender Mann, Reinbek 2008. Die letzte große Liebe des über 70-jährigen Goethe, nämlich zu der 17-jährigen Ulrike von Levetzow. Ein feinfühlig erzählter Roman.

Werner, Charlotte Marlo: Goethes Herzogin Anna Amalia – Fürstin zwischen Rokoko und Revolution, Düsseldorf 1996. Eine Biografie über die braunschweigische Fürstin, die zur Wegbereiterin und zum Sinnbild des klassischen Weimar wurde.

Weber, Christiane: Lyonel Feininger – genial – verfemt – berühmt, Weimar 2009. Aufmerksam und kenntnisreich folgt die Autorin der Weimarer Zeit des berühmten deutsch-amerikanischen Bauhaus-Künstlers.

Zaremba, Michael: Johann Gottfried Herder, Prediger der Humanität, Köln, Weimar, Wien 2002. Eine verständlich geschriebene, aber dennoch wissenschaftlich fundierte Herder-Biografie, die als erste auf Herders gesamte uns überlieferte Korrespondenz zurückgreift.

Wann verreisen?

Weimar im Frühling

Die Natur und das Leben erwachen und mit ihr die Reiselust. Das Frühjahr ist normalerweise die bevorzugte Zeit für eine Städtereise, denn temperaturmäßig ist diese Jahreszeit ideal. Es ist noch nicht zu warm, um nach einem ausgiebigen Stadtbummel pflastermüde zu sein. Aber die ersten warmen Sonnenstrahlen laden zum Sitzen im Freien ein, sei es auf einer Bank im Park an der Ilm oder in einem der zahlreichen Restaurants oder Cafés in der Innenstadt. Allerdings sollte man einen Regenschirm parat haben, der April ist wie überall in Deutschland mitunter recht launisch.

Was ist los?
März/April: Thüringer Bachwochen mit Konzerten in Weimar
Mai/Juni: Köstritzer Spiegelzelt mit Musik, Theater und Kabarett; Pfingstfestival auf Schloss Ettersburg

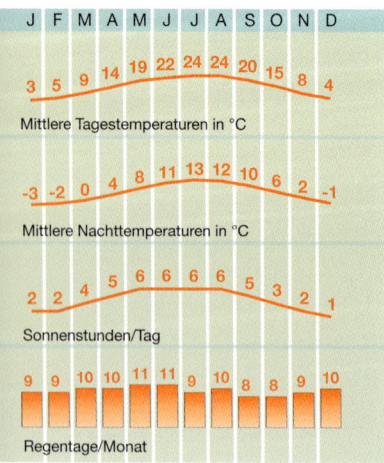

Klimadiagramm Weimar

J	F	M	A	M	J	J	A	S	O	N	D
3	5	9	14	19	22	24	24	20	15	8	4

Mittlere Tagestemperaturen in °C

-3	-2	0	4	8	11	13	12	10	6	2	-1

Mittlere Nachttemperaturen in °C

2	2	4	5	6	6	6	6	5	3	2	1

Sonnenstunden/Tag

9	9	10	10	11	11	9	10	8	8	9	10

Regentage/Monat

... im Sommer

Von Juni bis August ist es auf den Plätzen und in den Gassen manchmal hochsommerlich heiß, in Weimar kann man sich dann jedoch in einen der schattigen Parks zurückziehen, wo die Hitze zu ertragen ist. Für den Abend, vor allem wenn Sie draußen sitzen, sollten Sie aber einen Pulli oder eine Jacke bei sich haben. Das gilt auch wenn Sie die Parkhöhle besichtigen möchten, denn dort herrscht ganzjährig eine Temperatur von 9 Grad Celsius.

Was ist los?

Juni: Köstritzer Spiegelzelt mit Musik, Theater, Kabarett
Juni/Juli: MDR-Musiksommer
Juli: Festival jiddisch-jüdischer Kultur
August: Feierlichkeiten und Weinfest zum Goethe-Geburtstag
August/September: Kunstfest Pèlerinages

... im Herbst

Der Herbst ist eine ideale Zeit zum Reisen. Aber das wissen viele und die Stadt ist entsprechend voll. Wenn sich das Laub in den Parks rot und golden verfärbt, dann ist es nicht mehr lange bis zum Zwiebelmarkt, dem traditionellen Volksfest, das die kleine Stadt in eine Art Ausnahmezustand versetzt. Buchen sollten Sie deshalb Ihre Unterkunft rechtzeitig. Sind Sie eher Kulturliebhaber und wollen auf den Spuren der Klassiker wandeln, so empfiehlt es sich sogar, dieses Wochenende zu meiden, denn sonst würden Sie kaum auf Ihre Kosten kommen. Warme Kleidung und Regenschutz gehören im Herbst ins Reisegepäck.

Was ist los?

September: Töpfermarkt auf dem Marktplatz
Oktober: Zwiebelmarkt in der Innenstadt, am zweiten Wochenende, Thüringens größtes Volksfest
Oktober/November: Jazzmeile Thüringen mit Auftritten in Weimar

... im Winter

Wer etwas Ruhe haben möchte, Gedrängel nicht mag, reist im Winter. Vor allem im Januar sind die Straßen leer, in den Restaurants hat der Kellner viel Zeit für den persönlichen Service und in den Museen sind Sie fast allein, allerdings haben einige im Winterhalbjahr geschlossen. Dennoch ist dieser Jahreszeit ein gewisser Reiz nicht abzusprechen. Schnee bleibt meist nicht lange liegen. Es lohnt sich, in den Hotels nach günstigen Angeboten zu fragen. Nicht wenige erwählen Weimar auch, um den Jahreswechsel zu begehen. Traditionell lädt die Staatskapelle Weimar zum Silvester- und Neujahrskonzert.

Was ist los?

Dezember: Weihnachtsmarkt auf Marktplatz, Schillerstraße und Theaterplatz

Gut zu wissen

Wettervorhersage: im Internet unter www.wetter.com und www.wetter online.de und in den Tageszeitungen
Die aktuellen Events: online unter www.weimar.de sowie im Veranstaltungskalender »weimar und weimarer land«, der in der Tourist-Information bereitliegt.
Kleidung: Legere Kleidung ist genau richtig, ebenso gutes flaches Schuhwerk, das längere Laufstrecken auch auf unebenem Untergrund ohne Probleme ermöglicht. Für den Abend darf es ruhig ein wenig formeller sein, vor allem wenn Sie einen Besuch im Deutschen Nationaltheater planen. Auch wenn Jeans wie überall Einzug gehalten haben, sollte man doch der Würde des Hauses entsprechend gekleidet sein.

Tipps für Kurztrips und längere Aufenthalte

Weimar in ein paar Stunden

Weimar hat eine Menge zu bieten, nicht nur die Klassikerstätten. Deshalb sollte man sich mehr als nur ein paar Stunden in der Stadt aufhalten. Wer aber wirklich nur einen Vormittag oder Nachmittag in Weimar verbringen kann, schaut sich die bedeutendsten Sehenswürdigkeiten in der Altstadt an und bekommt mit Sicherheit Lust, wiederzukehren.

Vom Markt sollte der Weg zu **Goethes Wohnhaus** und von hier über die Schillerstraße mit **Schillers Wohnhaus** zum Theaterplatz mit Weimars Wahrzeichen, dem **Goethe-Schiller-Denkmal,** führen. Von dort geht es weiter zur Besichtigung der **Stadtkirche** und wieder zurück zum Markt. Weil der Blick in die Dichterhäuser Zeit kostet, sollte man ihn sich für den nächsten Besuch aufheben.

Wer seinen Hunger und Durst an traditionsreicher Stätte stillen möchte, kehrt in die Restaurants **Elephantenkeller** oder **Zum weißen Schwan** ein. Junge Leute besuchen das **ACC Café-Restaurant.** Und wer Süßes möchte, steuert wegen der großen Kuchenauswahl das **Café Frauentor** an. Sollte doch etwas mehr Zeit vorhanden sein, könnte man die Altstadt auf einen Abstecher verlassen. In der warmen Jahreszeit wäre ein Rundgang durch den **Park an der Ilm** empfehlenswert, viele entscheiden sich aber auch für einen Spaziergang über den **Historischen Friedhof** mit der Fürstengruft, der Russisch-orthodoxen Kapelle und den Gräbern vieler Persönlichkeiten.

Weimar mit Muße

Weimar ist zwar eine Kleinstadt, hat aber eine Fülle von Sehenswürdigkeiten – allein 24 Museen warten auf Ihren Besuch. Nur bei einem mehrtägigen Aufenthalt lassen sich möglichst viele davon kennenlernen. Neben dem »obligatorischen« Stadtrundgang, mit dem auch ein längerer Aufenthalt beginnen sollte, eröffnet sich so die Möglichkeit, dem Weimarer Mythos auf den Grund zu gehen, das Flair, das vor Ihnen schon so manche Geistesgröße bezaubert hat, richtig zu genießen.

Goethes und Schillers Wohnhäuser müssen, die anderen Museen können sein. Kunstfreunde werden in das **Schlossmuseum** gehen und sich hier je nach Interesse diese oder jene Abteilung auswählen. Architekturfreunde widmen sich dem **Bauhaus-Museum** und wandeln auf den Spuren der legendären Gestalterschule. Reizvoll ist eine Entdeckungstour durch den **Park an der Ilm** oder der zielgerichtete Besuch von **Goethes Gartenhaus** und dem **Römischen Haus** im Park. Ein Genuss für die Seele sind die am Stadtrand liegenden **Parks Belvedere** und **Tiefurt mit ihren Schlössern,** die man auch besichtigen kann. Eine Oase der Ruhe und Besinnlichkeit sind auch **Schloss und Park Ettersburg.** Von dort führt die **Zeitschneise** zur **Gedenkstätte Buchenwald.**

Die Tage ausklingen lassen können Sie in einem der zahlreichen Restaurants; einmal probieren Sie die hausgemachten Thüringer Klöße in der »Scharfen Ecke«, anderntags vielleicht den Gourmettempel von Sternekoch Marcello Fabbri im traditionsreichen

Hotel Elephant. Ein Besuch im **Deutschen Nationaltheater** ist obligatorisch. Wenn jedoch nichts auf dem Spielplan stehen sollte, das Ihnen zusagt, dann entscheiden Sie sich doch für eine literarische Performance im **Palais Schardt** oder einen Besuch des **Kabaretts SinnFlut.** Der Veranstaltungskalender der Stadt ist prall gefüllt und bietet für jeden Geschmack das Passende an.

Stadtführungen und Rundfahrten

Die **Stadtführungen** finden fast nur zu Fuß statt, weil alles dicht beieinander liegt. Die öffentlichen Führungen der Tourist-Information zu den einzelnen Sehenswürdigkeiten beginnen tgl. März–Okt. um 10 und 14, Nov.–Febr. um 11 Uhr an der Tourist-Information, Markt 10, stadtfuehrungen.tourist-info@weimar.de, und dauern 2 Stunden. Jeden Fr 21 Uhr (Mai–Okt.) weiß der Weimarer Nachtwächter allerlei Kurioses, Witziges und Schauriges zu berichten. Bei einer öffentlichen Führung durch die Herderkirche erfahren Sie mehr über Herder, Cranach und Luther (Mo–Fr Mai–Okt. 17, Nov.–April 14 Uhr, Treffpunkt: Herderkirche).

Thematische Führungen veranstaltet auch StattReisen Weimar e. V. , Tel. 85 01 00, Fax 80 46 76, post@lernort-weimar.de, www.lernort-weimar.de.

Über die Kopfhörer eines Minicomputers, **iGuide** genannt, können sich Touristen von Goethe und Schiller auf zeitgemäße und vergnügliche Art durch Weimar leiten lassen. An 30 beliebig wählbaren Stationen werden die Klassiker an ihren Werken zitiert, erklingt Bachs Musik dort, wo sein Wohnhaus stand, oder Liszts Les Préludes vor der Hochschule für Musik. 300 Bilder machen auf Details aufmerksam. Dazu gibt es einen Plan mit nummerierten Sehenswürdigkeiten. Ausleihen kann man das kleine technische Wunder in der Tourist-Information am Markt oder im Welcome Center sowie im Weimar-Haus.

Reizvoll ist auch eine Stadtführung mit 2 PS. Die **Pferdekutschen** stehen am Hotel Elephant oder vor dem Goethehaus, sofern sie nicht alle auf dem Pflaster der Innenstadt unterwegs sind. Die etwa 45 Minuten dauernde Fahrt führt zu zahlreichen Sehenswürdigkeiten, die Kutscher betätigen sich als Stadtführer und erzählen nette Anekdoten.

Mehrmals am Tag startet vom Markt aus (vor dem Hotel Elephant) der klimatisierte »**Belvedere-Express**« – die Replik eines Talbot von 1925 – zu verschiedenen Rundfahrten, u. a. bis zum Schloss und Park Belvedere. Auf der gesamten Fahrt wird ein Film gezeigt, in dem vor den einzelnen Objekten viele historische Zusammenhänge erläutert werden. Die Karten gibt es in der Tourist-Information am Markt; in-

WeimarCard

Für Touristen interessant ist die WeimarCard, die für wenig Geld viele Leistungen bietet. Sie kostet 14,50 € und hat eine Gültigkeit von 48 Stunden. Mit der Card besteht auf allen Stadtbus-Linien freie Fahrt, ferner ist der Eintritt in fünf Museen der Stiftung Weimarer Klassik kostenfrei, Rabatte werden gewährt u. a. im Weimar-Haus, im Palais Schardt, bei einer Stadtführung, verschiedenen Veranstaltungen sowie beim Shopping. Erhältlich ist die WeimarCard in der Tourist-Information, in der Verkaufsstelle der Verkehrsbetriebe am Goetheplatz, in mehreren Hotels und im Internet www.weimar.de.

formieren können Sie sich unter www.belvedere-express.de.

Die **Klassik Stiftung** lädt regelmäßig zu **öffentlichen Führungen** ein, die meist 60 Min. dauern und deren Teilnehmerzahl mindestens 10, max. 25 Personen beträgt. Mi, Fr, Sa um 13, April–Okt. auch Sa 15 Uhr wird durch

Schillers Wohnhaus geführt (Eingang Neugasse), Di, Do–Sa um 13, April–Okt. Sa auch 15 Uhr durch Goethes Wohnhaus am Frauenplan, Mo und So um 13 Uhr durch das Bauhaus-Museum. Für die Führungen wird jeweils ein Aufschlag von 3 € auf den Eintrittspreis erhoben.

Anreise und Verkehrsmittel

Anreise

Mit dem Pkw

Weimar wird von Westen und Osten über die Autobahn 4, Abfahrt Weimar, erreicht, von Norden und Süden über die Autobahn 9 bis Hermsdorfer Kreuz, dann die Autobahn 4 bis Abfahrt Weimar. Die Bundesstraßen 7 und 85 kreuzen Weimar.

Die Parkplätze sind durch ein Parkleitsystem zu erreichen. Es gibt Tiefgaragen und Parkhäuser im Zentrum und zahlreiche Zeitparkplätze. An verbotenen Stellen sollte nicht geparkt werden, denn Weimars Politessen sind flink im Verteilen von Knöllchen.

Kostenfrei sind die Parkplätze Marcel-Paul-Straße in Weimar-Nord sowie der nur für Pkws zugelassene Hermann-Brill-Platz. Kostenpflichtige Parkplätze gibt es am Friedhof in der Berkaer Straße sowie in der Ernst-Thälmann-Straße bei der Weimarhalle. Parkhäuser sind am Beethovenplatz an der Weimarhalle, im Einkaufszentrum Atrium, in der Gerhart-Hauptmann-Straße sowie in der Schützengasse vorhanden.

Falls das Auto streikt: ADAC-Pannenhilfe Tel. 01802 22 22 22.

Mit der Bahn

Weimar liegt an der ICE-Strecke Frankfurt/Main–Leipzig–Dresden, doch die meisten ICE halten hier nicht mehr,

man muss in Erfurt in die Regionalbahn umsteigen. Von Berlin gibt es ebenfalls nur noch wenige direkte Verbindungen. Aus dem Südwesten ist die An- und Abreise mit dem modernen Nachtreisezug der CityNightLine angenehm. Ab Zürich geht es mit Zustiegen in Basel, Freiburg, Offenburg, Karlsruhe, Mannheim und Frankfurt/Main nach Weimar. Fahrplanauskünfte: Deutsche Bahn Tel. 0800 150 70 90, www.bahn.de, www.citynightline.ch.

Mit dem Bus

Von Berlin und Leipzig fahren zweimal tgl. – früh und nachmittags – Fernbusse im Linienverkehr in die Klassikerstadt, die Fahrt dauert knapp vier Stunden. Infos unter www.berlinlinienbus.de.

Mit dem Flugzeug

Der regionale Flughafen Erfurt-Weimar befindet sich in Erfurt, 25 km von Weimar entfernt (www.flughafen-erfurt-weimar.de). Günstige Flugverbindungen gibt es auch zum etwa 100 km entfernten Flughafen Leipzig-Halle (www.leipzig-halle-airport.de).

Öffentliche Verkehrsmittel

Busse

Weimar verfügt über ein gut ausgebautes Netz öffentlicher Verkehrsmittel. Mit acht Buslinien sind alle Stadtteile, alle Sehenswürdigkeiten, auch die, die etwas außerhalb liegen wie Tiefurt, Belvedere, Ettersburg und Buchenwald, gut zu erreichen. Alle Buslinien verkehren über den zentralen Knotenpunkt Goetheplatz, mehrere Buslinien tangieren den Hauptbahnhof. Für den Touristen sind bedeutend: die nach Tiefurt führende Linie 3, die Linie 6 nach Ettersburg und Buchenwald sowie die Linie 1 nach Belvedere. Wer am Hauptbahnhof ankommt und in das Stadtzentrum möchte, steigt in Busse der Linien 1, 2, 3, 5, 6, 7 oder 8 und fährt bis zum Goetheplatz.

Ein Einzelfahrschein kostet zurzeit 1,80 €. Günstiger ist eine 4-Fahrten-Abrisskarte zu 5,90 € oder eine Tageskarte für 4,20 €. Für kleine Gruppen oder Familien dürfte die Gruppenkarte

für max. 5 Personen interessant sein, mit der sie für 8,80 € einen ganzen Tag in Weimar Bus fahren können. Ermäßigungen gibt es für Kinder bis 15 Jahre. Die Fahrscheine berechtigen zum einmaligen Umsteigen in die gleiche Fahrtrichtung. Rückfahrten oder Weiterfahrten mit der gleichen Linie sind nicht gestattet. Einzelfahrscheine löst man beim Fahrer im Bus, die preisgünstigeren 4-Fahrten-Karten und Tageskarten gibt es am Kiosk gegenüber dem Hauptbahnhof, im Pavillon am Goetheplatz, in der Tourist-Information und in vielen Geschäften. Informationen erhalten Sie auch über das Service-Telefon 43 41 70 sowie unter www.sw-weimar.de.

Einen Liniennetzplan finden Sie auf dem Faltplan in der hinteren Umschlagklappe.

Das romantischste Verkehrsmittel in Weimar: die Pferdekutsche

Übernachten

Hotels, Pensionen und Jugendherbergen

Die Hotellerie in Weimar gehört zu den modernsten, die es in Deutschland gibt, denn seit der Einheit wurden alle Hotels und Pensionen modernisiert, andere sogar völlig neu erbaut. Mit dem »Elephant« ist ein 5-Sterne-Hotel vorhanden, der «Russische Hof« und das »Dorint Am Goethepark« liegen im gehobenen 4-Sterne-Bereich. In den Hotels und Pensionen werden insgesamt etwa 3700 Betten angeboten, dazu kommen noch rund 250 Betten in Privatquartieren. Wegen ihres niedrigen Preises sind Jugendherbergen beliebt, in Weimar gibt es vier mit insgesamt rund 480 Betten. Um hier zu übernachten, braucht man einen gültigen Ausweis des Deutschen Jugendherbergswerkes (DJH) für Junioren (bis 26 Jahre) oder Senioren (ab 27 Jahre). Preiswert sind auch zwei Hostels. Wer im Weimarer Umland übernachtet, zahlt meist viel weniger als in der Klassikerstadt und spart außerdem die »Kulturförderabgabe« (s. S. 23).

Buchen können sie Übernachtungen zum tagesaktuellen Preis in der Tourist-Information Weimar, Markt 10, 99423 Weimar, Tel. 74 50, Fax 74 54 20, tourist-info@weimar.de, zimmer.tourist-info@weimar.de, www.weimar.de, April–Okt. Mo–Sa 9.30–19, So 9.30–15, Nov.–März Mo–Fr 9.30–18, Sa, So 9.30–14 Uhr; Filiale im Welcome Center, Atrium, Mo–Sa 10–18 Uhr.

Edel und teuer

Historisch – **Best Western Premier Grand Hotel Russischer Hof** 1 : ▶ Karte 2, C 3, Goetheplatz 2, 99423 Weimar, Tel. 77 40, Fax 77 48 40, www.russischerhof.com, 126 Zi., DZ/F ab 110 €. Exklusivität in hohem Maße, dazu ein ausgesprochen persönlicher Service zeichnen das im Herzen der Stadt gelegene, traditionsreiche Haus aus, das bereits mehrmals mit dem Five Star Award der Hotellerie ausgezeichnet wurde. Auch das hauseigene Restaurant und Café stellen anspruchsvolle Gäste zufrieden.

Hotel-Legende – **Hotel Elephant** 2 : ▶ Karte 2, C 3, Markt 19, 99423 Weimar, Tel. 80 20, Fax 80 26 10, www.hotelelephantweimar.de, 99 Zi., DZ/F ab 123 €. Das Luxushotel am Markt mit seiner 300-jährigen Tradition beherbergte schon viele Persönlichkeiten der Weltgeschichte. Das Interieur im Art déco- und Bauhausstil sowie zeitgenössische Gemälde und Skulpturen geben ein stilvolles Ambiente. Die Restaurants genießen überregionalen Ruf.

Stilvoll – **Dorint Am Goethepark** 3 : ▶ C 4, Beethovenplatz 1–2, 99423 Weimar, Tel. 87 20, Fax 87 21 00, www.dorint.com/weimar, 143 Zi., DZ/F ab 125 €. Gegenüber dem Park an der Ilm, in direkter Nachbarschaft zum Goethehaus fühlen sich Gäste im gehobenen Ambiente von Klassik und Moderne wohl. Die Restaurants gehören zu den besten Adressen in Weimar.

Komfortabel und stilvoll

Zum Wohlfühlen – **Romantik Hotel Dorotheenhof** 4 : ▶ Karte 3, C 1/2, Zum Dorotheenhof 1, 99427 Weimar, Tel. 45 90, Fax 45 92 00, www.dorotheenhof.com, 60 Zi., DZ/F ab 105 €. In dem Hotel mit eigenem Park – idyllisch und ruhig am Stadtrand gelegen – fühlt man sich wie bei guten Freunden. Der persönliche Service ist charakteristisch für das Haus. Den Gast erwarten sehr behaglich eingerichtete Zimmer, zum Teil mit Blick zum schönen Tiefurter Park.

Im Bauhausstil – **Art Hotel** **5** : ▶ C 5: Freiherr-vom-Stein-Allee 3a/b, 99425 Weimar, Tel. 540 60, Fax 54 06 99, www.art-hotel-weimar.de, 29 Zi., DZ/F ab 98 €. Im Villenviertel Weimars hat sich das moderne Hotel etabliert. Die sachlich und elegant eingerichteten Zimmer erinnern an das in Weimar gegründete Bauhaus und bieten besten Wohnkomfort.

Gute Adresse – **Hotel Kaiserin Augusta** **6** : ▶ C 1, Carl-August-Allee 17, 99423 Weimar, Tel. 23 40, Fax 23 44 44, www.hotel-kaiserin-augusta.de, 134 Zi., DZ/F ab 93 €. Von dem modernen, komfortablen Hotel gegenüber dem Bahnhof sind es gerade einmal 10 Min. Fußweg ins Stadtzentrum. Die Zimmer überzeugen durch ihre moderne komfortable Ausstattung.

Klein und fein – **Alt-Weimar** **7** : ▶ Karte 2, B 4, Prellerstr. 2, 99423 Weimar, Tel. 861 90, Fax 86 19 10, www.alt-weimar.de, 17 Zi., DZ/F ab 90 €. Das 3-Sterne-Hotel bietet lichte Zimmer in Fortführung des Bauhausstils. Viele Gäste ziehen das mit persönlichem Engagement und Liebe zum Detail geführte Hotel einem der großen Häuser vor.

Mittelklasse

Farbenspiel – **La Casa dei Colori** **8** : ▶ Karte 2 C 3, Eisfeld 1a, Tel. 48 96 40, Fax 48 96 42, www.casa-colori.de, 10 Zi., DZ/F ab 85 €. Ob warmes Rot oder

Weimars Kulturförderabgabe

Die Stadt Weimar versucht, ihre leeren Kassen zu füllen, indem sie in die Geldbörsen der Touristen greift! Die Hotels müssen für jedes vermietete Zimmer pro Nacht je nach Zimmerzahl des Hotels 1–3 € als »Kulturförderabgabe« für die Stadt kassieren. Alle Museen und Schlösser haben auf die Eintrittspreise – mit Ausnahme der für Kinder und Schüler – 0,50 € für die Stadt zu verlangen. (Bei den im Buch genannten Eintrittspreisen ist die Förderabgabe bereits enthalten.) Auch für kulturelle Veranstaltungen erhebt die Stadt einen Zuschlag von 0,50 €.

angenehm kühles Blau: Im »Haus der Farben« dominiert in jedem Zimmer eine andere Farbe und vermittelt so eine andere Grundstimmung. Ihre Lieblingsfarbe wird bei der Buchung gern berücksichtigt.

Mediterranes Ambiente – **Hotel Anna Amalia** **9** : ▶ Karte 2, C 3, Geleitstr. 8–12, 99423 Weimar, Tel. 495 60, Fax 49 56 99, www.hotel-anna-amalia.de, 51 Zi. und Appartements, DZ/F ab 82 €. Zwischen Goethe- und Herderplatz gelegen, verfügt das Hotel auch über Zimmer mit französischem Bett und Juniorsuiten. Wer für längere Zeit bleiben möchte, bucht gern eins der Appartements mit Küchenzeile.

Klassisch modern – **Hotel Villa Hentzel** **10** : ▶ C 4, Bauhausstr. 12, 99423 Weimar, Tel. 865 80, Fax 86 58 19, www.hotel-villa-hentzel.de, 13 Zi., DZ/F ab 77 €. In der gefühlvoll renovierten Villa im klassischen Stil erwarten den Gast angenehme, geschmackvoll eingerichtete Zimmer. Die ruhige Lage am Altstadtrand und die persönliche Atmosphäre wirken wohltuend entspannend.

Reiseinfos

Persönlich – **Amalienhof** 🔟 : ▶ Karte 2, C 4, Amalienstr. 2, 99423 Weimar, Tel. 54 90, Fax 54 91 10, www.amalienhof-weimar.de, 32 Zi., DZ/F ab 75 €. Ideal im Stadtzentrum, nur wenige Schritte vom Goethehaus gelegenes Hotel garni mit persönlicher Atmosphäre und guter, angenehmer Ausstattung. Die Zimmer sind teilweise mit antiken Möbeln eingerichtet.

Fast bei Goethe zu Hause – **Hotel Am Frauenplan** 🔢 : ▶ Karte 2, C 3, Brauhausgasse 10, 99423 Weimar, Tel. 494 40, Fax 494 44 44, www.hotel-am-frauenplan.de, 48 Zi., DZ/F ab 70 €. Wer hier bucht, wohnt beinahe in Goethes Wohnzimmer. Die Zimmer im Bernstorff'schen Haus am Frauenplan sind nach berühmten Persönlichkeiten benannt, die in Weimar gelebt und gewirkt haben. Ihre Biografien und Porträts befinden sich in den jeweiligen Zimmern.

Gastlich – **Hotel & Gasthaus Zur Sonne** 🔢 : ▶ Karte 2, C 3, Rollplatz 2, 99423 Weimar, Tel. 80 04 10, Fax 86 29 32, www.thueringen.info/hotel-zur-sonne, 21 Zi., DZ/F ab 67 €. Hinter der denkmalgeschützten Fassade befindet sich ein liebevoll restauriertes Hotel in zentraler, ruhiger Lage mit behaglich eingerichteten Zimmern.

Einfach und günstig

Am Stadtrand – **comfort Hotel Weimar** 🔢 : ▶ Karte 3, C 2, Ernst-Busse-Str. 4, 99427 Weimar, Tel. 45 50, Fax 45 58 88, www. comfort-weimar.de, 91 Zi., DZ/F ab 60 €. Wer preiswert und dennoch gut wohnen möchte, ist hier richtig. Am nördlichen Stadtrand gelegen, der Bus (Linie 7) braucht nur 10 Minuten bis ins Zentrum, die Haltestelle liegt direkt vor der Tür. Die Zimmer, fast alle mit Balkon, sind zweckmäßig eingerichtet.

Freundlich – **Am Schloss – Die kleine Residenz** 🔢 : ▶ Karte 2, C 3, Grüner Markt 4, 99423 Weimar, Tel. 74 32 70, Fax 56 25 60, www.residenz-pension.de, 7 Zi., DZ ab 65 € ohne Frühstück. Gegenüber dem Stadtschloss erwarten die Gäste helle und großzügig geschnittene Zimmer, teilweise sogar mit eigener Terrasse.

Gemütlich – **Pension Savina** 🔢 : ▶ C 1, Meyerstr. 60, 99423 Weimar, Tel. 866 90, Fax 86 69 11, www.pension-savina.de, 14 Zi., DZ/F ab 60 €. Modern ausgestattete Pension in einer ruhigen Seitenstraße in der Nähe des Bahnhofs. Die Zimmer verfügen über eine kleine Küche. Auch eine Sauna, ein Solarium und der Fahrradverleih gehören zum Angebot. Der Shuttle-Service vom und zum Bahnhof ist ebenfalls im Zimmerpreis enthalten.

Künstlerisch angehaucht – **Labyrinth Hostel** 🔢 : ▶ Karte 2, C 3, Goetheplatz 6, 99423 Weimar, Tel. 81 18 22, Fax 81 18 21, www.weimar-hostel.com, 14 Zi., DZ/F ab 46 €. Die künstlerisch gestalteten Einzel-, Doppel- und Mehrbettzimmer bilden mit den Fluren ein wahres Labyrinth. Kaffee und Tee gibt es kostenlos auf der sonnigen Dachterrasse oder in der gemütlichen Lounge.

Preiswert und gut – **Jugendherberge »Germania«** 🔢 : ▶ C 1, Carl-August-Allee 13, 99423 Weimar, Tel. 85 04 90, Fax 85 04 91, www.weimar-germania.jugendherberge.de, 36 Zi., 120 Betten; Junior: 27 € p. P., Senior: 30 € p. P. inkl. Halbpension. In unmittelbarer Nähe des Hauptbahnhofs; auf den Stadtbus kann verzichtet werden, denn ins Stadtzentrum sind es nur 10 Min. zu Fuß.

Essen und Trinken

Wie Sie das richtige Restaurant finden …

Mit diesem Buch

Auf den folgenden Seiten finden Sie eine Auswahl von Restaurants. Die Spanne reicht vom Gourmettempel über Restaurants mit internationaler Küche bis zu den einfachen, aber guten Klassikern mit Thüringer Kost und den In-Lokalen.

Weitere Adressen finden Sie bei der Beschreibung der Stadtviertel.

Hier können Sie sich selbst umsehen …

Die Mehrzahl der Restaurants befinden sich in der Altstadt, dort wo sich die meisten Touristen aufhalten. Schauen Sie sich vom Markt ausgehend in dessen unmittelbarer Umgebung um, erobern Sie die kleinen Gassen und Sie werden mit Sicherheit das für Sie passende Restaurant finden.

Im Internet

Die Internetseite der Stadt Weimar www.weimar.de hält einen Überblick über unterschiedliche Restaurants in der Stadt bereit. Sie empfiehlt auch einige Rezepte zum Probieren.

Die Gastronomie in der Stadt

Die Palette der Restaurants und Cafés in Weimar ist groß. Jeder findet seinem Gusto entsprechend etwas, denn das Ambiente ist unterschiedlich, es werden Speisen der regionalen und internationalen Küche angeboten und für jeden Geldbeutel ist etwas dabei. Viele Restaurants haben sich der Thüringer Küche verschrieben – und das ist es auch, was die meisten Gäste erwarten.

Nicht nur Rostbratwurst und Thüringer Klöße

Probieren sollten Sie Thüringer Rostbratwurst vom Holzkohlengrill; am besten schmeckt sie von einem der Stände auf dem Markt. Wenigstens ein Mal sollten auch hausgemachte Thüringer Klöße mit Sauerbraten oder Rouladen mit viel Soße auf dem Speiseplan stehen. Typisch ist ebenfalls der Weimarer Zwiebelkuchen, ein mit in Öl und Gewürzen gedünsteten Zwiebeln belegter Hefeteig, der warm gegessen wird (s. unten).

Aber auch die Tester der Gourmetführer gehen schon lange nicht mehr an Weimar vorüber. Immer mehr Chefs

Zwiebelkuchen zum Selbermachen

Aus **500 g Mehl, ¼ l Milch, 40 g Hefe, 1 Prise Salz, 1 Prise Zucker, 2 Eiern** und **5 Esslöffeln Öl** einen geschmeidigen Hefeteig kneten und diesen ca. 1 Stunde an einem warmen Ort (aber nicht im Backofen) gehen lassen. Danach auf einem Backblech ausrollen, mit der Gabel einstechen und erneut etwa 30 Minuten gehen lassen.

1 kg Zwiebeln in Ringe schneiden, in Öl glasig dünsten und auf den Teig geben. **½ l saure Sahne, ¼ l Milch, 4 Eier, 1 Teelöffel Kümmel** sowie **Salz** und **Pfeffer** nach Geschmack miteinander verquirlen und die Masse über die Zwiebeln gießen. Im vorgeheizten Ofen bei 190 °C (keine Umluft) ca. 45 Minuten backen lassen, kurz abkühlen lassen, anrichten und den fertigen Zwiebelkuchen lauwarm genießen.

de Cuisine der Kulturstadt werden ob ihrer frappanten Einfälle mit Kochlöffeln oder anderen Symbolen geadelt. Dabei greifen die Küchenchefs oft nur in Omas Trickkiste, verwenden das, was die einheimische Natur wachsen lässt, wandeln die Rezepte etwas ab und passen sie dem heutigen Geschmack an. In Weimar zelebriert Thüringens einziger Sternekoch, der gebürtige Italiener Marcello Fabbri, seine Kochkunst »fernab von Kloß und Bratwurst«.

Mittags bieten viele Restaurants sogenannte Tages- oder Mittagsgerichte an. Diese sind wesentlich preiswerter als die Gerichte auf der normalen Karte. Beachten Sie die Aufsteller vor dem Restaurant oder fragen Sie gezielt danach.

Vegetarier haben es mitunter etwas schwerer, aber zwei oder mehrere warme vegetarische Gerichte und nicht nur Salate stehen selbst bei Restaurants, die ausschließlich die deftige Thüringer Kost anbieten, auf der Speisekarte.

Schwarzbier und Wein

Traditionell getrunken wird Bier, vor allem das aus heimischen Brauereien, das Pils aus Weimar beispielsweise oder das dunkle aus dem thüringischen Köstritz. Zu besonderen Anlässen gibt es Wein. Viele Restaurants bieten auch regionale Weine aus dem nahe gelegenen Saale-Unstrut-Anbaugebiet an.

Die Besten

Haute Cuisine mit Stern – **Anna Amalia** (im Hotel Elephant): ▶ Karte 2, C 3, Markt 19, Tel. 80 20, www.hotelele phantweimar.com, 18.30–23 Uhr, März, April, Okt.–Dez. Mo, Di, Mai–Sept. Mo, 10. Jan.–Febr. geschl., Hauptgerichte 25–35 €, wechselnde Menüs. Das ein-

zige Restaurant in Thüringen, das seit Jahren mit einem Michelin-Stern geadelt wird. Chefkoch Marcello Fabbri zaubert eine ausgezeichnete, leicht-mediterrane Küche mit frappierenden Einfällen. Im Sommer sitzt man wunderbar auf der lauschigen Gartenterrasse.

Leicht und fein – **Alt-Weimar:** ▶ Karte 2, B 4, Prellerstr. 2, Tel. 861 90, www. alt-weimar.de, Mo–Fr 17–23, Sa, So 12– 14, 18–22 Uhr, Hauptgerichte 23–25 €, 3–5-Gänge-Menü 30–60 €. Küchenchef Sten Fischer hat sich der feinen, leichten Küche verschrieben. Besonders lecker: Petersfisch im Shiitake-Pilz mit Rotweingraupen, Bouillabaisefond und gefüllter Zucchiniblüte. Ausgesuchte Weine aus der Saale-Unstrut-Region und aller Welt passen zur Gourmet-Küche.

Stilvoll elegant – **Bettina von Arnim** (im Dorint Hotel): ▶ C 4, Beethovenplatz 1–2, Tel. 87 20, www.dorint.com/ weimar, tgl. 12–15 und 18–24 Uhr, Hauptgerichte 18–24 €. In dem feinen, eleganten Restaurant mit Blick auf Goethes Garten wird gehobene internationale Küche serviert. Dabei finden ausschließlich marktfrische Zutaten Verwendung. Groß ist die Auswahl an einheimischen und internationalen Weinen.

Feine Kräuterküche – **Le Goullon** (im Hotel Dorotheenhof): ▶ Karte 3, C 1/2, Zum Dorotheenhof 1, Tel. 45 90, www. dorotheenhof.com, tgl. 12–15, 17–24 Uhr, Hauptgerichte 15–25 €. Chefkoch Wolfgang Heikel verwöhnt seine Gäste vielfach mit dem, was im eigenen Garten wächst. Auch eher seltene Kräuter und Gemüse wie Portulak, Pimpernelle und Melde, die bereits Goethe schätzte, finden neu entdeckt in seiner Frischeküche Verwendung. Verstärkte

Marcello Fabbri (rechts) zaubert Sternedesserts im »Anna Amalia«

Aufmerksamkeit wird hier dem Slow-Food-Gedanken gewidmet: bewusstes, genussvolles und regionales Essen.

Klassiker

Traditionelle Evergreens französisch angehaucht – **Anno 1900:** ▶ Karte 2, C 3, Geleitstr. 12a, Tel. 90 35 71, www.anno1900-weimar.de, Mo–Fr 12–24, Sa, So 9–24 Uhr, Hauptgerichte 15–20 €. Der französischen Küche verpflichtetes kleines, aber feines Restaurant im Ambiente der vorigen Jahrhundertwende. Fr und Sa Abend Live-Pianomusik.

Traditionsbewusst – **Gasthaus Zum weißen Schwan:** ▶ Karte 2, X Y, Frauentorstr. 23, Tel. 90 87 51, www.weisserschwan.de, 12–23 Uhr, Mai–Sept. Mo, Okt.–April Mo und Di geschl., Hauptgerichte 11–22 €. Gepflegte Gastlichkeit seit mehr als 350 Jahren. Schon Goethe ging hier ein und aus. Mehrere Gaststuben laden zu gehobener Thüringer Küche. Für abends zu reservieren ist empfehlenswert.

Weinspezialist – **Johanns Hof:** ▶ Karte 2, C 3, Scherfgasse 1, Tel. 49 36 17, www.johannshof-weimar.de, tgl. ab 11 Uhr, Hauptgerichte 10–20 €. Wenn der Wein, der zum Essen gereicht wird, gefällt, kann er gekauft werden. Mit ca. 140 verschiedenen Weinen, u. a. aus dem Anbaugebiet Saale-Unstrut, ist die Auswahl groß. Die Speisen sind jahreszeitlich und auf die Weine abgestimmt. Besonders entspannt sitzt man in der warmen Jahreszeit im lauschigen Innenhof. Mo–Fr gibt es von 11 bis 15 Uhr ein preiswertes Mittagessen.

Reiseinfos

Historisch rustikal – **Elephantenkeller:**
▶ Karte 2, C 3, Markt 19, Tel. 80 20, www.hotelelephantweimar.de, 12–14.30, 18.30–23 Uhr, Jan., Febr. tgl., März, April, Sept.–Dez. Mi geschl., Mai–Aug. nur abends und Mi und So geschl., Hauptgerichte 12–18 €. Der Gewölbekeller im Hotel Elephant bildet die rustikale Variante zum Gourmetrestaurant Anna Amalia, was sich auch in der Küche widerspiegelt: Vor allem bodenständige Thüringer Gerichte werden serviert.

Frischer Fisch – **Fischrestaurant Gastmahl des Meeres:** ▶ Karte 2, C 3, Herderplatz, Tel. 90 12 00, www.gastmahl-des-meeres.de, Di–Sa 11–22, So, Mo 11–15 Uhr, Hauptgerichte 8–18 €. Fisch in allen nur denkbaren Variationen, von Hering bis zu Seeteufel oder Karpfen in unterschiedlichen Zubereitungen. Den im Preis inbegriffenen Salat holt man sich am Salatbuffet. Auch an Nicht-Fischesser ist gedacht. An warmen Tagen sitzt es sich gut in dem von alten Bäumen bestandenen Hausgarten.

Immer voll – **Restaurant & Café Frauentor:** ▶ Karte 2, C 3, Schillerstr. 2, Tel. 51 13 22, www.cafe-frauentor.de, tgl. 9–24 Uhr, Hauptgerichte 10–17 €. Das Café-Restaurant ist immer gut besucht. Die ersten Sonnenstrahlen locken die Gäste hinaus auf die große Terrasse auf der Schillerstraße. Neben Thüringer und internationalen Spezialitäten sowie Gerichten nach Rezepten aus Großmutters Kochbuch können täglich 18 Sorten Kuchen aus eigener Konditorei probiert werden. Einfach köstlich! (s. S. 112)

Ältestes Gasthaus – **Gasthaus Zum Schwarzen Bären:** ▶ Karte 2, C 3, Markt 20, Tel. 85 38 47, www.schwarzer-baer.de, tgl. 11–24 Uhr, Hauptgerichte 10–17 €. Im ältesten Gasthaus Weimars, das 1540 erstmals erwähnt wurde, wird vor allem gute Thüringer Küche angeboten. Eine Spezialität sind »Hüllerchen«, in Speck gebratene Kloßscheiben, serviert auf Salat mit Kräuterschmand. Bei schönem Wetter sitzt man vor dem Restaurant am Markt, mit Blick auf das bunte Treiben dort.

Familiär – **Sommers Weinstuben & Restaurant:** ▶ C 4, Humboldtstr. 2, Tel. 40 06 91, www.wein-sommer.com, Mo–Do 18–24, Fr, Sa 18–1 Uhr, Hauptgerichte 7–13 €. Die Geschichte des seit fünf Generationen im Familienbesitz befindlichen Restaurants spiegelt sich in der Dekoration wider. Begehrt ist der Tisch am grünen Kachelofen. Thüringer Küche und Kartoffelspezialitäten, ein großes regionales und internationales Weinangebot und mehrere Sorten Bier vom Fass sind im Angebot. Ein hübsches Plätzchen ist der Sommerhof mit viel Grün, den sich jedes Jahr aufs Neue ein Amselpärchen zum Brüten aussucht.

Angesagt

Junge Küche – **Restaurant Charlotte:** ▶ Karte 2, C 4, Seifengasse 16, Tel. 48 93 20, www.charlotte-weimar.com, Di–So ab 12 Uhr, Hauptgerichte 12–18 €. In dem Gebäude der Weimarer Mal- und Zeichenschule hatte Goethe einst eine seiner ersten Wohnungen in Weimar. Modernes Design ist in die historischen Räume eingezogen, hell die Möblierung, die Wände farbig gestrichen. Dazu wird eine junge leichte Küche gereicht, die aus frischen Zutaten raffiniert und kreativ komponiert wird.

Pure Tradition – **Residenz Café:** ▶ Karte 2, C 3, Grüner Markt 4, Tel. 594 08, www.residenz-cafe.de, tgl. 8–1 Uhr,

Hauptgerichte 7–13 €. Sehen und gesehen werden! Hier trifft man die Weimarer seit mehr als 160 Jahren. Im ältesten Kaffeehaus der Stadt muss man einfach gewesen sein. Selbst Langschläfer müssen nicht verhungern, denn es gibt in der Woche bis 11.30, am Wochenende sogar bis 14 Uhr Frühstück. Eine aktuelle Wochenkarte und zusätzlich ein täglich wechselndes Mittagsgericht für 5,50 € ergänzen das Angebot.

Immer in – **ACC Café – Restaurant:** ▶ Karte 2, C 3, Burgplatz 1, Tel. 25 92 38, ww.acc-cafe.de, Mo–Fr 11–1, Sa, So 10–1 Uhr, Hauptgerichte 9–11 €. Tagesgerichte 5,50 €. Kunst und Gastronomie liegen auf das Natürlichste dicht beieinander. Junge europäische Küche zum günstigen Preis, eine Wochenkarte mit überraschenden Extras, täglich wechselnde Tagesgerichte.

Suppig – **Suppenbar Estragon:** ▶ Karte 2, C 3, Herderplatz 3, Tel. 80 44 77, www.estragon-suppenbar.de, Mo–Sa 10–19, So 10–16 Uhr, Suppen von 2,80 bis 5,30 €. »Suppenkasper« kommen hier auf ihre Kosten. Tgl. wechselnde Suppen mit und ohne Fleisch und in drei unterschiedlichen Tassengrößen. Auch hausgemachter Kuchen, frische Salate und Desserts.

Aus aller Welt

Mediterran – **Dal Pescatore:** ▶ Karte 2, C 3, Jakobstr. 5–7, Tel. 462 88 35, www.dalpescatore.de, Mo–Sa 12–14, 17.30–24 Uhr, So geschl., Hauptgerichte 11–20 €. Mediterrane Fischgerichte, original italienische Fleisch- und Pastaküche. Der Chefkoch Emanuele Bertagnolli kocht mit frischen Zutaten der Saison, die er größtenteils aus seiner italienischen Heimat bezieht.

Mexikanisch – **El Burrito:** ▶ Karte 2, C 3, Brauhausgasse 22, Tel. 90 29 10, www.el-burrito.de, tgl. 17–1 Uhr, Hauptgerichte von 8,50–15 €. Ein bisschen wie in Mexiko fühlt man sich in dem stimmungsvollen farbenfrohen Ambiente. Die Küche ist sehr vielseitig und basiert auf spanischen und indianischen Einflüssen. Nicht wegzudenken ist das feurige Chili con Carne aus gebratenem Hackfleisch, Paprika, Mais, Tomaten und Kidneybohnen. Nehmen Sie sich auch die Zeit, um einen (oder mehrere) der rund 70 leckeren Cocktails zu probieren.

Französisch – **Bistrot Français:** ▶ C 2, Weimarplatz 5, Tel. 0173 581 14 21, Mi–Sa 11.30–14.30 und ab 18 Uhr, Hauptgerichte 8,50–14,50 €. Die Patronne Elisabeth Leroy-Maaß stammt aus der Bretagne und diese Herkunft spiegelt sich in der Karte wider. Immer gibt es aber auch Elsässer Flammkuchen als kleine oder normale Portion sowie eine kleine saisonale Karte mit anderen französischen Leckereien. Mi–Fr Mittag wird ein tgl. wechselndes Plât du jour für 5 € angeboten.

Orientalisch – **Divan – Café Restaurant Bar:** ▶ Karte 2, C 3, Brauhausgasse 10, Tel. 77 71 90, www.divan-cafe.de, So–Do 10–1, Fr, Sa 10–3 Uhr, Hauptgerichte 8–13 €. Orientalisches Flair in Restaurant und Küche und immer gut besucht. Beliebt sind auch die regelmäßig stattfindenden Veranstaltungen wie orientalischer Tanz und Jazz.

Französische Verführungen – **Crêperie du Palais:** ▶ Karte 2, C 3, Am Palais 1, Tel. 40 15 81, ww.creperie-weimar.de, tgl. 9.30–24 Uhr, Galettes und Crêpes 5–9 €. Originale Crêpes und Buchweizen-Galettes aus der Bretagne sowie viele Spezialitäten aus Frankreich bietet dieses Haus hinter dem Wittumspalais. Der Chef hat die Rezepte aus seiner Heimat mitgebracht.

Typisch thüringisch

Handgemachte Klöße – **Gasthaus Scharfe Ecke:** ▶ Karte 2, C 3, Eisfeld 2, Tel. 20 24 30, Mi–Sa 11–14.30, 17–23, So bis 22 Uhr, Hauptgerichte 8–15 €. Die Kloßmarie vor der Tür ist ein beliebtes Fotomotiv und ein Hinweis darauf, dass in dieser traditionsreichen Gaststätte die Thüringer Klöße noch selbst hergestellt werden. Die Klöße schmecken auch ohne Braten, nur mit viel Soße. Angenehmer Service.

Schwarzbier und Deftiges – **Köstritzer Schwarzbierhaus in der Geleitschenke:** ▶ Karte 2, C 3, Scherfgasse 4, Tel. 77 93 37, www.koestritzer-schwarzbierhaus-weimar.de, tgl. 11–1 Uhr, Hauptgerichte 8–14 €. Im schönsten Fachwerkhaus Weimars gibt es Thüringer Küche, süffiges Schwarzbier und einen Biergarten. Spezialität sind gebratene Kloßscheiben mit verschiedenen Beilagen wie Quark, Lachs oder Filetstreifen.

Gemütlich und familiär – **Zum Ilmschlösschen:** ▶ F 6, Taubacher Str. 25, Tel. 41 53 28, www.ilmschloesschen.de, Mo–Sa 17–24, So 11.30–15 Uhr, Hauptgerichte 10–15 €. Schon die Meister des Bauhauses fühlten sich in den 1920er-Jahren hier wohl. Das Mobiliar stammt zum Teil noch aus dieser Zeit, liebevoll pflegt man die Familientradition. Serviert wird Thüringer Hausmannskost, die Klöße sind selbst gemacht.

Zwiebelig – **Restaurant Zum Zwiebel:** ▶ Karte 2, C 3, Teichgasse 6, Tel. 50 23 75, www.zum-zwiebel.de, Mo–Do 11–15, 17–1, Fr–So 11–1 Uhr, Hauptgerichte 7–14 €. Im rustikalen Ambiente mit antiken Möbeln wird original Thü-

ringer Küche mit Rezepten aus Großmutters Zeiten serviert. Beliebt: die Grillplatte »Zum Zwiebel« mit Thüringer Bratwurst, Brätel und Putenbrust, geschmorten Waldpilzen, grünem Salat und Bratkartoffeln. Immer gibt es den berühmten Weimarer Zwiebelkuchen.

Cafés

Edel und lecker – **Wiener Kaffeehaus:** ▶ Karte 2, C 3, Goetheplatz 2, Tel. 77 40, www.russischerhof.com, tgl. 10.30–18.30 Uhr. Zum Grand Hotel Russischer Hof gehörendes Café, das Torten aus der eigenen Konditorei, kleine Speisen sowie Kaffee- und Teespezialitäten anbietet.

Kaffee und Kultur – **Art-Café Jagemann:** ▶ Karte 2, C 3, Herderplatz 9, Tel. 80 19 73, www.die-weimarer-kaffeeroesterei.de, Mi–Sa 12.30–18, So 13–18 Uhr. Genussreiche Pause vom Stadtbummel: In den historischen Räumen in der ersten Etage des Deutschritterhauses überrascht ein stilvolles Café mit Blick auf den Herderplatz. Es erwarten Sie die Kaffeespezialitäten der Kaffeerösterei sowie ein kleines Speisenangebot. Ab und zu gibt es Livemusik, Lesungen und Kleinkunst.

Immer frisch – **Café Am Herderplatz:** ▶ Karte 2, C 3, Herderplatz 15, Tel. 81 46 74, www.rose-weimar.de, tgl. 7–18 Uhr. Ein netter Ort, um eine Pause beim Altstadtbummel einzulegen; im Sommer sitzt man draußen mit Blick auf die Herderkirche. Torten und Kuchen sowie Gebäck, auch viele leckere Brot- und Brötchensorten zum Mitnehmen aus der hauseigenen Bäckerei.

Hausgemachte Thüringer Klöße mit Braten und Soße: Dafür steht die Kloßmarie der »Scharfen Ecke«

Einkaufen

Wo gibt es was?

Das kleine Weimar ist keine Stadt, in die man zum Shoppen fährt. Größere Einkäufe tätigen die Weimarer eher in der Landeshauptstadt Erfurt oder in Jena – beide Städte sind jeweils ca. 25 km von Weimar entfernt. Dennoch finden sich einige schöne Geschäfte, die Lust machen, nach einem ausgiebigen Kulturerlebnis ein wenig auszuspannen und dabei Geld auszugeben. Und manche nette Kleinigkeit, eine besondere Leckerei oder ein liebenswertes Mitbringsel lässt sich dabei mit Sicherheit entdecken.

Der Frauenplan, die den Theater- und den Goetheplatz verbindende Wielandstraße sowie die für Fußgänger reservierte Schillerstraße sind Weimars »Bummelboulevards«. Hier, auf engstem Raum, befinden sich die meisten Geschäfte. Aber auch in der Jakobstraße und in mancher Seitengasse sind kleine Boutiquen und Geschäfte zu finden. Dagegen sind von den großen Warenhausketten keine Filialen in der Stadt vertreten.

Gut angenommen wird von den Einheimischen das erst vor einigen Jahren errichtete **Atrium** am Altstadtrand. In diesem Shopping-Center vereinen sich auf drei Etagen zahlreiche Boutiquen und Shops, aber auch ein 3-D-Kino, Cafés und eine Filiale der Tourist-Information.

Thüringen hat eine sehr großzügige Regelung zu den Ladenöffnungszeiten: Die Geschäfte dürfen von Mo bis Sa rund um die Uhr öffnen. Von dieser Regelung machen allerdings die wenigsten Gebrauch. Die meisten Läden öffnen zwischen 9 und 10 und schließen zwischen 18 und 20 , samstags zwischen 14 und 20 Uhr.

Weimarer Spezialitäten

Weimar-typisch ist der Ginkgo. Wer ihn mit nach Hause nehmen möchte, hat die Auswahl zwischen einem Pflänzchen in unterschiedlicher Größe und Sorte und Samen zum Selbstziehen (s. S. 110). Juweliergeschäfte bieten Ginkgo-Blätter als Schmuckstücke in Gold oder Silber an.

Repliken von Gegenständen aus den Museen sind im Museumsladen der Stiftung in der Frauentorstraße (Tel. 54 51 61, www.klassik-stiftung.de) sowie in kleinerem Umfang im Goethe-Nationalmuseum zu haben. Angeboten wird unter anderem das niedliche Würfelmännchen, ein etwa ein Zentimeter großer Spielwürfel, der als Männchen in hockender Stellung gestaltet ist. Einst befand es sich in der Kunstkammer der Großherzoglichen Bibliothek. Wer möchte, kann auch die Dichterfürsten Goethe und Schiller aus Alabaster nach Hause tragen. Zudem gibt es Bücher, Reproduktionen, Faksimiles, Gipsabdrücke, Ansichtskarten und Poster.

Thüringen hat eine Menge regionaler Erzeugnisse zu bieten. Die begehrte Original Bürgeler Keramik gehört ebenso dazu wie echter Blaudruck aus dem benachbarten Erfurt, Wein aus der Saale-Unstrut-Region und Thüringer Wurst. Angeboten werden die thüringischen Waren von mehreren Geschäften in der Innenstadt.

Antiquariate

Klassisches – **Antiquariat an der Herderkirche:** ▶ Karte 2, C 3, Teichgasse 12, Tel. 49 58 58. Vor allem Bücher zu Bauhaus, Kunst und Klassik.

Regionales – **Antiquariat zwiebelfisch:** ▶ Karte 2, C 3, Scherfgasse 1, Tel. 77 95 14. Weimar- und Thüringenliteratur, bibliophile Bücher, Reiseliteratur, Grafik- und Kunstbücher.

Antiquitäten

Antike Vielfalt – **Antiquitäten am Eckermannhaus:** ▶ Karte 2, C 3/4, Brauhausgasse 15, Tel. 40 25 40. Antiquitäten von Barock bis Jugendstil, Möbel, Gemälde, Porzellan, Glas, Schmuck, Silber, Wäsche etc.

Schönes Altes – **Antiquitäten am Schloss:** ▶ Karte 2, C 3, Obere Schlossgasse 2, Tel. 51 29 93. Altes Porzellan, historische Bilder, Glaswaren und Zinnfiguren.

Delikatessen

Feine Schokoladen – **arko Confiserie:** ▶ Karte 2, C 3, Schillerstr. 1, Tel. 90 38 88. Hier bekommt man Schokoladenspezialitäten vom Feinsten, auch Kaffee und Tee. Ein besonderes Mitbringsel für Touristen sind die Ginkgoblätter aus Marzipan.

Kaffee-Eldorado – **Caféladen:** ▶ Karte 2, C 3, Karlstr. 8, Tel. 49 58 50. Der verführerische Duft des süffigen Getränks weist den Weg. 50 Sorten Kaffee, Zubehör, ausgewählte Pralinen und kleine Schleckereien laden zum Verweilen ein.

Duftig – **Kaffeerösterei:** ▶ Karte 2, C 3, Herderplatz 9, Tel. 80 19 73, www.dieweimarer-kaffeeroesterei.de. Eine nette kleine Fundgrube: allein 22 Kaffeesorten, Geschenkartikel aus Glas, Keramik und Porzellan, Kaffee- und Teezubehör sowie feine, handgefertigte Pralinen, Kerzen im besonderen Design.

Thüringer Produkte – **Thüringer Spezialitätenmarkt:** ▶ Karte 2, C 3, Kaufstr. 9, Tel. 20 46 70, www.thueringer-spezialitaeten.de/. Wurst, Käse, Spirituosen, Weine von Saale und Unstrut, steingemahlener Senf, feine Marmeladen und Konfitüren sowie Süßwaren – alles original *made in* Thüringen. Beliebt sind die Thüringen-Kisten in unterschiedlicher Zusammenstellung.

Für Genießer – **Teeboutique am Schillerhaus:** ▶ Karte 2, C 3, Windischenstr.

Ein beliebtes Mitbringsel: die feinen Weine der Saale-Unstrut-Region

23, Tel. 90 51 77. Teeliebhaber finden hier sicher etwas. Umfangreiches Tee- und Zubehörangebot, Weimar-Spezial-Teekreationen sowie kunsthandwerklicher Schmuck und Textilien.

Köstliche Verführung – **Viba-Sweets:** ▶ Karte 2, C 3, Kaufstr. 17, Tel. 80 83 60 und Friedensstr. 1 (im Atrium), Tel. 77 85 39, www.viba-sweets.de. »Augen schließen – Viba genießen« – so heißt der Werbeslogan der Firma seit über 100 Jahren und daran hat sich nichts geändert. Der Spezialist für zart schmelzenden Nougat und softes Marzipan aus dem Thüringer Wald führt hier einen Werksverkauf.

Geschenke und Souvenirs

Erinnerungen – **Herderhof:** ▶ Karte 2, C 3, Herderplatz 8, Tel. 49 54 06, www.herderhof.de. Im Kirchenladen gibt es Bücher, Souvenirs, Karten, Kerzen, Schmuck und Tickets für Kirchenkonzerte. Der Hausgarten ist eine Oase der Ruhe.

Klassiker-Souvenirs – **Museumsladen der Klassik Stiftung:** ▶ Karte 2, C 3, Frauentorstr. 4 und Goethe-Nationalmuseum am Frauenplan, Tel. 54 51 61, www.klassik-stiftung.de. Bücher, Reproduktionen, Faksimiles, Gipsabdrücke, Ansichtskarten und Poster bietet die Klassik Stiftung Weimar.

Kaufhäuser und Passagen

Mini-Shopping-Mall – **Atrium:** ▶ C 2, Friedensstr. 1, Tel. 867 40, www.weimar-atrium.de. Einkaufszentrum auf drei Etagen mit Gastronomie, 3-D-Kino, Fitness und Bowling sowie der Kindererlebniswelt »Andilli«.

Kleine Vielfalt – **Schillerkaufhaus:** ▶ Karte 2, C 3, Schillerstr. 18 a, Tel. 473 70. Kleines Kaufhaus mit breitem Angebot an Mode und Wäsche, Drogerie und Parfümerie. In die obere Etage ist »Fashion & Style« gezogen, verschiedene Marken an Damen- und Herrenmode.

Markt

Buntes Treiben – **Wochenmarkt:** ▶ Karte 2, C 3, Markt, Mo–Fr 8–16, Sa 8–13 Uhr. Obst, Gemüse, Blumen, Keramik und die berühmten Weimarer Zwiebelzöpfe.

Mode, Accessoires und Lederwaren

Individuelle Mode – **Cara Apfelkern:** ▶ Karte 2, C 3, Kaufstr. 7, Tel. 81 48 96, www.cara-apfelkern.com. Individuelle Mode und tragbares Design sowie die dazu passenden Accessoires.

Krawatten – **Kaiser-Krawatte:** ▶ Karte 2, C 3, Schillerstr. 22, Tel. 596 25. Laut Eigenwerbung »Kleinstes Krawattenfachgeschäft Thüringens mit der größten Auswahl nördlich der Alpen«. Dem ist nichts hinzuzufügen.

Ausgefallenes Taschendesign – **twh Weimar:** ▶ Karte 2, C 3, Geleitstr. 15, Tel. 40 16 40, www.twh-weimar.de. Viele Preise hat die Designerin Petra Hermann schon gewonnen. Ihre Taschen sind originell, schön und dabei auch noch funktional. Wer hier kauft, erwirbt mit Sicherheit ein Unikat.

Porzellan & Keramik

Klein und fein – **Keramik-Atelier:** ▶ Karte 2, C 3, Windischenstr. 29, Tel. 80

53 26, www.keramik-weimar.de. Die kleinen, netten Mitbringsel aus Keramik, auf die sich Ute Raabe spezialisiert hat, werden vielen gefallen. Die Künstlerin lädt zum Zuschauen ein, wenn sie bei der Arbeit ist.

Weltberühmte Marke – **Meissener Porzellan am Schillerhaus:** ▶ Karte 2, C 3, Neugasse 1, Tel. 50 11 71. Für Liebhaber und Kenner: Das Fachgeschäft für das weltberühmte Meissener Porzellan hält eine schöne Auswahl der Kollektion bereit.

Nicht nur rot – **moccarot:** ▶ Karte 2, C 3, Marktstr. 15, Tel. 0160 96 45 43 13, www.moccarot.de. Handgefertigte Keramik in klarem, schlichtem Design für den täglichen Gebrauch.

Regionales Porzellan – **Weibo-Manufakturen:** ▶ Karte 2, C 3, Schillerstr. 2, 40 07 97. Thüringer Glas und Porzellan wird hier angeboten, darunter auch Edles aus der nahen, überregional bekannten Weimarer Porzellanmanufaktur in Blankenhain.

Schmuck

Eigene Kreationen – **Goldschmiede Schädlich:** ▶ Karte 2, C 3, Frauentorstr. 1, Tel. 85 07 02, www.goldschmiedeschaedlich.de. Das Ginkgoblatt in verschiedenen Variationen aus eigener Herstellung und vieles mehr, auch Trauringe.

Exklusiver Schmuck – **Juwelier Oeke:** ▶ Karte 2, C 3, Markt 22, Tel. 241 30, www.oeke.de. Diamant- und Goldschmuck sowie internationale Marken vom Feinsten, auch eine umfangreiche Ginkgo-Kollektion.

Ausgehen, Abends und Nachts

Ausschweifendes Nachtleben bis zum frühen Morgen hat die mittlere Kleinstadt nicht zu bieten. Doch Langeweile muss keinesfalls aufkommen, die Studenten Weimars haben Leben in die Stadt gebracht.

Nicht nur in den beiden Studentenclubs ist fast immer etwas los, auch in den Kneipen hockt man stundenlang zusammen. Die Gäste der Kulturstadt ziehen sich abends keinesfalls nur in die Bars der vornehmen Hotels zurück. Viele legen die Krawatte ab und gesellen sich zu den jungen Leuten, um mit ihnen zu diskutieren und ein Gläschen zu trinken.

Weimar hat für jeden etwas zu bieten, der Veranstaltungsplan ist beeindruckend. Maßstäbe wie an eine Millionenmetropole dürfen jedoch nicht angelegt werden. Das Deutsche Nationaltheater mit seinen rund 600 Veranstaltungen im Jahr ist für jeden kulturell Interessierten ein Muss. Eine einzigartige Atmosphäre haben Aufführungen im Maschinen- und Kesselsaal des E-Werks und dem sich auf dem Gelände befindlichen einstigen Straßenbahndepot. Dazu gibt es eine lebendige Kleinkunstszene und mehrere freie Theater, die das kulturelle Leben sehr bereichern.

Bars & Kneipen

Spanisch – **El nino:** ▶ C 2, Carl-August-Allee 1, Tel. 49 59 83, Mo–Fr 17–2, Sa, So 11.30–3 Uhr. Hier kommt es Ihnen spanisch vor? Richtig. Cocktails, Weine,

Ob zur Jam-Session, zum gepflegten Bier oder ausgelassenen Tanzengehen: Im Studentenclub Kasseturm ist immer etwas los

Tickets ...
für eine Vielzahl von Veranstaltungen
gibt es beim Ticket-Service der Tourist-
Information Weimar, Markt 10, Tel.
74 50, Fax 74 54 20, tourist-info@wei
mar.de, www.weimar.de. Informieren
kann man sich ebenfalls im Internet
unter www.weimar.de sowie im Veranstaltungskalender »weimar und
weimarer land«.

kleine spanische Gerichte, Tortillas,
auch Vegetarisches. Von 17 bis 19 Uhr
ist Happy Hour, am Donnerstag Caipi-
rinha-Tag. Dann gibt es den Drink für
nur 3,50 €.

Nicht nur Kubanisch – **Havana-Club
Weimar:** ▶ Karte 2, C 3, Burgplatz 2,
Eingang Schlossgasse, Tel. 80 57 80,
www.havanaclub-weimar.de, tgl. ab
18 Uhr. »Kleinkram« und »Großkram«
zum Essen und über 50 verschiedene
Cocktails werden angeboten; besonders beliebt sind Mojito und Sex on the
Beach. Von 18–20 Uhr ist Happy Hour,
alle Cocktails gibt es zum halben Preis.

Nochmal Spanisch – **Loft Tapas und
Meer:** ▶ C 1, Carl-August-Allee 12, Tel.
77 64 37, tgl. ab 17 Uhr. Exzellente
Cocktails, Drinks, Wein und Bier sowie
spanische Spezialitäten wie Tapas und
Tortillas für Nachtschwärmer. Täglich
von 17–19.30 Uhr Happy Cocktail Hour.
Jeden Tag ist ein anderer Drink im Angebot.

Urig – **Planbar:** ▶ Karte 2, C 2, Jakobs-
plan 6, Tel. 50 27 85, www.planbar-
we.de, tgl. ab 18 Uhr. Für alle, die in geselliger Runde gern dummes Zeug
schwatzen, ein bisschen was trinken
und essen wollen und Musik vom Plat-
tenteller mögen. Die gibt es Mo und
Do–So.

Irisch – **Smuggler's Irish Pub:** ▶ C 2,
Friedrich-Ebert-Str. 2, Tel. 51 15 93,
Di–So 18–1 Uhr. Irisches Pub-Flair pur.
Guinness, Whisk(e)y und mehr, Musik
von der grünen Insel, ab und zu auch
live.

Diskotheken, Clubs und Livemusik

Erinnerung an alte Zeiten – **Beatcor-
ner:** ▶ C 2, Carl-von-Ossietzky-Str. 42,
Tel. 0171 642 27 29, www.beat
corner.de. Live-Konzerte, Disco-Abende
und andere Veranstaltungen lassen die
Musik und das Lebensgefühl der
1960er- und 1970er-Jahre wieder auf-
leben. Das Ambiente stimmt. Für alle
Jungen und Junggebliebenen.

Disco und mehr – **Studentenclub Kasseturm:** ▶ Karte 2, C 3, Goetheplatz
10, Tel. 85 16 70, www.kasseturm.de,
Mo–Sa ab 18 Uhr. Studentische Atmosphäre kann man im noch erhaltenen
runden Turm der ehemaligen Stadtbefestigung genießen.

Kleinkunst

*Zeitgenössische Kunst und Veranstal-
tungen* – **ACC-Galerie und Kulturzentrum:** ▶ Karte 2, C 3, Burgplatz 1–2, Tel.
85 12 61, www.acc-weimar.de. Galerie
für zeitgenössische Kunst und Veran-
staltungshaus mit beliebten Veranstal-
tungsreihen, Vorträgen, Lesungen und
Konzerten.

*Aus dem Leben und daneben gegrif-
fen* – **Kabarett SinnFlut:** ▶ Karte 2, C 3,
Theaterplatz 2 a, Tel. 77 93 86,
www.kabarett-sinnflut.de. Das Kabarett überzeugt sein Publikum mit treff-
sicheren und abwechslungsreichen politischen Programmen.

Musik und Literatur – **Palais Schardt & Goethepavillon:** ▶ Karte 2, C 3, Scherfgasse 3, Tel. 90 22 79, www.goethepavillon.de. Musik-, Theater- und Literaturprogramme, Lustwandeln bei Kerzenschein im Geburtshaus von Charlotte von Stein.

Kultureller Mix – **Jugend- und Kulturzentrum »mon ami«:** Karte 2, C 3, Goetheplatz 11, Tel. 84 77 45, www.mon ami-weimar.de. Variantenreiches Programm mit Kleinkunstveranstaltungen aller Genres: Konzerte, Bälle, Tanz, Theater, Comedy, Partys.

Kino

Dreidimensional mit Brille – **Cinemagnum 3-D-Kino:** ▶ C 2, Friedensstr. 1 (im Atrium), Tel. 49 97 56, www.cinemagnum.de. Brille aufgesetzt und in eine andere Welt eingetaucht! In der ersten Etage des Shopping-Centers Atrium befindet sich Weimars einziges 3-D-Kino mit einer 200 m² großen Leinwand. Zum Programm gehören faszinierende Natur-, Tier- und Kulturdokumentationen.

Kinohits – **CineStar – Der Filmpalast:** ▶ Karte 2, C 2, Schützengasse 14, Tel. 475 71 11, www.cinestar.de. Die neuesten Filme der Kinoszene können in sechs Sälen angeschaut werden.

Programmkino – **Lichthaus-Kino** (im Weimarer Straßenbahndepot): ▶ C 2, Am Kirschberg 4, www.lichthaus.info. Eine interessante Location auf einem ehemaligen Industriegelände lädt zu ebenso interessanten Filmen ein. Tgl. mehrfache Vorstellungen. Von Mitte Juni bis Mitte Aug. findet das beliebte Kino-Open-Air mitten im Grünen neben dem alten Straßenbahnwaggon statt (s. auch s. 184).

Theater, Oper und Konzerte

Große Vielfalt – **Deutsches Nationaltheater:** ▶ Karte 2, C 3, Theaterplatz 2, Tel. 75 53 34, www.nationaltheater-weimar.de. Großes Haus mit Hauptbühne, Foyer I und III, Mehrspartentheater für Oper, Operette, Schauspiel, Tanztheater.

Hörgenuss – **congress centrum neue weimarhalle:** ▶ C 2, UNESCO-Platz 1, Abendkasse Tel. 74 51 26, www.weimar.de. Die ständige Spielstätte der Staatskapelle Weimar mit ihrer hervorragenden Akustik ist nicht nur Raum für klassische Konzerte und Ballettaufführungen, hier finden auch Rock- und Popkonzerte, Gastspiele und andere Veranstaltungen statt.

Atmosphärisch – **Stadtkirche St. Peter und Paul (Herderkirche):** ▶ Karte 2, C 3, Herderplatz 1, Tel. 85 15 18, www.ek-weimar.de. Regelmäßig finden Orgelkonzerte im besonderen Ambiente statt.

Modernes Theater – **E-Werk und Kesselsaal im E-Werk:** ▶ C 2, Am Kirschberg 7, Abendkasse Tel. 74 89 00. Spielstätte des Deutschen Nationaltheaters, besonders für Stücke zeitgenössischer Autoren.

Informationen klassisch
Umfangreiches Programm an Vorträgen, Sonderführungen in den Museen, Lesungen und Kunstgespräche bietet die Klassik Stiftung Weimar. Tel. 54 54 00, www.klassik-stiftung.de.

Alle Termine sind in einem zweimonatigen Veranstaltungsplan zu erfahren.

Privates Theater – **Galli-Theater:** ▶ Karte 2, C 3, Windischenstr. 4–6, Tel. 77 82 51, www.galli.de. Kleines Theater zum Zuschauen und Mitmachen mit Stücken von Johannes Galli (Mi–Sa).

Musik und Tanzen – **Theater im Gewölbe (im Cranachhaus):** ▶ Karte 2, C 3, Markt 11/12, Tel. 77 73 77, www. theater-im-gewölbe.de. Abwechslungsreiches Programm aus Musik, Theater und Kleinkunst. Es werden auch Tanzkurse angeboten.

Schwul & Lesbisch

Kneipenlounge – **Warm up:** ▶ B 1, Ernst-Thälmann-Str. 42, www.warm up-weimar.de, tgl. ab 18 Uhr. Gemütliches Ambiente, um Freunde zu treffen, neue kennenzulernen oder einfach nur zum Relaxen.

Feste und Festivals

Musik, Theater und mehr

Bei Festen und Festivals wird Weimar seinem Ruf als Kulturstadt gerecht. Das reiche Programm ist für eine Kleinstadt fast phänomenal zu nennen. Doch nicht alles stellt Weimar allein auf die Beine, manches findet auf Landesebene statt.

Die Festivalsaison wird Ende März mit den **Thüringer Bachwochen** (www.thueringer-bachwochen.de) eröffnet. Auf dem Programm stehen Oratorien- und Kantatenaufführungen, Konzerte, Lesungen und vieles mehr. In Weimar sind meist die Stadtkirche St. Peter und Paul und der Festsaal im Stadtschloss Veranstaltungsorte.

Anfang April finden die **Frühjahrstage für zeitgenössische Musik** (www. via-nova-ev.de) statt. Deren Veranstalter ist »via nova«, der Thüringer Förderverein des Komponistenverbands. In öffentlichen Konzerten werden Uraufführungen präsentiert. Zur **Museumsnacht** an einem Samstag im Mai haben die Museen, Galerien und Kirchen bis Mitternacht geöffnet und warten mit vielen Überraschungen auf. Die Museumsnacht findet gemeinsam mit Apolda und Museen im Weimarer Land statt.

Großer Beliebtheit erfreut sich das **Köstritzer Spiegelzelt** (www.koestritzer-spiegelzelt.de), das im Mai/Juni sechs Wochen auf dem Beethovenplatz steht. An mehr als 30 Abenden wird ein Querschnitt durch die deutsche Kleinkunstszene geboten. Alte und klassische Musik, Jazz, Literatur, Theater, Vorträge und Lesungen sind Thema beim Festival Schloss Ettersburg. Diese Veranstaltungen finden im reizvollen Ambiente von Schloss und Park Ettersburg einen würdigen Rahmen. (www.schlossettersburg.de) Der **MDR-Musiksommer** www.mdr.de/musiksommer) gastiert im Juni und Juli regelmäßig mit Konzerten auch in Weimar.

Der **Yiddish Summer Weimar** steht im Juli und August auf dem Programm. Er gehört zu den größten Festivals jiddisch-jüdischer Musik in Deutschland (www.yiddish-summer-weimar.de); internationale Stars sind zu erleben. 2007 ging dem Yiddish Summer erstmals eine so genannte Winteredition im Februar voraus.

Kultureller Höhepunkt im Jahresablauf ist jedoch im August **»Pèlerina-**

Festkalender

März/April
Thüringer Bachwochen: Konzerte zum Gedenken an Johann Sebastian Bach an historischen Orten (www.thuerin ger-bachwochen.de).

Mai/Juni
Köstritzer Spiegelzelt: Musik, Kabarett, Theater in einem Spiegelzelt auf dem Beethovenplatz (www.koestritzer-spiegelzelt.de).

Mai
Lange Nacht der Museen: Museen, Galerien und Kirchen laden ein.

Juni
Open Gardens: Privatgärten öffnen ihre Pforten.

Juni–August
MDR-Musiksommer: Konzerte an außergewöhnlichen Orten, auch open air (www.mdr.de/musiksommer).

Juli
Bach-Biennale: Internationales Bach-Festival, alle zwei Jahre, nächster Termin: 2012 (www.bachbiennaleweimar.de).

Weinfest Mosel Saar Ruwer: Traditionelles Fest mit Weinen aus der Partnerregion.

Juli/August
Yiddish Summer: Festival jiddisch-jüdischer Kultur (www.yiddish-summer-weimar.de).

Am und um den 28. August
Feierlichkeiten zum Goethe-Geburtstag: Zahlreiche Veranstaltungen der Klassik Stiftung Weimar (www.klassik-stiftung.de).
Weinfest zum Goethe-Geburtstag auf dem Frauenplan.

August/September
Pèlerinages – Kunstfest Weimar: Internationales Kulturfestival (www.peleri nages.de).

September
Töpfermarkt: Buntes Treiben auf dem Marktplatz.

September–November
Thüringer Jazzmeile: Jazz in der ganzen Stadt an verschiedenen Orten (www.jazzmeile.org).

Oktober
Zwiebelmarkt: Größtes Thüringer Volksfest (www.zwiebelmarkt.info).

Ende November/Dezember
Weihnachtsmarkt: Weimarer Weihnacht in der ganzen Stadt.

ges«, das **Kunstfest Weimar** (www.kunstfest-weimar.de), das es seit 1990 gibt und das als einziges weltoffenes Festival Thüringens gilt. Weimar möchte sich mit dem Fest als Standort einer modernen, lebendigen Kulturszene präsentieren, die auch inhaltliche Auseinandersetzungen nicht scheut und den »Mythos Weimar« einer aktuellen künstlerischen Kreativität aussetzt. Im Mittelpunkt des Festivals, das jedes Jahr von einem bestimmten Motto geprägt wird, stehen die Musik und die Leitfigur Franz Liszt. Dazu kommen Ausstellungen, Tanz, Literatur, Diskussionen und Kino.

Klezmermusik erfüllt beim Yiddish Summer Festival die Weimarer Straßen

Die **Jazzmeile** (www.jazzmeile.org), ein landesweites Festival, startet jedes Jahr im Oktober und führt durch zahlreiche Städte. Weimar spielt dabei eine herausragende Rolle. Bis in den November hinein swingt und jazzt der Freistaat, international gefeierte Stars treten ebenso auf wie junge Talente, denn fester Bestandteil des Programms ist der Wettbewerb »Jugend jazzt«.

Blumen und Volkskunst

Im Mai findet an einem Sonntag auf dem Markt der traditionsreiche **Blumenmarkt** statt, auf dem auch die Pflanzenwelt der Goethezeit präsentiert wird.

Einen festen Platz im Kulturkalender haben die **Open Gardens** Anfang Juni. Mehr als zwei Dutzend Privatgärten laden für einen Tag in Weimar und dem Umland zum Verweilen ein. Dazu gibts oft Livemusik und selbst gemachte Leckereien. Im September findet in der Innenstadt der Töpfermarkt mit Keramikern aus Thüringen statt.

Rund um Goethe

An vier Tagen rund um den 28. August lädt das **Weinfest** unter dem Motto

»Auf einen Schoppen bei Goethe« zu Goethes Geburtstag. Tausende kommen, um mit einem guten Tropfen auf des Dichters Geburtstag anzustoßen. Die Klassik Stiftung feiert ebenfalls mit verschiedenen Veranstaltungen den **Geburtstag** des großen Goethe.

Zwiebelmarkt

Überregionale Bedeutung hat der **Zwiebelmarkt** am zweiten Oktoberwochenende erlangt. Er avancierte zum größten Volksfest Thüringens. Bis zu 350 000 Besucher strömen an drei Tagen in die Kleinstadt und bringen sie fast zum Bersten. Im Jahr 2003 wurde bereits zum 350. Zwiebelmarkt geladen, denn seit 1653 ist der Markt urkundlich belegt. Von Freitagmittag bis Sonntagabend duftet an dem Zwiebelmarktwochenende die Innenstadt nach Zwiebeln, Bratwurst und Zwiebelkuchen. Tausende von Menschen drängen sich im Stadtzentrum.

Es weihnachtet …

Den Abschluss des Jahres bildet im Dezember der **Weihnachtsmarkt**. Jährlich verwandelt sich die Innenstadt in ein festliches Lichtermeer und das Rathaus in einen riesigen Adventskalender. Jeden Tag öffnen Kinder gemeinsam mit dem Weihnachtsmann jeweils eines der geschmückten Fenster, hinter denen sich Spielsachen und Süßigkeiten verbergen. Das ist für die Kleinen ein spannendes Abenteuer, denn sie dürfen mit der Feuerwehrleiter zu dem entsprechenden Fenster fahren und es öffnen.

Aktiv sein, Sport, Wellness

Sportliche Schlagzeilen hat Weimar noch nie geliefert. Es gibt kein Fußballstadion, in dem Tausende ihre Mannschaft anfeuern, und auch keine Reit- oder Eissporthalle. Aber wer selbst aktiv werden möchte, findet durchaus Möglichkeiten, sich wieder auf Touren zu bringen. Im Fitness- und Freizeitpark POM wird Badminton und Squash gespielt. Saunen gibt es in der Stadt mehrere, in denen sich erschöpfte Museumsbesucher und Pflastertreter gern entspannen.

Zum Dorado für Jogger wurde der Ilmpark, in dem ungestört Runden gedreht werden können, weil Radfahrer und frei laufende Hunde in dem auf der UNESCO-Liste stehenden Park kaum behindern. Wer seine Leistungen testen möchte, nimmt am Weimarer Stadtlauf teil. Der findet am Zwiebelmarktsamstag statt. Gelaufen wird ein Rundkurs durch die Innenstadt und den Park an der Ilm; die Wahl besteht zwischen 10 km und einem Halbmarathon. Auch ein Schülerlauf findet statt. Radfahrer finden gute Bedingungen vor: Sie strampeln auf dem Feininger-Radweg, dem Ilmradweg oder dem Städtekette-Radweg.

Bäder und Sauna

Wer im Wasser seine Runden drehen möchte, geht ins täglich geöffnete Schwanseebad am Hermann-Brill-Platz. Das Wasser im 25 x 12,5 m großen Schwimmbecken hat die angenehme Temperatur von 27 °C, auch ein Planschbecken für Kleinkinder ist vorhanden. Die Schwimmbäder und Saunen im Leonardo Hotel und im Park Inn Hotel stehen auch Nichthotelgästen zur Verfügung.

Schwanseebad-Schwimmhalle: ▶ B 2, Hermann-Brill-Platz 2, Tel. 770 20, tgl. geöffnet. Das Bad verfügt auch über eine Finnische und Dampfsauna.

Schwanseebad-Freibad: ▶ B 2, Hermann-Brill-Platz 2, Tel. 770 20, 15. Mai–15. Sept. geöffnet. Die Öffnungszeiten variieren je nach Wetter.

Bowling

Weimar-Atrium: ▶ C 2, Friedensstr. 1, tgl. 10–24, Fr, Sa bis 2 Uhr. Auf 12 Bahnen wird gebowlt und gefeiert. Besondere Attraktion ist die Moonlight-Disco.

Bowling-Center Alter Speicher: ▶ C 1, Rießnerstr. 10, Mi–Fr ab 17, Sa ab 14, So ab 11 Uhr. Im Ambiente eines alten Kornspeichers locken 6 Bahnen.

Fitness

POM (Planet of Motion): ▶ B 7, Zum Hospitalgraben 5, Tel. 85 18 75, www.pom-weimar.de, Mo–Fr 9–23, Sa 13–18, So 10–18 Uhr. Bewegung, Rückenschule, Yoga, Sauna und Wellness.

POM Lady-Fitness: ▶ C 2, Friedensstr. 1 (im Atrium), Tel. 74 22 88, www.pom-lady.de, Mo–Do 9–22, Fr 9–21 Uhr. Fitness, Bewegung, diverse Kurse, orientalischer Tanz, Pilates, Yoga, Sauna und Wellness.

Golf

Die nächsten Golfplätze befinden sich bei Jena und Erfurt. Beide Plätze sind 9-Loch-Anlagen und liegen eingebettet in eine reizvolle Landschaft. Gäste sind immer willkommen.

Golfclub Weimar/Jena 1994 e. V.: ▶ Karte 4, C 2, Münchenroda 29 (ca. 20 km südöstl. von Weimar), Tel. 03641 42 46 51, www.golfclub-weimar-jena.de.

Golf Club Erfurt: ▶ Karte 4, A 1, Im Schaderoder Grund, Erfurt-Schaderode (ca. 25 km nordwestl. von Weimar), Tel. 036208 807 12, www.golfclub-erfurt.de.

Radwandern

Weimar und Umgebung sind gut geeignet zum Radeln. Das Gelände ist zwar teilweise hügelig, doch große Berge gibt es nicht und die Anstrengungen halten sich in Grenzen. Das Radwegenetz ist recht gut ausgebaut, selten muss man auf einer Hauptstraße entlang, meist führen die Wege durch eine reizvolle Landschaft und an Sehenswürdigkeiten vorbei.

Räder können ausgeliehen werden bei: **Grüne Liga:** ▶ Karte 2, C 3, Rollplatz 9b, Tel. 49 27 96, www.fahrradverleih-weimar.de, Mo–Fr 9–15, Sa 9–12 Uhr, Vorbestellung erwünscht! Fahrradverleih auch im Leonardo-Hotel, Art Hotel und Hotel Dorint am Goethepark.

Wellness

Wer einen Wellness-Urlaub erleben möchte, ist in Weimar sicher nicht am richtigen Ort, dennoch müssen müde Touristen nicht gänzlich auf Entspannung nach anstrengendem Sightseeing verzichten. Einige Hotels bieten Sauna, Kosmetik- und Massagebehandlungen an.

Professionelle Wellness-Entspannung bietet **Akowes Medical Beauty:** ▶ Karte 2, C 3, im Goethe-Kaufhaus, Am Theaterplatz 2a (Mo–Fr 10–18 Uhr, Sa nach Vereinbarung), Tel. 773 72 22, www.akowes.de. Reservieren!

Museen, Gedenkstätten und Besichtigungen

Selbst manch eine Großstadt beneidet Weimar um seine zahlreichen Museen und Gedenkstätten, von denen viele ein solch internationales Renommee besitzen, dass sie von der UNESCO in die Welterbeliste aufgenommen wurden.

Das Spektrum der Museumslandschaft ist weit: Es reicht vom Bienenmuseum über das Bauhaus- und das Schlossmuseum bis hin zu den musealen Gedenkstätten zu Goethe und Schiller.

Wie in Deutschland üblich haben viele Museen am Montag geschlossen und meist ist 30 oder 45 Min. vor der angegebenen Schließzeit Einlassschluss. Aus konservatorischen Gründen ist die tägliche Besucherzahl bei den Wohnhäusern von Goethe und Schiller sowie der Herzogin-Anna-Amalia-Bibliothek begrenzt.

Museen der Klassik Stiftung Weimar

Vorreiter der Moderne – **Bauhaus-Museum:** ▶ Karte 2, C 3, Theaterplatz, Tel. 54 59 61, www.klassik-stiftung.de, tgl. 10–18 Uhr, Eintritt 4,50 €, erm. 3,50 €, s. S. 130.

Weimars Muss – **Goethe-Nationalmuseum:** ▶ Karte 2, C 4, Frauenplan 1, Tel. 54 53 47, www.klassik-stiftung.de, Goethes Wohnhaus: April–Sept. Di–Fr, So 9–18, Sa 9–19, Okt. Di–So 9–18, Nov.–März Di–So 9–16 Uhr, Eintritt 8,50 €, ermäßigt 7 €. Goethe-Museum: geöffnet ab 28. Aug. 2012 wie Goethes Wohnhaus, Eintritt erfragen unter Tel. 54 54 00. S. S. 114.

Idyllisches Refugium – **Goethes Gartenhaus:** ▶ D 4, im Park an der Ilm, Tel. 54 53 75, www.klassik-stiftung.de, April–Okt. Mi–Mo 9–18, Nov.–März 10–16 Uhr, Eintritt 4,50 €, erm. 3,50 €, s. S. 243.

Beginn der Moderne – **Haus Hohe Pappeln:** ▶ E 7, Belvederer Allee 58, Tel. 54 59 65, www.klassik-stiftung.de, April–Okt. Di–So 13–18 Uhr, Eintritt 2,50 €, erm. 2 €, s. S. 228.

Musikerheimstatt – **Liszt-Haus:** ▶ C 4, Marienstraße 17, Tel. 54 53 38, www.klassik-stiftung.de, April–Okt. Di–So 10–18 Uhr, Nov.–März geschl., Eintritt 4 €, erm. 3 €, s. S. 224.

Moderne Kunst – **Neues Museum Weimar:** ▶ C 2, Weimarplatz, Tel. 54 59 63, www.klassik-stiftung.de, Di–So April–Okt. 11–18, Nov.–März 11–16 Uhr, Eintritt 5,50 €, erm. 3,50 €, s. S. 182.

Philosophie und van de Felde – **Nietzsche-Archiv:** ▶ B 5, Humboldtstr. 36, Tel. 54 51 59, www.klassik-stiftung.de,

Museums-Info

Die Besucherinformation der Museen der Klassik Stiftung Weimar: Frauentorstr. 4, Tel. 54 54 00, Fax 54 54 09, www.klassik-stiftung.de. Mo–Fr 9–16 Uhr, und Markt 10, Tel. 54 54 07, Nov.–März Mo–Fr 9.30–18, Sa, So 9.30–14, April–Okt. Mo–Sa 9.30–19, So 9.30–15 Uhr. Neben ausführlichen Informationen zu den Museen kann man hier auch Museumskarten reservieren und Führungen buchen.

April–Okt. Di–So 13–18 Uhr, Nov.–März geschl., Eintritt 2,50 €, s. S. 217.

Klassisch im Grünen – **Römisches Haus:** ▶ D 5, im Park an der Ilm, Tel. 54 53 82, www.klassik-stiftung.de, Mi–Mo April–Okt. 10–18, Nov.–März 10–16 Uhr, Eintritt 3,50 €, erm. 3 €, s. S. 242.

Original in der Schillerstraße – **Schillers Wohnhaus:** ▶ Karte 2, C 3, Schillerstr. 12, Tel. 54 53 50, www.klassik-stiftung. de, April–Sept. Di–Fr, So 9–18, Sa 9–19, Okt. Di–So 9–18, Nov.–März Di–So 9–16 Uhr, Eintritt 5 €, erm. 4 €, s. S. 125.

Sommerresidenz – **Schloss Belvedere:** ▶ Karte 3, C 4, Belvedere, Tel. 54 69 62, www.klassik-stiftung.de, April–Okt. Di–So 10–18 Uhr, Nov.–März geschl., Eintritt 5 €, erm. 4 €, Park frei, s. S. 229.

Landschlösschen – **Schloss Tiefurt:** ▶ Karte 3, D 2, Hauptstr. 14 (im OT Tiefurt), Tel. 85 06 66, www.klassik-stif tung.de, April–Okt. Mi–Mo 10–18 Uhr, Nov.–März geschl., Eintritt 5 €, erm. 4 €, Park frei, s. S. 190.

Bedeutende Schätze – **Schlossmuseum:** ▶ Karte 2, C 3, Burgplatz 4, Tel. 54 59 60, www.klassik-stiftung, Di–So April–Okt. 10–18, Nov.–März 10–16 Uhr, Eintritt 6 €, erm. 5 €, s. S. 142.

Anna Amalias Wohnhaus – **Wittumspalais:** ▶ Karte 2, X Y, Theaterplatz, Tel. 54 53 77, www.klassik-stiftung.de, Mi–Mo April–Okt. 10–18, Nov.–März 10–16 Uhr, Eintritt 5 €, erm. 4 €, s. S. 127.

Weitere Museen und Gedenkstätten

Erinnerung an humanitäres Streben – **Albert-Schweitzer-Gedenk- und Begegnungsstätte:** ▶ Karte 2, C 3, Kegel-

platz 4, Tel. 20 27 39, www.albert-schweitzer-weimar.de, Mo–Fr Mai–Okt. 11–17, Nov.–April 10–16 Uhr, Wochenende nach Vereinbarung, Eintritt frei, s. S. 150.

Hier dreht sich alles um die Biene – **Deutsches Bienenmuseum:** ▶ E 6, D 3, Ilmstr. 3, Tel. 90 10 32, http://dbm. lvti.de, Mi–So April–Okt. 10–18, Nov.–März 10–17 Uhr, Eintritt 2,50 €, erm. 2 €, s. S. 233.

Kunst im Industriedenkmal – **E-Werk:** ▶ D 2, Am Kirschberg 7, Tel. 54 59 63, www.klassik-stiftung.de, Mai–Okt. Sa, So 12–18 Uhr, Eintritt 1,50 €, s. S. 185.

Mahnende Erinnerung – **Gedenkstätte Buchenwald:** ▶ Karte 3, A 1, Buchenwald, Tel. 43 02 00, www.buchenwald.de, Di–So April–Okt. 10–18, Nov.–März 10–16 Uhr, Eintritt frei, s. S. 202.

Archäologie – **Museum für Ur- und Frühgeschichte Thüringens:** ▶ C 4, Humboldtstr. 11, Tel. 81 83 30, www.thueringen.de/denkmalpflege, Di 9–18, Mi–Fr 9–17, Sa, So 10–17 Uhr, Eintritt 3,50 €, erm. 2,50 €, s. S. 218.

Stadtgeschichte Weimars – **Stadtmuseum Weimar im Bertuchhaus:** ▶ C 3, Karl-Liebknecht-Str. 5–9, Tel. 826 00, http://stadtmuseum.weimar.de, Di–So

10–17 Uhr, Eintritt 3 €, ermäßigt 1,50 €, s. S. 178.

Erlebnismuseum – **Weimar-Haus:** ▶ Karte 2, C 3, Schillerstr. 16–18, Tel. 90 18 90, www.weimarhaus.de, April–Sept. 9.30–18.30, Okt.–März 9.30–17.30 Uhr, Eintritt 6,50 €, erm. 5,50 €, s. S. 127.

Besichtigungen

Weimar hat nicht nur viele Museen, sondern auch weitere Besichtigungsobjekte, teilweise von internationaler Bedeutung. Dazu gehören einige Bauwerke, die eng mit dem UNESCO-Welt-

Nur wenige Städte in Deutschland haben Albert Schweitzer ein Denkmal gesetzt

erbe – also den deutschen Klassikern wie dem Bauhaus – verbunden sind. Hier eine Auswahl; mehr finden Sie in den jeweiligen Reisekapiteln:

Gedächtnis der Nation – **Herzogin-Anna-Amalia-Bibliothek, Historisches Gebäude mit Rokokosaal:** ▶ Karte 2, C 3, Platz der Demokratie 4, Tel. 54 54 01, www.klassik-stiftung.de, Di–So 10–15 Uhr, Eintritt 6,50 €, erm. 5,50 €, Karten sind im Vorverkauf erhältlich, dann zzgl. 2,50 €. Pro Tag haben max. 290 Personen Zutritt. s. S. 136.

Architektur der Moderne – **Haus »Am Horn« (Bauhaus):** ▶ D 4, Am Horn 61, Tel. 90 40 56, www.hausamhorn.de, Mitte März–Okt. Mi, Sa, So 11–17 Uhr und auf Anfrage, Nov.–Mitte März geschl., Eintritt 3 €, erm. 1,50 €, s. S. 235.

Stilles Gedenken – **Fürstengruft:** ▶ C 5, Historischer Friedhof, Tel. 54 53 80, www.klassik-stiftung.de, Am Poseckschen Garten, tgl. April–Sept. 10–18,

Okt.–März 10–16 Uhr, Eintritt 3,50 €, erm. 3 €, s. S. 219.

Interessante Geologie – **Parkhöhle Weimar:** ▶ C 4, im Park an der Ilm, Eingang nahe Liszt-Haus/Mensa der Bauhaus-Universität, Tel. 51 19 19, www.klassik-stiftung.de, Di–So April–Okt. 10–12, 13–18, Nov.–März 10–12, 13–16 Uhr, Eintritt 3,50 €, erm. 2,50 €, Führung zur vollen Stunde, s. S. 225.

Puppen und Pavillon – **Palais Schardt mit Goethepavillon:** ▶ Karte 2, C 3, Scherfgasse 3, Tel. 90 22 79, www.goethepavillon.de, 13–16 Uhr, März–Okt. Di, Do–Sa, Nov./Dez. Di, Fr, Sa, Jan./Febr. Fr, Sa, Eintritt 3,50 €, s. S. 162.

Herderkirche – **Stadtkirche St. Peter und Paul:** ▶ Karte 2, C 3, Herderplatz, Tel. 90 31 85, www.ek-weimar.de, April–Okt. Mo–Fr 10–18, Sa 10–12, 14–16, So 11–12, 14–16, Nov.–März tgl. 11–12, 14–16 Uhr, Eintritt frei, Spende erbeten, s. S. 155.

Reiseinfos von A bis Z

Apotheken

Welche Apotheke Bereitschaftsdienst hat, erfährt man aus den Weimarer Tageszeitungen. Darüber hinaus ist in jeder Apotheke eine Informationstafel angebracht, die vermerkt, welche Apotheke Nachtdienst hat.

Der Wechsel des Apothekenbereitschaftsdiensts erfolgt morgens um 8 Uhr.

Ärztliche Versorgung

Ärztlicher Bereitschaftsdienst: Hausbesuche: Tel. 0800 825 25 25, Notdienst

Weimar: Sophien-Hufeland-Kliniken, Tel. 570, Notdienst Weimarer Land: Helios-Klinik, Blankenhain, Tel. 03645 950

Diplomatische Vertretungen

Österreichische Botschaft
Stauffenbergstr. 1
10785 Berlin
Tel. 030 20 28 70
www.oesterreichische-botschaft.de

Schweizerische Botschaft
Otto-von-Bismarck-Str. 4A
10557 Berlin

Tel. 030 390 40 00
www.eda.admin.ch/berlin

Fotografieren

Fotografiert werden kann überall, wo es schöne Motive gibt, nur nicht in den Museen der Klassik Stiftung Weimar.

Fundbüro

Stadtverwaltung, Schwanseestraße 17, Haus 1, Tel. 762 89 91.

Gesetzliche Feiertage

1. Januar: Neujahr
Karfreitag
Ostermontag
1. Mai: Tag der Arbeit
Christi Himmelfahrt
Pfingstmontag
3. Oktober: Tag der deutschen Einheit
31. Oktober: Reformationstag
25./26. Dezember: Weihnachten

Internet-Cafés

Im Internet-Café Roxanne am Markt (www.markt21.org/roxanne) kann nach Herzenslust gesurft werden, W-LAN ist ebenfalls vorhanden. Drahtlos surfen ist auch in einigen Hotels und Cafés möglich.

Kinder

Kindern muss es in der Klassikerstadt nicht langweilig werden. Angebote für die Kids gibt es zahlreiche. Beispielsweise bietet die Klassik Stiftung regelmäßig kindgerechte Veranstaltungen unter dem Thema »Spurensuche« an

Gut zu wissen
Freien Eintritt haben Kinder und Jugendliche bis zu ihrem 16. Geburtstag in den Museen und Schlössern der Klassik Stiftung Weimar. Das gilt für Dauerausstellungen und temporär gezeigte Sonderschauen gleichermaßen.

(www.klassik-stiftung.de). Auf der Internetseite www.weimarpedia-kids.de, die die Klassik-Stiftung für Kinder von 6–12 Jahren anbietet, führen Fritzchen, Caroline und die schlaue Eule Eva die Kleinen auf spielerische Weise in das Weimar vor 200 Jahren. Die Tourist-Information hat eine Broschüre aufgelegt, in der das Gänsemännchen vom Gänsemännchenbrunnen in der Schillerstraße auf lustige Art Kindern die Stadt zeigt (www.weimar.de).

Wenn die Eltern mal allein auf Entdeckungstour gehen möchten, können ihre Kleinen in der Kindererlebniswelt Andilli im Einkaufszentrum Atrium bleiben und dort nach Herzenslust toben, spielen, lachen und lernen (www.andilli-kindererlebniswelt.de).

Notruf

Rettungsdienst und Feuerwehr: 112

Öffnungszeiten

Obwohl Thüringen das Ladenschlussgesetz aufgehoben hat, machen nur wenige Geschäfte von den neuen Möglichkeiten Gebrauch. Im Allgemeinen öffnen die Läden Mo–Fr zwischen 9 und 10 Uhr und schließen um 19 oder 20 Uhr, Sa zwischen 14 und 20 Uhr. Mehrmals im Jahr gibt es zu besonderen Ereignissen verkaufsoffene Sonntage, die in der Presse angekündigt

werden. Dann kann ab 13 Uhr ge-
shoppt werden.

Post

Hauptpost: Goetheplatz 7–8, Tel. 0180
233 33

Polizei

Polizeinotruf: 110
Polizei Weimar: Am Kirschberg 1, Tel.
88 20

Radio

Antenne Thüringen: Belvederer Allee
25, 99425 Weimar, Tel./Fax 55 25 52,
Hörertelefon 01805 55 25 50, www.an
tennethueringen.de. Thüringens erster Privatsender ist beliebt und wartet
mit einem bunten Programm für jeden
Geschmack auf.

Radio Lotte: Herderplatz 14, 99423
Weimar, Tel. 40 10 00, www.radio-
lotte.de, UKW Antenne 106,6 MHz, Ka-
bel 107,9 MHz. Privater Stadtsender,
dessen Programm sich inzwischen
etabliert hat.

Rauchen

In Thüringen darf in Gaststätten und
allen öffentlich zugänglichen Berei-
chen wie Behörden, Kinder- und Ju-
gendeinrichtungen, Krankenhäusern
sowie Sport- und Kulturstätten nicht
mehr geraucht werden. Ausnahmen
bilden dort separate Nebenräume sowie sogenannte Einraumkneipen mit
einer Fläche unter 75 m^2, sofern der
Wirt sie deutlich als Raucherkneipe
kennzeichnet.

Reisen mit Handicap

Einige Hotels in Weimar bieten behin-
dertengerechte Zimmer an. Die Tourist-Information, Markt 10, Tel. 03643
74 50, www.weimar.de, führt für Geh-
behinderte und Rollstuhlfahrer barrie-
refreie Stadtführungen durch, die sich
an verschiedenen Themen wie »Christiane und Goethe«, »Goethe und Schiller in Weimar« oder »Lucas Cranach in
Weimar« orientieren. Diese Touren haben erfahrene Stadtführer mit dem Be-
hindertenverband getestet.

Für Rollstuhlfahrer zugänglich sind
unter anderem das Goethe-Nationalmuseum, das Bauhaus-Museum, das
Neue Museum und die Stadtkirche St.
Peter und Paul. Die Broschüre »Barrie-
refrei durch Weimar«, in der über die
touristischen Möglichkeiten für behinderte Menschen informiert wird, ist in
der Tourist-Information zu erhalten.
Informieren kann man sich auch auf
der Website www.weimar.de unter
dem Menüpunkt »Reisen für Gäste mit
Handicap« oder telefonisch (Rückruf-
service).

Sicherheit

In Weimar kann man sich so sicher fühlen wie in jeder anderen Stadt dieser
Größenordnung. Die Menschen sind
Gästen gegenüber freundlich und
hilfsbereit. Dennoch ist, wie überall
auf der Welt, eine gesunde Portion
Vorsicht angebracht.

Souvenirs

Weimar-Porzellan aus der nahen Por-
zellanmanufaktur in Blankenhain;
Ginkgo-Blätter aus Gold und Silber,
Porzellan und Marzipan; Ginkgo-
Pflanzen in kleinen Töpfen zum Aus-

pflanzen im eigenen Garten; klassische und Weimar-Literatur in reicher Auswahl – das alles sind weimartypische Reisemitbringsel.

Taxis

Taxistände gibt es zahlreiche: am Bahnhof, am Theater und am Goetheplatz. Gern rufen auch die Hotels und Restaurants ein Taxi. Taxiruf 90 36 00, 90 39 00 oder 595 55.

Telefonieren

Vorwahl Weimar: + 49 (0) 3643

Trinkgeld

Trinkgeld ist wie überall in Deutschland üblich, in Hotels, in Restaurants, im Taxi. Auch der Stadtführer freut sich über eine kleine Anerkennung. Je nach Zufriedenheit sind 5–10 % des Rechnungsbetrags Usus.

Zeitungen

Die Weimarer lesen ihre Tageszeitungen, die »Thüringer Allgemeine« und die »Thüringische Landeszeitung«, beide mit einem umfangreichen Lokalteil.

Sechs Mal im Jahr erscheint das »Kultur Journal Mittelthüringen«, das die Stadt Jena in Kooperation mit Weimar, Erfurt sowie dem Kreis Weimarer Land herausgibt. Das anspruchsvolle Magazin, das sich meist einem aktuellen Thema umfassend widmet, hat es sich zur Aufgabe gemacht, den einzigartigen kulturellen Reichtum der Region zu dokumentieren (www.kultur journal-online.de).

Reisekosten & Spartipps

Wer möchte nicht gern ein wenig sparen oder für sein Geld einige Zusatzbonbons erhalten? Das ist möglich mit der WeimarCard, die für wenig Geld viele Leistungen bietet, s. S. 19.

Sollte neben Weimar auch Thüringen erkundet werden, dann sei die ThüringenCard empfohlen, mit der mehr als 200 Freizeitangebote Thüringens kostenlos besucht bzw. genutzt werden können. Die 24-Stunden-Karte kostet 15 €, die Karte für 3 bzw. 6 frei wählbare Tage im Jahr 35 € bzw. 55 €. Informationen: Tel. 0361 374 20, www.thu eringencard.info. Beide Vorteilskarten können auch im Internet gekauft werden, sie werden Ihnen dann zugeschickt.

Einige Restaurants bieten preiswerte Mittagsgerichte an, z. B. das ACC für 5,50 € oder das Bistrot Français für 5 €. Auch die Gerichte auf der Wochenkarte sind oft preiswerter als die auf der Standardkarte.

Sparen kann man auch, wenn man in der Tourist-Information ein Hotelzimmer zum tagesaktuellen Preis bucht. Je nach Buchungslage gibt es mitunter saftige Nachlässe. Auch die angebotenen Pauschalarrangements der Hotels, die mehrere Leistungen bündeln, sind im Vergleich zu einzelnen Buchungen vorteilhafter.

In den Museen und Freizeiteinrichtungen lohnt es fast immer, nach Kombi- oder Familientickets zu fragen, mit denen sich der Eintritt günstiger gestalten lässt. Beispielsweise kann mit dem Eintrittsticket für das Neue Museum auch die Ausstellung von Rebecca Horn im E-Werk besucht werden. Die Kombikarte für Stadtmuseum und Kunsthalle kostet 4 €, für beide Einrichtungen wären jeweils 3 € Eintritt zu zahlen.

Panorama – Daten, Essays, Hintergründe

Wo kann man besser picknicken als im Ilmpark, in dem sich selbst Goethe einst erholte

Daten und Fakten
Internetadresse: www.weimar.de

Bevölkerung: Weimar hat 65 300 Einwohner, davon 33 700 weibliche und 31 600 männliche. Die meisten Einwohner, nämlich rund 32 %, sind zwischen 40 und 65 Jahre alt. Unter den Städten des Freistaates Thüringen steht Weimar an 4. Stelle nach Erfurt, Jena und Gera. In den neuen Bundesländern liegt Weimar bei der Einwohnerzahl auf Platz 19, im gesamten Bundesgebiet auf Platz 138. Nach der Einheit war die Einwohnerzahl angesichts der wirtschaftlichen Verhältnisse rückläufig, in den vergangenen Jahren ist sie jedoch wieder leicht angestiegen. Die jüngste Umfrage ergab, dass 90 % der Einwohner gern in Weimar leben. Sie schätzen vor allem das kulturelle Angebot der Stadt, genannt wurden Ereignisse wie das Kunstfest, Premieren im Deutschen Nationaltheater, das Kleinkunstfestival im Köstritzer Spiegelzelt, der Weihnachts- und Zwiebelmarkt und die Museumsnacht. Wohnungsleerstand wie in anderen ostdeutschen Städten spielt in Weimar keine Rolle.

Fläche: Das Stadtgebiet umfasst 84,3 km², von den kreisfreien Städten Thüringens ist Weimar damit die kleinste.

Lage: 50 Grad, 58 Min., 51 Sek. nördliche Breite, 11 Grad, 19 Min., 51 Sek. östliche Länge. Weimar liegt auf demselben Längengrad wie Lübeck, Magdeburg, München und Florenz bzw. auf demselben Breitengrad wie Brüssel, Köln, Dresden und Kiew. Die Nord-Süd-Ausdehnung beträgt 11,4 km, die Ost-West-Ausdehnung 8,9 km.

Landschaft: Weimar liegt in einer Mulde des Thüringer Beckens mit Anstiegen im Norden und Süden und breitet sich an beiden Ufern der Ilm aus. Höchste Erhebung ist der Glockenturm Buchenwald mit 468,2 m, tiefster Punkt die Kirche in Tiefurt mit 202,2 m über NN. In der Stadt weist die über die Ilm führende Sternbrücke eine Höhe von 215 m über NN auf, der nahe Kegelplatz 208,6 m über NN.

Religion: Rund 72 % der Einwohner sind konfessionslos, etwa 20 % evangelisch und rund 8 % katholisch.

Stadtwappen: Im goldenen, mit 14 roten Herzen bestreuten Schild ein aufgerichteter schwarzer Löwe mit roter Zunge. Der Löwe erinnert an die einstigen Landesherren und Stadtrechtsverleiher, die Grafen von Orlamünde. Das Wappen wurde 1975 eingeführt.

Kultur und Leben
Auszeichnungen: 2008 wurde die Stadt durch das Bundesministerium für Familie, Senioren, Frauen und Jugend

für ihr Engagement gegen Rechtsextremismus, Fremdenfeindlichkeit, Rassismus und Antisemitismus mit dem Titel »Ort der Vielfalt« ausgezeichnet. Damit gehört Weimar zu den ersten 66 Städten, Gemeinden und Kreisen in Deutschland, die diesen Titel offiziell führen dürfen.

Bildung: Vier Gymnasien zählt Weimar, darunter ein Spezialgymnasium für Musik, ferner die Medizinische Fachschule sowie die Bauhaus-Universität (www.uni-weimar.de), an der knapp 4000 junge Menschen studieren, die meisten in der Fachrichtung Architektur. Die Hochschule für Musik »Franz Liszt« (www.hfm-weimar.de) zählt knapp 1000 Studenten.

Sportstätten: Es gibt ein Freibad, eine Schwimmhalle und ein Stadion, vier Kegelsportanlagen, vier Bowlingbahnen, zwei Tennissportanlagen, eine Tennishalle und fünf Fitnessstudios sowie eine Boxhalle.

Tourismus und Wirtschaft

Tourismus: Weimar hat im Jahr rund 4 Mio. Gäste, der größte Teil davon kommt aus Deutschland. Die Aufenthaltsdauer der Übernachtungsgäste beträgt im Durchschnitt rund 1,9 Tage. Die meisten Ausländer sind Niederländer, gefolgt von Amerikanern und Schweizern. Den Gästen stehen etwa 3700 Betten zur Verfügung, von 5-Sterne-Hotels über Pensionen bis zu Privatquartieren. Das 1999 eröffnete »congress centrum neue weimarhalle« mit einem bis zu 1200 Personen fassenden Saal und fünf teils kombinierbaren Konferenzräumen gehört zu den modernsten Tagungsstätten in

Deutschland. Die Museen zählen pro Jahr etwa 500 000 Besucher, an der Spitze rangiert Goethes Wohnhaus mit rund 170 000 Besuchern, gefolgt von Schillers Wohnhaus mit etwa 90 000.

Verkehr: Die Autobahn 4 ist 4 km entfernt, die Bundesstraßen 7 und 85 führen durch das Stadtgebiet, es besteht ICE/IC-Anschluss an die Strecke Frankfurt/Main–Leipzig–Dresden und Berlin. Bis zum Flughafen Erfurt-Bindersleben mit Anbindung an das internationale Flugnetz sind es 25 km. In der Stadt gibt es acht Buslinien mit einer Gesamtstreckenlänge von fast 90 km.

Verwaltung: Weimar ist eine der sechs kreisfreien Städte Thüringens. An der Spitze der Verwaltung steht der Oberbürgermeister. Dem Stadtrat gehören – einschließlich dem Oberbürgermeister – 43 Personen an. Partnerstädte sind Hämeenlinna (Finnland), Blois (Frankreich), Siena (Italien) und Trier (Deutschland).

Wirtschaft: Große Industriebetriebe besitzt Weimar nicht. In den nach der Einheit entstandenen Gewerbe- bzw. Industrieparks haben sich mittelständische Unternehmen sowie Dienstleistungsunternehmen angesiedelt. Wichtige Branchen sind die Nahrungsmittelindustrie, Pharmazie, Druckerei und Verlagswesen. In der Stadt sind viele Freiberufler tätig, Kommunikations- und Medienunternehmer, Architektur- und Ingenieurbüros. Überdurchschnittliche Bedeutung hat der Tourismus. Nahezu jeder fünfte Weimarer ist im Handel oder Gastgewerbe tätig, größter Arbeitgeber ist die Bauhaus-Universität.

Von den Anfängen bis zum Mittelalter

ca. 200 000 v. Chr. Funde belegen die Besiedlung des heutigen Stadtteils Ehringsdorf zur Zeit der Altsteinzeit.

5. Jh. Im Königreich der Thüringer bildet das spätere Weimar einen zentralen Ort.

899 Erste Erwähnung in einer Urkunde von Kaiser Arnulf als »Vvigmara«, später auch Wehmare, Wimar und Wymar.

1254 Weimar wird erstmals als Civitas (Stadt) bezeichnet.

1372 Das Geschlecht der Grafen von Weimar und Orlamünde stirbt aus, die Stadt fällt dem wettinischen Markgrafen von Meißen und Landgrafen von Thüringen zu.

1410 Weimar wird das Weißenseer Stadtrecht verliehen.

1424 Beginn des Baus der Stadtbefestigung, die im 14. Jh. die Ausdehnung Graben, Kasseturm, Goetheplatz, Wielandstraße, Schillerstraße, Puschkinstraße, Bibliotheksturm erreichte. Sie besaß vier Türme, von denen der Kasseturm und der Bibliotheksturm (heute Bestandteil der Herzogin-Anna-Amalia-Bibliothek) erhalten geblieben sind.

Vorklassische Zeit

1485 Das Haus Wettin wird in zwei Linien geteilt. Die ernestinische erhält unter anderem Thüringen, Weimar bekommt den Rang einer Nebenresidenz.

1552 Der ernestinische Kurfürst Johann Friedrich der Großmütige wählt nach seiner Entlassung aus der Gefangenschaft von Kaiser Karl V. Weimar zu seiner Residenz, mit ihm siedelt auch der Maler Lucas Cranach d. Ä. in die Stadt über.

1653 Der Zwiebelmarkt wird erstmals in einer herzoglichen Verordnung erwähnt.

1708 Johann Sebastian Bach kommt von Mühlhausen nach Weimar, wo er bis 1717 als Hoforganist und später als Konzertmeister der Hofkapelle wirkt.

1709 Am Frauenplan beginnt der Bau eines barocken Bürgerhauses, in das 1782 Goethe als Mieter einzieht und das ihm Herzog Carl August 1794 schenkt. Heute ist es weltweit als Goethehaus bekannt.

1741   Das Fürstentum Eisenach fällt an Sachsen-Weimar. Weimar wird zur Hauptstadt des vereinten Herzogtums Sachsen-Weimar-Eisenach ernannt.

Das klassische Weimar

1759   Herzogin Anna Amalia übernimmt nach dem Tod ihres Gemahls die Regentschaft, der kulturelle Aufschwung der Stadt beginnt.

1772   Christoph Martin Wieland wird von Herzogin Anna Amalia als Erzieher des 1757 geborenen Erbprinzen Carl August nach Weimar berufen.

1774   Ein Brand zerstört das Stadtschloss, die herzogliche Familie zieht in das Fürstenhaus, zu dem vier Jahre zuvor der Grundstein gelegt worden ist.

1775   Carl August übernimmt die Regierung. – Goethe trifft auf Einladung des jungen Herzogs am 7. November in Weimar ein.

Herzogin Anna Amalia verstand es, die kulturelle Elite um sich zu scharen: Schiller, Goethe, Wieland, Herder, Musäus – sie alle trafen sich zu philosophischen Betrachtungen im Schlosspark von Belvedere

1776	Auf Vorschlag Goethes wird Johann Gottfried Herder als Generalsuperintendent nach Weimar berufen.
1791	Gründung des Hoftheaters, das bis 1817 unter Goethes Leitung steht.
1799	Friedrich Schiller siedelt endgültig nach Weimar über, wo er bereits von 1787–89 gelebt hat.
1805	Schiller stirbt am 9. Mai, die Beisetzung erfolgt nach dem damals üblichen Brauch in der Nacht vom 11. zum 12. Mai im Kassengewölbe des Jakobsfriedhofs.
1808	Napoleon Bonaparte und Goethe treffen am 2. Oktober in Erfurt zu einem Gespräch zusammen. – Am 6. Oktober findet während der Erfurter Fürstenkonferenz auf dem Ettersberg die sogenannte Kaiserjagd statt, an der neben Napoleon und Zar Alexander I. weitere vier Könige und fast sämtliche deutsche Fürsten teilnehmen.
1815	Auf dem Wiener Kongress wird das Herzogtum Sachsen-Weimar-Eisenach mit Weimar als Residenzstadt zum Großherzogtum erhoben.
1816	Großherzog Carl August erlässt mit dem »Grundgesetz des Großherzogtums Sachsen-Weimar-Eisenach« als erster deutscher Fürst eine Landesverfassung.
1825	Weimars erstes öffentliches Museum eröffnet im Jägerhaus seine Pforten. Goethe und Herzog Carl August präsentieren Kunstwerke, von denen sich noch heute viele im Besitz der Weimarer Kunstsammlungen befinden.
1828	Großherzog Carl August stirbt am 14. Juni auf einer Reise in Graditz bei Torgau, die Beisetzung erfolgt in der Fürstengruft.
1832	Goethe stirbt am 22. März, am 26. März wird er in der Fürstengruft beigesetzt.

Das Silberne Zeitalter

1842	Franz Liszt erhält die Ernennung zum Hofkapellmeister, 1848 siedelt er nach Weimar über.
1857	Enthüllung des Goethe-Schiller-Denkmals am Theaterplatz.
1860	Großherzog Carl Alexander gründet die Großherzogliche Kunstschule.

Reichspräsident Ebert ging gern mit seiner Gattin im Ilmpark spazieren

1869 Der erste eigenständige Museumsbau öffnet als Großherzogliches Museum; ab 1919 Landesmuseum, seit 1999 Neues Museum.

1885 Goethes letzter Erbe, sein Enkel Walther Wolfgang von Goethe, vermacht in seinem Testament die Sammlungen seines Großvaters dem Großherzogtum Sachsen-Weimar und den handschriftlichen Nachlass der Großherzogin Sophie.

1903 Die Gründerzeitvilla Silberblick, in dem der Philosoph Friedrich Nietzsche seine drei letzten Lebensjahre verbrachte, wird zu einer Gedenkstätte umgebaut. Unter dem Namen Nietzsche-Archiv ist sie heute Museum.

1918 Die Novemberrevolution in Deutschland zwingt den letzten Großherzog von Sachsen-Weimar-Eisenach, Wilhelm Ernst, am 9. November, abzudanken.

Weimarer Republik und Drittes Reich

1919 Im Deutschen Nationaltheater tagt die verfassungsgebende Versammlung. Mit der Annahme der Weimarer Verfassung wird die erste deutsche Demokratie begründet, die Weimarer Republik genannt wird. – Das Staatliche Bauhaus unter der Leitung von Walter Gropius wird gegründet, 1925 siedelt es nach Dessau über.

1920	Weimar wird Landeshauptstadt des neu gegründeten Landes Thüringen, die Einwohnerzahl beträgt etwa 40 000.
1937	Die Nationalsozialisten beginnen auf dem Ettersberg mit dem Bau des Konzentrationslagers Buchenwald
1945	Luftangriffe der Alliierten im Februar richten schwere Zerstörungen an. Mehr als 1000 Menschen finden den Tod, rund 3300 Wohnungen werden zerstört. – Das Konzentrationslager Buchenwald wird am 11. April durch die 3. US-Armee befreit.

Neubeginn und DDR-Zeit

1945	Die Amerikaner ziehen ab, die Sowjets übernehmen ab 1. Juli die politische und administrative Macht in Thüringen.
1948	Das 1945 schwer beschädigte Deutsche Nationaltheater wird mit Goethes Faust wiedereröffnet. – Die sowjetische Besatzungsmacht nimmt die Weimarhalle in Beschlag und nutzt sie bis 1974 als Kulturhaus.
1949	Das im Zweiten Weltkrieg schwer beschädigte Goethehaus am Frauenplan öffnet im August wieder. – Die Gründung der DDR am 7. Oktober wird auch in Weimar mit vielen Veranstaltungen gefeiert.
1952	Die Länder werden aufgelöst, die DDR in 16 Bezirke gegliedert. Weimar verliert dadurch seinen Status als Landeshauptstadt.

Mit der Einheit kam auch die Meinungsfreiheit nach Weimar

1958	Einweihung der Nationalen Mahn- und Gedenkstätte Buchenwald.
1975	Ein Jahr lang feiert man 1000 Jahre Weimar; später stellt sich heraus, nicht 975, sondern schon 899 wurde Weimar erstmals urkundlich genannt.
1989	In der Stadtkirche finden allwöchentlich »Friedensgebete« statt. Am 5. Oktober wird in der voll besetzten Kirche ein »Offener Brief« verabschiedet, in dem die Aufnahme eines »breiten gesellschaftlichen Dialogs« durch die DDR-Mächtigen gefordert wird.

Nach der Einheit

1990	Nach dem Beitritt der DDR zur Bundesrepublik Deutschland wird Weimar kreisfreie Stadt im wieder gegründeten Bundesland (heute Freistaat) Thüringen.
1996	Die Gründungsstätten des Bauhauses und das Haus »Am Horn« werden zum UNESCO-Welterbe ernannt.
1998	Das Ensemble »Klassisches Weimar« wird von der UNESCO zum Welterbe erklärt.
1999	Weimar ist Kulturhauptstadt Europas, mehr als sieben Millionen Gäste kommen in die Stadt, rund 1000 Veranstaltungen finden statt.
2002	Der literarische Nachlass Goethes wird von der UNESCO in das sogenannte Weltgedächtnis (Memory of the World) aufgenommen.
2005	Einweihung des neuen Studienzentrums der Herzogin-Anna-Amalia-Bibliothek mit dem Bücherkubus als Kernstück.
2007	Wiedereröffnung der Herzogin-Anna-Amalia-Bibliothek nach dem größten Bibliotheksbrand 2004 in Deutschland seit dem Zweiten Weltkrieg.
2008	Ein groß angelegtes wissenschaftliches Projekt ergibt: Im Sarg Schillers liegen nicht die Gebeine des Dichters.
2011	In Weimar findet die Landesausstellung »Franz Liszt – Ein Europäer in Weimar« anlässlich des 200. Geburtstages des Komponisten statt.
2012	Am 28. August eröffnet die neue Dauerausstellung »Und ich, ich werde Goethe bleiben!« im Goethe-Nationalmuseum.

Eine aufstrebende Stadt

Weimar schmückt sich mit dem Tourismus-Oscar. Gemeinsam mit Baden-Baden bekam die Kulturhauptstadt Europas 1999 den »Five Star Diamond Award« der American Academy of Hospitality Sciences verliehen. Damit erhielten erstmals zwei Städte die hochkarätige Auszeichnung. Bislang war sie weltweit nur an Hotels, Restaurants, Fluglinien und Kreuzfahrtschiffe vergeben worden. In den USA gilt die Auszeichnung als der Oscar der Tourismusbranche und weltweit als eines der höchsten Qualitätssiegel in der Branche.

Gastlichkeit und Service

Deutsche Touristen wissen mit dem »Five Star Diamond Award« noch wenig anzufangen. Für Weimar ist er wohl vorerst nur ein gutes Marketinginstrument auf dem ausländischen Markt. Verliehen wird der »Five Star Diamond Award« vor allem für besondere Gastlichkeit und hohen Service. »Wir haben es uns zur Aufgabe gemacht, die Besten der Besten auszusuchen ... Weimar ist zwar klein, hält aber für jeden Geschmack etwas bereit«, sagte der Vizepräsident der US-Akademie für Gastlichkeit bei der Preisverleihung. Den »Five Star Diamond Award«

Gestalterisch liegt die Bauhaus-Uni immer weit vorn: hier ein neuer Kiosk

bekamen auch das »Grand Hotel Russischer Hof« und dessen Restaurant »Anastasia« sowie das Hotel »Elephant«. Damit reihen sich die beiden Weimarer Hotels in den exklusiven Kreis um das berühmte »Adlon« in Berlin und das renommierte »Ritz-Carlton« in Shanghai ein, die diese Auszeichnung ebenfalls tragen.

Blick in die Geschichte

Es war ein langer Weg, bis Weimar zur weltbekannten Kulturstadt wurde. Erst Mitte des 16. Jh., nachdem Weimar Herzogsresidenz geworden war, machte man sich daran, das dürftige Landstädtchen zu verändern. Die Scheunen verschwanden aus der Innenstadt, der Markt wurde gepflastert, Schweine, Hühner und Gänse durften sich nicht mehr in den Gassen und auf den Plätzen tummeln.

Ab Mitte des 18. Jh. schleifte man die nutzlos gewordenen Befestigungsmauern. Endlich war die dringend notwendige räumliche Ausdehnung möglich. Denn die Bevölkerungszahl stieg gewaltig. Hatte Weimar zur Goethezeit etwa 6000 Einwohner, 1861 rund 14 000 Einwohner, so waren es 1899 bereits doppelt so viele. Es entstand die Graben genannte Straße, ihr folgte die geradewegs vom Hauptbahnhof zum Stadtzentrum führende Carl-August-Allee. Beiderseits der Steubenstraße wuchsen spätklassizistische

Häuser empor, zu denen sich später einige im Jugendstil gesellten.

An den Stadträndern dehnten sich neue Siedlungen mit Häusern im Stil der Gründerzeit aus, vor allem in Richtung Norden. Dort, hinter dem Hauptbahnhof, gab es ab Ende des 19. Jh. sogar ein Industriegebiet, doch nur die Waggonfabrik erreichte die Bedeutung eines Großbetriebs. Zu DDR-Zeiten war das Landmaschinen produzierende Weimar- Werk mit 6000 Mitarbeitern der größte Arbeitgeber. Auf dessen Gelände haben sich nach der Einheit etwas mehr als 30 Betriebe mit rund 800 Beschäftigten angesiedelt.

Weimar wächst und wächst

Vor allem in den Straßen links und rechts des Hauptfriedhofes sowie beiderseits des Ilmparks ließen sich Ende des 19. Jh., Anfang des 20. Jh. besonders Künstler und Geistesschaffende und mit dem Hof verbundene Adlige ihre Villen errichten. Bis in unsere Tage zählen die Straße Am Horn, die Tiefurter Allee und manche Straße im Süden der Stadt, die sich durch besonders viel Grün auszeichnen, zu den bevorzugten Wohnadressen. Die außerhalb der Stadt liegenden Schlösser Belvedere und Tiefurt gelangten mit der Eingemeindung von Oberweimar, Ehringsdorf und Tiefurt 1922 zu Weimar, Schöndorf folgte 1939. Weitere Eingemeindungen gab es 1993, als acht Dörfer zu neuen Ortsteilen wurden.

Nach 1933 zogen zentrale Dienststellen der Nationalsozialisten in die Stadt; das Gauforum sollte das Thüringer Verwaltungszentrum der braunen Machthaber werden. Und im Nordwesten der Stadt, auf dem Ettersberg, entstand in Sichtweite zu den Klassikerstätten das Konzentrationslager Buchenwald. Das 1959–67 errichtete Wohngebiet »Kirschbachtal« war das erste, das man nach dem Krieg baute.

Zwei Expo-Projekte

Hohen ästhetischen Ansprüchen wird das Stadtviertel »neues bauen am horn« gerecht. Die Bauhaus-Universi-

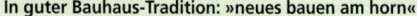

In guter Bauhaus-Tradition: »neues bauen am horn«

tät gestaltete es auf dem ausgedienten Kasernengelände an der Leibnizallee. 1992 hatte es der letzte Soldat der östlichen Siegermacht des Zweiten Weltkriegs verlassen. Das neue Stadtviertel gehörte wie auch Weimar-Nord zu den Außenprojekten der Expo 2000. Weimar-Nord, ab 1964 an der Nordwestperipherie entstanden, war mit seinen gesichtslosen Plattenbauten eins von Dutzenden Wohngebieten, das die DDR zwischen Rügen und Thüringer Wald auf grüne Wiesen setzte. Längst aber ist die Plattenbautristesse verschwunden. Die Häuser sind modernisiert, haben farbenfrohe Fassaden und das Wohnumfeld eine vielseitige Bepflanzung. Weimar-Nord wurde zu einer begehrten Wohnadresse.

Ein Segen für Weimar war das Kulturstadtjahr: Es flossen erhebliche finanzielle Mittel, mit denen die Infrastruktur vorangetrieben werden konnte. Die Kulturstadt gehört heute zu den wenigen im Osten Deutschlands, deren Bevölkerungszahl wächst. Vor allem Senioren wählen Weimar als Alterssitz.

Neue Ideen

»Wo finden Sie auf einem so engen Fleck noch so viel Gutes! ... und wo bin ich nicht überall gewesen!«, hatte Goethe 1823 zu Eckermann gesagt. Soviel Gutes muss man pflegen, dafür wird viel Geld gebraucht. Aber Geld ist nicht alles. Neue Ideen sind gefordert. Der Welterbestatus ist kein Ruhekissen. Jetzt liegen Ideen auf dem Tisch. Masterplan sagt die Klassik Stiftung Weimar zu dem umfangreichen Papier. Größtes Vorhaben ist die etwa 10 Jahre dauernde Sanierung des Stadtschlosses. Das soll für die Touristen zum ersten Anlaufpunkt werden und damit

Menschenrechts- und Kulturpreis
Er wird seit 1995 jährlich an Menschen verliehen, die sich unter Einsatz ihres Lebens gegen Unterdrückung und Gewalt zur Wehr setzen. Ihnen möchte Weimar ideellen Zuspruch und durch das Preisgeld auch finanzielle Unterstützung geben.
Weimar-Preis
Mit ihm werden seit 1990 jedes Jahr eine oder mehrere Personen geehrt, die sich, wie es im Statut heißt, »um das kulturelle Ansehen verdient gemacht haben«.

das Goethe-Wohnhaus ablösen. Viel Geld dürfte auch in das dringend notwendige Zentralmagazin der Museen fließen sowie in die Generalsanierung des Goethe- und Schiller-Archivs, damit beide endlich den heutigen Ansprüchen gerecht werden.

Viel Kritik gab es immer wieder, weil Weimar auf die Historie ausgerichtet blieb, auf die Zeit der Klassik und das Silberne Zeitalter. Doch endlich hat man begonnen, eine Brücke zur Gegenwart zu schlagen. Die wurde dem geplanten Bauhaus-Museum zugedacht, das Weimar kulturell neu ausrichten soll. Vielleicht bekommt Weimar auch noch ein »Haus der Weimarer Demokratie«, denn in der thüringischen Stadt wurde 1919 die erste demokratische Verfassung verabschiedet. Der 100. Jahrestag dieses Ereignisses wäre ein passender Termin.

Etwa 3,5 Millionen Gäste kommen jedes Jahr nach Weimar. Beachtlich für ein Städtchen, das knapp 65 000 Einwohner zählt. Weimar ist im Wandel, es möchte sich in der Tourismuslandschaft noch weiter nach vorn schieben.

Weimarer oder Weimaraner?

Manche Gäste sind tagelang in der Stadt unterwegs und bekommen nicht einen einzigen Weimaraner zu Gesicht. Die Neugier, wie er aussieht, ist groß. Wenn dem Gast weder auf dem Markt noch in den engen Straßen ein Weimaraner begegnet, dann hilft nur eins: Auf ins Atrium, dort gibt es im Centermanagement für 5 € einen Imagefilm über Weimar auf DVD, in dem ein Weimaraner die Hauptrolle spielt.

Eigenschaften

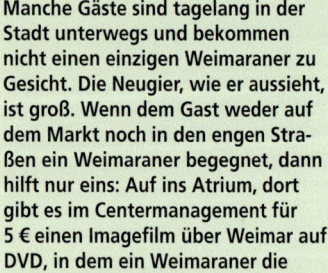

Weimaraner sind drahtig, sehr anhänglich, haben einen ausgeglichenen Charakter und wunderschöne Bernsteinaugen. Sie gelten als wachsam, intelligent und arbeitswillig. Jetzt, sagt mancher Tourist, leuchte ihm ein, wieso in dieser Stadt so viel erreicht werden konnte. Doch er muss sich sagen lassen, mit den Weimaranern habe das nichts zu tun. Wohl aber mit den Weimarern. Spätestens jetzt sind nähere Erläuterungen angebracht: Weimaraner sind bis zu 70 cm große, edle Jagdhunde. Am Hof von Großherzog Carl August, also Anfang des 19. Jh., hielt man Weimaraner. Ab etwa 1890 wurden sie planmäßig gezüchtet, zunächst nur in Thüringen. Die erste Eintragung im Zuchtbuch erfolgte 1898.

Auch wenn sich Goethe in einem Gedicht als Weimaraner bezeichnet hat, die Einwohner der Stadt möchten so nicht genannt werden. Ihre einhellige Meinung: Weimaraner ist eine Hunderasse, wir sind Weimarer! Die kennen sich fast alle untereinander, denn Weimar ist eine gemütliche Kleinstadt. Und doch völlig anders als andere Städte dieser Größenordnung.

Rund 4 Mio. Touristen aus aller Welt eilen jährlich durch ihre schmalen Straßen, von einer Sehenswürdigkeit zur anderen, und bevölkern die Cafés. Weltoffenheit und Gastfreundschaft sind deshalb für die Menschen hier selbstverständlich. Nicht etwa, weil sie sich Goethe als Vorbild auserkoren haben. Die toten Dichter sind vielen Weimarern völlig egal. Sie wissen aber auch: Ohne die glanzvolle Vergangenheit wäre ihr Weimar ein Provinznest wie viele andere, ja, man hätte den Weimaraner sicherlich nicht einmal nach ihrer Stadt benannt.

lieben sie. Wer in Weimar lebt, lebt gern hier.

Weimar hat hübsche Mädchen und die jeweils für ein Jahr amtierende Zwiebelmarktkönigin ist eines davon. Die wird von Event zu Event gereicht, denn möglichst viele möchten ihre Veranstaltung mit dem schönen Gesicht der Weimarerin bereichern.

Insgesamt schmückt man sich auf der Welt aber mehr mit Weimaranern als mit Weimarerinnen. Dwight Eisenhower legte sich 1956 eine Weimaranerin zu, Frank Sinatra und Grace Kelly ebenfalls und auch in jüngster Zeit wird der Weimaraner immer mehr zum Modehund. Der Fotograf William Wegmann steckte Weimaraner sogar in Anzug und Kostüm und füllte mit den Fotos einen sich hervorragend verkaufenden Bildband. Die deutschen Züchter sehen das alles ungern, denn der Weimaraner ist ein Jagd- und kein Showhund. Er brauche Auslauf, was man von den Weimarern nicht gerade behaupten kann. Nach 18 Uhr könnten die Gehsteige hochgeklappt werden – wenn es nicht die zahlreichen Touristen und Studenten gäbe.

Unterschiede

Die Weimaraner bellen nicht, höchstens, wenn sie dazu aufgefordert werden. Das ist bei den Weimarern schon anders. Die verschaffen sich ab und zu recht lautstark Gehör. Das war so, als man ihrem Nationaltheater die Selbstständigkeit nehmen wollte. Und im Jahr der deutschen Einheit, um ein weiteres Beispiel zu nennen, waren sie echt sauer. Sie wollten wieder Landeshauptstadt werden, doch das Rennen machte das benachbarte Erfurt. Der Ärger darüber ist längst verflogen. Denn auch ohne den Titel »Landeshauptstadt« ist das kleine Weimar wer. Das stellen Besucher schnell fest. Die Weimarer sind stolz auf ihre Stadt, sie

Weimarer und Weimaraner. Alle warten darauf, beiden einmal vereint zu begegnen. Doch das wäre wohl so etwas wie ein Sechser im Lotto mit Superzahl. In der Stadt leben rund 65 000 Weimarer – aber es soll nur einen einzigen Weimaraner geben.

Goethe war schon zu Lebzeiten so berühmt, dass sein Diener Stadelmann heimlich Haare von ihm verkauft haben soll. Doch Schiller dürfte in unseren Tagen die bessere PR haben: 2008 brachte er es mit dem Schiller-Code, dem Ergebnis eines groß angelegten Forschungsprojekts des Mitteldeutschen Rundfunks in Kooperation mit der Klassik Stiftung Weimar, in allen Zeitungen und Fernsehsendern zu Schlagzeilen. Goethe konnte etwas nachziehen: Die ihm angedichtete Liebschaft mit Anna Amalia brachte ihm im selben Jahr in jedem guten Feuilleton Beiträge.

fehlt ihm ganz an der herzlichen Art, sich zu irgendetwas zu bekennen«, teilte Schiller 1790 erneut Körner mit. »Seine Philosophie mag ich auch nicht ganz: Sie holt zu viel aus der Sinnenwelt, wo ich aus der Seele hole. Überhaupt ist seine Vorstellungsart zu sinnlich und betastet mir zu viel.«

Der Bund des Ernstes und der Liebe

Zehn Jahre später hat sich die Situation verändert, wie einem Brief Goethes an Schiller zu entnehmen ist: »Das güns-

Die Dichterfürsten Goethe und Schiller

Das erste Treffen

Zum ersten Mal persönlich begegneten sich Goethe und Schiller am 7. September 1788 in Rudolstadt. Es war ein kühles Gespräch. So sagt man. Goethe sah in Schiller einen unreifen Sturm-und-Drang-Dichter, Schiller wiederum in Goethe den vom Glück begünstigten, egoistischen Weltmann und Dichter, der seinem eigenen Aufstieg – wie er einige Monate später an seinen Freund Körner schrieb – »im Wege« war. Begegnungen und Besuche in der Folgezeit blieben unverbindlich. »Es

In einer Geste der Freundschaft zeigt das berühmte Denkmal am Theaterplatz die beiden Dichterfürsten

tige Zusammentreffen unserer beiden Naturen hat uns schon so manchen Vorteil verschafft, und ich hoffe, dieses Verhältnis wird immer gleich fortwirken.« Goethe bekannte: »Sie haben mir eine zweite Jugend verschafft und mich wieder zum Dichter gemacht, welcher zu sein ich so gut wie aufgehört hatte.« Die Unterschiede beider, schon durch Herkunft, Bildungsweg und gesellschaftliche Stellung bedingt, waren groß, doch kristallisierten sich viele Gemeinsamkeiten heraus. Beide schlossen »den Bund des Ernstes und der Liebe«, wie Goethe feststellte. In den Jahren, in denen Schiller in Jena lebte, weilte er wiederholt für mehrere Wochen als Gast in Goethes Haus, nach seiner Übersiedlung nach Weimar pflegten beide häufigen persönlichen, familiären und gesellschaftlichen Umgang. Doch geduzt haben sie sich nie.

Nach Schillers Tod schrieb Goethe an den Berliner Musiker und Komponisten Zelter: »Ich ... verliere nun einen Freund und in demselben die Hälfte meines Daseins.« In seinen Gesprächen mit seinem Vertrauten und Mitarbeiter Eckermann resümierte er: »Das war ein rechter Mensch und so sollte man auch sein!« Dem Freund setzte Goethe mit dem »Epilog zu Schillers Glocke« und vor allem mit der Herausgabe des Briefwechsels mit Schiller ein literarisches Denkmal. »Seine Briefe«, so Goethe 1825 zu Eckermann, »sind das schönste Andenken, das ich von ihm besitze, und sie gehören mit zu dem Vortrefflichsten, was er geschrieben hat.« 1009 Briefe wechselten die beiden Dichterfürsten von 1794 bis 1805.

Brodelnde Gerüchte

Goethe und Schiller waren das, was man heutzutage Personen von öffentlichem Interesse nennt. Also gehört auch ein wenig Klatsch und Tratsch dazu. Von Schiller gibt es kaum etwas zu berichten, höchstens dies: Charlotte von Kalb zieht eigens wegen Schiller von Mannheim nach Weimar. »Wir haben uns vorgesetzt«, schrieb Schiller über seine Beziehung zu der zwei Jahre jüngeren Frau, »kein Geheimnis aus unserm Verhältniß zu machen.« Das war 1787, geheiratet hat er 1790 eine andere – Charlotte von Lengefeld. Vielleicht, weil Frau von Kalb bereits einen Ehemann hatte! Anders sieht es da schon bei dem Herrn von Goethe aus. Seine Liebesromanze mit Christiane Vulpius war im damaligen Weimar jahrelang Gesprächsthema. Im Gartenhaus an der Ilm hatte es begonnen, in aller Heimlichkeit, neun Monate lang erfuhr niemand davon. Als das Verhältnis der beiden bekannt wurde, ignorierte der Adel das Blumenmädchen, selbst Goethes Freunde Schiller und Herder sollen sich ablehnend geäußert haben. Als Charlotte von Stein von der Liaison erfuhr, brach sie ihre Beziehung zu Goethe mit den Worten »Dieses Verhältnis ist ekelhaft!« ab. Lediglich Goethes Mutter akzeptierte Christiane. Nach der ersten Begegnung in Frankfurt schrieb sie an ihren Wolfgang: »Du kannst Gott danken! So ein liebes, herrliches, unverdorbenes Gottesgeschöpf findet man selten ...!« Und Charlotte von Stein? Hat er mit ihr nur Tee getrunken und geistvolle Gespräche geführt oder ...? Niemand konnte das bis heute klären. Die Gerüchteküche brodelt weiter.

Frauen spielten in Goethes Leben bis ins hohe Alter eine große Rolle. Hinlänglich bekannt ist, dass der große Meister sich in Marienbad als 73-jähriger Witwer in die 54 Jahre jüngere Ulrike von Levetzow verliebte. Der Erfolg blieb dem berühmten alten Herrn jedoch versagt. Das hat er selbst eingeräumt: Noch auf dem Rückweg nach Weimar schrieb er die »Marienbader Elegie«, eine erschütternde Klage um Liebesleid. Aufsehen erregte die These des deutsch-italienischen Autors Ettorre Ghibellino, weil völlig neu: Goethe habe gar nicht Charlotte von Stein, sondern Herzogin Anna Amalia geliebt. Die Freifrau sei nur ein »raffiniertes Täuschungsmanöver« gewesen. Und weil diese Behauptung von Ghibellino nicht bewiesen ist, füllte sie im Jahr 2008 die Feuilletons mit der Frage »Ham se nu« oder nicht? Es könnte sein, meinen die einen, die Goethe-Gesellschaft und die Weimarer Klassik Stiftung halten mit »unbewiesen«, »einseitig biografisch« und »manipulativ« dagegen.

Auch im Tode vereint?

Wie dem auch sei: Beide sind Deutschlands Dichterfürsten, deren Namen die Welt kennt. In der Fürstengruft in Weimar sind sie auch im Tode vereint, symbolisch zumindest. Ihre Särge stehen nebeneinander. Seit 2008 weiß man jedoch, dass in dem Sarg, an dem Schiller steht, kein Schiller drin liegt. Eine mehr als zweijährige, groß angelegte wissenschaftliche Untersuchung führte zu dem Ergebnis: Von den drei Schädeln im Schiller-Sarkophag ist keiner der von Schiller und die Gebeine stammen von mehreren Toten, aber ebenfalls nicht von Schiller.

Bleibenden Ausdruck findet die Dichterfreundschaft im Herzen der Stadt, vor dem Deutschen Nationaltheater mit dem Goethe-Schiller-Denkmal. Beide Dichter werden in ihrer Individualität gezeigt, aber auch als Freundespaar. Das symbolisiert der Lorbeerkranz, den der zehn Jahre ältere Goethe in seiner Hand hält und nach dem Schiller greift, sowie die Hand, die Goethe dem Freund auf die Schulter legt. Das berühmte Doppelstandbild zeigt die Dichter bewusst gleich groß: 3 m und 34 cm. Doch im Leben waren sie von unterschiedlicher Körpergröße, Goethe war 12 cm kleiner als Schiller.

Kurzbiografien

Goethe, Johann Wolfgang von (1749–1832): Dichter, Wissenschaftler, Staatsmann; lebte von 1775 bis zu seinem Tod in Weimar, war u. a. Mitglied der obersten Regierungsbehörde, bekam den Titel »Geheimer Rat«, wurde in den Adelsstand erhoben, leitete das Hoftheater, war Staatsminister und wurde Deutschlands bedeutendster Dichter.

Einige Werke:
Götz von Berlichingen mit der eisernen Hand (Drama), 1773
Die Leiden des jungen Werther (Briefroman), 1774
Egmont (Trauerspiel), 1775
Wilhelm Meisters theatralische Sendung (Roman), ab 1776
Iphigenie auf Tauris (Drama), 1779
Der Erlkönig (Ballade), 1782
Faust. Eine Tragödie (Drama), ab 1808
Zur Farbenlehre (wiss. Abhandlung), 1810

Schiller, Friedrich (1759–1805): Dichter, Historiker; einer der namhaftesten deutschen Dichter, lebte und wirkte von 1787–89 und von 1799 bis zu seinem Tod in Weimar, 1802 geadelt.

Einige Werke:
Die Räuber (Drama), 1781
Kabale und Liebe (Drama), 1784
Ode an die Freude (Gedicht), 1786
Don Carlos (Drama), 1787/88
Wallenstein-Trilogie (Drama), 1799
Das Lied von der Glocke (Ballade), 1799
Wilhelm Tell (Drama), 1803/04

Stadt der schönen Künste

An welche Namen denkt man bei Literatur und Musik im Zusammenhang mit Weimar? An Goethe und Schiller. Und nach kurzer Überlegung (vielleicht) noch an Franz Liszt. Das wars dann? Weit gefehlt, die Weimarer können die Aufzählung fast bis ins Unendliche weiterführen. Wohnten und arbeiteten in ihrer Stadt doch Literaten und Musiker aller Couleur.

Treffpunkt der Promis

Zehntausende reisen jährlich nur deshalb nach Weimar, um den Spuren der Klassiker Goethe, Schiller, Wieland und Herder zu folgen. Aufbewahrt werden deren literarische Nachlässe im Goethe-und Schiller-Archiv, zusammen mit denen vieler anderer Literaten. Immerhin befindet sich in der kleinen thüringischen Stadt das größte Literaturarchiv Deutschlands.

Doch das ist auch gerechtfertigt, passierte in Weimar in literarischer Hinsicht doch so einiges: Johann Carl August Musäus sammelte vor den Gebrüdern Grimm »Volksmärchen der Deutschen« und verbreitete sie in fünf Bänden, Friedrich Justin Bertuch gründete 1786 das weit verbreitete »Journal des Luxus und der Moden«, Johann

Sogar in den Parks üben die Schüler des Musikgymnasiums »Schloss Belvedere«

Daniel Falk textete 1816 das berühmte Weihnachtslied »O du fröhliche …«. 1885 wurde in Weimar die Goethe-Gesellschaft gegründet, die heute mit Mitgliedern in rund drei Dutzend Ländern zu den angesehensten und wichtigsten literarischen Vereinigungen der Welt gehört. Aber auch die »Deutsche Shakespeare-Gesellschaft« und die »Schiller-Gesellschaft« wurden in Weimar gegründet.

Musik und nochmals Musik

Begonnen hat Weimars Musikleben ganz klein, mit sechs Trompetern, zwei Paukern und zwei »Trompeterknechten«, die 1482 in der Chronik genannt werden. Als offizieller Beginn der Musikgeschichte gilt das Jahr 1602, als sich Weimar eine Hofkapelle leistete. Den ersten Höhepunkt im Musikschaffen bildete das Wirken von Johann Sebastian Bach Anfang des 18. Jh. Das »Silberne Zeitalter der Tonkunst« leitete der europaweit bekannte Klaviervirtuose Johann Nepomuk Hummel ein, Franz Liszt, der »Hofkapellmeister in außerordentlichen Diensten«, rückte das Musikschaffen Weimars in den europäischen Blickwinkel.

Richard Strauss dirigierte Ende des 19. Jh. in der Stadt, Ernst Praetorius erwarb sich in der ersten Hälfte des 20. Jh. durch experimentelles Gegenwartsschaffen einen Namen. Nach dem Zweiten Weltkrieg trat der berühmte Beethoven-, Brahms- und Bruckner-Dirigent Hermann Abendroth (1883–1956) ans Dirigentenpult der Staatskapelle und setzte klare Akzente. Heute prägt die Staatskapelle Weimar, eines der ältesten und renommiertesten Orchester Deutschlands, das reiche Musikleben der Stadt. International einen guten Ruf hat auch die Musikhochschule »Franz Liszt«.

Die Rehabilitation Bachs

Weimars Musikleben war bis in die jüngste Zeit mit einem kleinen Schatten behaftet. Denn ausgerechnet der Lebenslauf Johann Sebastian Bachs gereichte der Stadt nicht zur Ehre. Hatte man doch 1717 den heute meistgespielten Komponisten der Welt für einen Monat eingesperrt. Weil er, ohne um Entlassung zu bitten, einen Vertrag als Hofkapellmeister beim Herzog von Anhalt-Köthen unterschrieben hatte. 2008 wurde der Makel beseitigt – Bach bei einem Festakt symbolisch von Michael Benedikt Prinz von Sachsen-Weimar-Eisenach rehabilitiert. Zugegen war auch Eduard Prinz von Anhalt, ein Nachfahre des Köthener Herzogs.

Große Literaten und Musiker
Bach, Johann Sebastian (1685–1750): Komponist, Organist, Kantor; in Weimar 1703 und 1708–17. **Wieland, Christoph Martin (1733–1813):** Schriftsteller; kam 1772 als Prinzenerzieher nach Weimar, Übersetzer von Werken aus der Antike. **Herder, Johann Gottfried (1744–1803):** Philosoph, Theologe, Schriftsteller; kam 1778 nach Weimar, Vertrauter Goethes. **Hummel, Johann Nepomuk (1778–1837):** Berühmter Klaviervirtuose, Komponist; 1819 bis zu seinem Tod Hofkapellmeister in Weimar. **Liszt, Franz (1811–86):** Klaviervirtuose, Komponist, Dirigent; ab 1869 jährlich längere Aufenthalte in Weimar.

Russische Spuren in Weimar

Unter großer Begeisterung der Bevölkerung zog am 9. November 1804 die russische Großfürstin Maria Pawlowna in Weimar ein, die in St. Petersburg den Erbprinzen und späteren Großherzog Carl Friedrich von Sachsen-Weimar-Eisenach geheiratet hatte. Durch die familiären Bindungen war Russland zum wichtigsten Verbündeten des Großherzogtums geworden.

Jubelnder Empfang für die Zarentochter

Friedrich Preller d. Ä. hielt den Empfang der Zarentochter auf einem Gemälde fest, das im Schlossmuseum im sogenannten Roten Saal neben dem Goethezimmer zu sehen ist. Einige Tage vor Maria Pawlowna war bereits die mobile Aussteuer in Weimar eingetroffen, verstaut auf 80 vollgeladenen, von 110 Pferden gezogenen Wagen. Vor dem Fürstenhaus wurde ausgespannt. Hunderte von Weimarern schauten zu.

In den Tagen danach durften sie betrachten, was aus St. Petersburg gekommen war, in zehn Zimmern war alles aufgebaut worden: Ein aus hundert Teilen bestehendes Porzellanservice, Spiegelwände und Kronleuchter, ein silberner Toilettentisch mit goldenen Aufsätzen, Teppiche, Vasen und Gläser, Kristall und die komplette Einrichtung einer Russisch-orthodoxen Kapelle.

Selbst wohlhabende Weimarer gestanden sich beim Anblick dieser riesigen Schätze ein, dass sie doch eigentlich ärmlich lebten.

Prominente Gäste

1816 nahm die Gesandtschaft des Russischen Reichs in Weimar ihre Tätigkeit auf, die bis 1909 bestand. Deren Gebäude am Beethovenplatz integrierte man nach der Deutschen Einheit in das Dorint-Hotel.

1853 öffnete in St. Petersburg ein Generalkonsulat des Großherzogtums Sachsen-Weimar-Eisenach. Prominente Russen gehören bis heute zu Weimars Gästen. Zar Alexander I., der Bruder Maria Pawlownas, besuchte die Stadt mindestens sechs Mal. Ihr Neffe, der spätere Zar Alexander II., weilte 1838 in Weimar. Auch die weltbekannten Musiker Anton Rubinstein und Igor Strawinsky sowie der Schriftsteller Leo Tolstoi statteten der Stadt einen Besuch ab. Der Russe Wassili Kandinsky leitete ab 1922 die Werkstatt für Wandmalerei und den »Gestaltungsbereich Farbe« am Bauhaus. Reichlich ein Jahrzehnt später erklärten die NS-Herrscher seine Bilder für »entartete Kunst«. Nach dem Zweiten Weltkrieg

Vor der Russisch-Orthodoxen Kapelle glaubt man im Winter kaum, nicht in Russland, sondern in Weimar zu sein

konnten u. a. der Kosmonaut German Titow, der Schriftsteller Michail Scholochow sowie die Politiker Wladimir Putin und Michail Gorbatschow begrüßt werden.

Neben der Herzogin-Anna-Amalia-Bibliothek steht eine Büste von Puschkin, weil Goethe ein großer Verehrer des bedeutenden russischen Schriftstellers war. Goethe kannte einige Werke Puschkins in deutscher Übersetzung. Im Nachlass seiner Schwiegertochter Ottilie fand sich z. B. eine deutsche Übersetzung von Puschkins Poem »Der Gefangene im Kaukasus«. Zudem schickte der alte Goethe, so ist überliefert, seinem russischen Dichterkollegen eine Schreibfeder nebst einem Vierzeiler, worin er ihm sein Lob aussprach.

Dunkle Wolken

Auf die Kontakte zwischen Weimar und dem großen Land im Osten legten sich in der Zeit des Nationalsozialismus und in den Jahren nach dem Zweiten Weltkrieg dunkle Wolken. Im Konzentrationslager Buchenwald waren Tausende sowjetischer Kriegsgefangener interniert. 8483 von ihnen wurden bei vorgetäuschten ärztlichen Untersuchungen durch einen Genickschuss ermordet, andere starben an den schlimmen Lebensbedingungen im Lager. Nach dem Zweiten Weltkrieg richteten die Sowjets auf dem Gelände des Konzentrationslagers ein Internierungslager ein, in dem etwa 7100 Deutsche den Tod fanden.

Von August 1945 an waren 49 Jahre lang sowjetische und später russische Truppen in Weimar präsent. Daran erinnert der Friedhof im Park an der Ilm, auf dem vorwiegend Soldaten und Offiziere ihre letzte Ruhestätte fanden, die in den ersten Monaten nach dem Zweiten Weltkrieg ums Leben kamen. 649 Beisetzungen fanden hier bis zum April 1946 statt. Danach erfolgten die Beerdigungen auf dem Sowjetischen Friedhof am Rand des Schlossparks Belvedere. Hier wurden nicht nur Militärangehörige zur letzten Ruhe gebettet, sondern auch Zivilpersonen und Kinder mit sowjetischem Pass, die vorübergehend in der sowjetischen Besatzungszone bzw. später der DDR lebten. Mehr als 2000 Personen sind hier begraben.

Zahlreiche Erinnerungen

Russische bzw. sowjetische Spuren gibt es in Weimar zahlreiche, die markantesten stammen von Maria Pawlowna. Sie richtete im Residenzschloss die Dichterzimmer zur Erinnerung an Goethe, Schiller, Wieland und Herder ein, in der Stadt sprudeln mehrere von ihr gestiftete Brunnen. In Belvedere hat sie den Russischen Garten hinterlassen und auf dem Historischen Friedhof das markanteste Denkmal, die Russisch-Orthodoxe Kapelle.

Wenn heutzutage Russen nach Weimar kommen, steigen sie mit Vorliebe im 5-Sterne-Grand-Hotel »Russischer Hof« am Goetheplatz ab, das zwei geschäftstüchtige Damen im Jahr 1805 unter dem Namen »Alexanderhof« eröffnet hatten. Doch russisches Flair suchen die Gäste aus Moskau, St. Petersburg oder Irkutsk im Hotel »Russischer Hof« vergebens und auch ein russisches Restaurant ist in Weimar nicht vorhanden, in dem man bei Soljanka und Wodka über die russischen Spuren sinnieren oder dem Heimweh frönen könnte. Aber anstoßen auf die weimarisch-russischen Kontakte kann man zumindest: mit Krimsekt.

Das Traditionstheater

Mit dem Deutschen Nationaltheater besitzt Weimar eine der renommiertesten und berühmtesten Bühnen des Landes. Seinen Namen erhielt das frühere Hoftheater im Jahr 1919 – kurz vor einer »Tell«-Aufführung und gerade, nachdem der Großherzog erzwungenermaßen abgedankt hatte. Die Bezeichnung besteht zu Recht, betrachtet man die Bedeutung des Theaters für die deutsche Kultur- und Theatergeschichte. Goethe war der berühmteste Intendant, Franz Liszt Hofkapellmeister, zahlreiche Uraufführungen hat das Haus gesehen, hier wurde die erste demokratische Verfassung in der deutschen Geschichte beschlossen und Thomas Mann hielt in ihm zwei beachtenswerte Reden.

Ort des Aufbruchs und der Neuerung

Auf eine lebendige Theaterkultur kann Weimar seit Ende des 17. Jh. verweisen, denn seitdem gastierten Theatergruppen in der Stadt. 1791 gründete Herzog Carl August ein eigenes Hoftheater und beauftragte Goethe mit dessen Leitung. Von dem Theater gingen berühmte Werke wie Goethes »Iphigenie auf Tauris« und alle Dramen Schillers von der »Wallenstein«-Trilogie bis zum »Wilhelm Tell« – mit Ausnahme der »Jungfrau von Orleans« – in die Welt. Der gesamte »Faust« kam erstmals 1876 in Weimar auf die Bühne. Liszt führte als Hofkapellmeister im Theater den »Tannhäuser« des

Das Deutsche Nationaltheater – eine Bastion der Kultur

damals steckbrieflich gesuchten Richard Wagner auf und leitete 1850 – zu Goethes Geburtstag am 28. August – die Uraufführung der Oper »Lohengrin«.

Unter Richard Strauss erlebte Humperdincks Märchenoper »Hänsel und Gretel« 1893 hier ihre Uraufführung. Das Weimarer Theater erwarb sich vor allem Ruhm durch bedeutende Shakespeare-, Goethe- und Schiller-Inszenierungen. Der Schriftsteller Jean Paul urteilte 1798 in einem Brief an seinen Freund Christian Georg Otto: »Gegen das neue Theater sind die anderen deutschen nur Kulissen.«

Politisches auf ruhmreicher Bühne

Das Weimarer Theater ist aber weit mehr als nur eine Konzert-, Opern- und Schauspielbühne, es ist ein authentischer Geschichtsort. 1919 wurde es für reichlich ein halbes Jahr zur politischen Bühne, in ihm tagte die Deutsche Nationalversammlung. Doch als Traditionsort der Demokratie spielt das Theater bis heute kaum eine Rolle, wenn man es beispielsweise mit der Frankfurter Paulskirche vergleicht.

Zu den unrühmlichen Eintragungen in der Chronik gehört 1933 die Entlassung und Emigration des verdienstvollen Generalmusikdirektors Ernst Praetorius durch die Nationalsozialisten, weil er mit einer Jüdin verheiratet war. Im Februar 1945 brannte das Theater bei einem Bombenangriff aus, wurde aber bereits 1948 zu Goethes Geburtstag mit dem »Faust« wiedereröffnet. Die Theaterchronik verzeichnet auch, dass 1949 und 1955 Thomas Mann – der Weimar als Stadt »unsterblichen Ruhms« bezeichnete – im Theater sprach, einmal zum 200. Geburtstag

Goethes, das andere Mal zum 150. Todestag Schillers. Seit 1994 kommt man auch ins Theater, um die Weimarer Reden zu hören. Prominente äußern sich zu aktuellen und brisanten politischen, wirtschaftlichen und gesellschaftlichen Themen: So sprachen u. a. der Schriftsteller Rolf Hochhuth, die einstige Bundesverfassungsgerichts-Präsidentin Jutta Limbach sowie Wladyslaw Bartoszewski, der als Häftling Auschwitz überlebte und in den Jahren 1995 und 2000/2001 Außenminister des freien Polens war.

Erfolgreiche Proteste

Zu Beginn unseres Jahrhunderts forcierte die Thüringer Landesregierung die Fusion der traditionsreichen Bühne mit dem namenlosen Theater in Erfurt. Doch die Regierenden hatten nicht mit dem Engagement der Weimarer gerechnet, die regelrecht einen lebenden Wall um ihr Theater bildeten. Mahnwachen zogen auf, Unterschriften wurden gesammelt, Protestdemos fanden statt. Der Weimarer Stadtrat lehnte sich gegen die Landesregierung auf und erteilte dem geplanten Verbund eine Absage.

Die Proteste hatten Erfolg. Man gründete – bis dahin einmalig in ganz Deutschland – eine Theater GmbH. 2008 war der Spuk endgültig vom Tisch. Das Weimarer Theater wurde zum Staatstheater, das Land stieg mit 79 Prozent in das Gesellschaftskapital ein und übernahm den Vorsitz im Aufsichtsrat. Die Tradition der renommierten Weimarer Bühne wird also auch in Zukunft weitergeführt.

Faust-Inszenierungen zählen in Weimar zu den beliebtesten Aufführungen

Hauptstadt für 197 Tage

Im Jahr 1919 war Weimar 197 Tage lang Regierungs- und Parlamentssitz. Im Nationaltheater wurde die erste demokratische Verfassung Deutschlands beschlossen. Rasch bürgerte sich für die erste deutsche Republik vom 9. November 1918 bis zum Beginn der nationalsozialistischen Diktatur am 30. Januar 1933 der inoffizielle Name »Weimarer Republik« ein. Und die erste demokratische Verfassung Deutschlands heißt bis heute »Weimarer Verfassung«.

Rege Betriebsamkeit

1919 herrscht in Weimar eine Geschäftigkeit, wie sie sich bis heute nicht wiederholt hat. Die Hotels und Pensionen sind ausgebucht, auch Privatquartiere sind nicht mehr zu haben, aus Berlin kommen täglich zweimal Kurierflugzeuge, um Post und die hauptstädtischen Zeitungen zu bringen, das Sophienstift, eine höhere Mädchenschule im Stadtzentrum, wird zur Telefon- und Nachrichtenzentrale umfunktioniert, in der bis zu 200 Telefonistinnen arbeiten. Die erste zivile Fluglinie Deutschlands wird zwischen Berlin und Weimar mit einer Zwischenlandung in Leipzig eingerichtet ... Weimar ist zur Hauptstadt Deutschlands geworden – für ganze 197 Tage. Das Hoftheater, das wenige Tage zuvor den Namen Deutsches Nationaltheater bekommen hat, wird zum Parlamentssitz, im Residenzschloss quartiert sich die Regierung ein. Nach dem Sturz der Monarchie ist beschlossen worden, die am 19. Januar 1919 gewählte verfassungsgebende Deutsche Nationalversammlung solle fern vom Berliner Auf-

ruhr tagen. Eine kleine Stadt in der Mitte oder im Süden Deutschlands sollte es sein, Würzburg und Bayreuth stehen zur Debatte, aber auch Jena und Eisenach in Thüringen kommen in Frage. Die Wahl fällt schließlich auf das kleine Weimar. »Es wird von der ganzen Welt angenehm empfunden werden, wenn man den Geist von Weimar mit dem Aufbau des neuen Deutschen Reiches verbindet«, erklärt Friedrich Ebert, der spätere Reichspräsident.

Das Theater wird Parlamentssitz

In aller Eile baut man Zuschauerraum und Bühne des Nationaltheaters zum Plenarsaal um, aus dem Berliner Reichstagsgebäude wird Mobiliar her-

beigebracht. Am 6. Februar 1919 tritt die Nationalversammlung mit 423 Abgeordneten zu ihrer ersten Sitzung im Theater zusammen. Heiß begehrt sind die 40 Karten für die Besucherplätze, denn viele Interessierte sind nach Weimar gekommen, um die neuen politischen Repräsentanten persönlich zu sehen. Wer keine Karte für das Theater ergattern kann, muss nicht traurig sein, denn er läuft den Parlamentariern in dem kleinen Weimar unweigerlich auf den Straßen und Plätzen über den Weg. Oder im Ilmpark. Reichspräsident Ebert soll dort gern mit seiner Frau spazieren gegangen sein, wie auch der erste Reichsminister des Auswärtigen, Dr. Ulrich Graf von Brockdorff-Rantzau. »Und am Abend«, schreibt die Berliner Illustrierte, »finden sich fast alle in den vier oder fünf Lokalen zusammen, in denen es etwas

Eßbares und einen guten Tropfen gibt.«

Die Betten im kleinen Weimar reichen hinten und vorne nicht. Der Begleittross der Parlamentarier nimmt ungeahnte Größen an, immer mehr Journalisten treffen ein, auch Interessierte aus ganz Deutschland kommen. Täglich pendelt ein Parlamentszug zwischen Berlin und Weimar. In Anzeigen wird die Bevölkerung aufgerufen, Privatquartiere zur Verfügung zu stellen. Das Echo ist überwältigend, denn dafür gibt es zusätzliche Kohlekarten und der Nebenverdienst ist nicht zu verachten. Privatzimmer, die normalerweise keine 50 Mark im Monat kosten, werden für bis zu 250 Mark verhökert.

Ein gutes Geschäft wittert die Mitropa, die für kurzzeitige Gäste einen Schlafwagenzug auf dem Bahnhof von Weimar abstellen lässt, »in dem Halbabteile tageweise für eine oder zwei Personen abgegeben werden«. Problematisch ist in den Monaten nach dem Ersten Weltkrieg die Versorgung. Als der Reichspräsident zu einer »zwanglosen Zusammenkunft« in den Weißen Saal des Residenzschlosses einlädt, muss er die Abgeordneten und Mitarbeiter bitten, ihre Brotmarken mitzubringen.

Strenge Sicherheitsbestimmungen

Die Stadt ist von einem militärischen Sperrgürtel umgeben: Reichswehrminister Noske hat etwa 4000 Soldaten nach Weimar verlegt, ferner sind aus Berlin 24 Kriminalbeamte in die Kleinstadt beordert worden. Auf dem Theaterplatz patrouilliert täglich eine Kompanie des Landjägerkorps. Für die Bevölkerung gibt es Meldepflicht und strenge Kontrollen. Hermetisch abgeriegelt ist das Residenzschloss, in dem die Reichskanzlei und Ministerien Dependancen unterhalten. Reichspräsident Friedrich Ebert, Reichskanzler Philipp Scheidemann und Minister seines Kabinetts (das im Juni vom Kabinett Gustav Bauer abgelöst wird) sowie deren engste Mitarbeiter wohnen im Residenzschloss, in dem sämtliche Räume belegt sind. Nur in die Suite des abgedankten Großherzogs und in die Erinnerungszimmer an Weimars große Dichter darf niemand einziehen.

Aus dem Reich erreichen die Abgeordneten und die Minister vielfach unerfreuliche Nachrichten, es gibt Informationen über stattfindende Generalstreiks, über Massendemonstrationen, über den roten und weißen Terror, der im Land herrscht. Im Residenzschloss tagt man stundenlang, um die Lage zu erörtern, doch meist drehen sich die Gespräche um den Versailler Vertrag. Mit ihm sollen Deutschland und seine Verbündeten die alleinige Verantwortung für den Ausbruch des Ersten Weltkriegs übernehmen und Gebietsabtretungen und Reparationszahlungen an die Siegermächte zustimmen. Die Wogen schlagen hoch, denn die Meinungen sind gespalten. Reichskanzler Scheidemann ist gegen den Vertrag und tritt deshalb mit seinem

Kabinett am 20. Juni zurück, nachdem die Alliierten die deutsche Regierung am 16. Juni auffordern, innerhalb einer Woche den Friedensvertrag anzunehmen.

Ende gut, alles gut

Am 23. Juni stimmt die Nationalversammlung dem Versailler Vertrag zu, am 31. Juli nimmt sie mit 262 Stimmen bei 75 Gegenstimmen die Verfassung an, die erste demokratische in der deutschen Geschichte. Damit ist die Arbeit erledigt, am 21. August kehren Parlament und Regierung von Weimar nach Berlin zurück. In der kleinen Thüringer Stadt zieht wieder Normalität ein, sehr zum Bedauern der Gastronomen, Hoteliers und Händler, aber auch vieler Kleinkünstler und der beiden Kinos, denen die 197 Tage als deutsche Hauptstadt hervorragende Geschäfte bescherten.

Die Kosten für den Rückbau des Theaterinnenraums und die ausgefallenen Einnahmen wegen des ruhenden Spielbetriebs übernimmt das Reichsministerium des Innern. Die Bevölkerung jedoch atmet auf: Sie hatte unter den Einquartierungen, den Sicherheitskontrollen und einer großen Teuerung sehr zu leiden.

Wahlplakate zur ersten demokratischen Wahl

Das legendäre Staatliche Bauhaus

Die Revolution des Designs begann 1919 in Weimar. Hier steht die Wiege des Staatlichen Bauhauses, Synonym für moderne Formgestaltung, Architektur und Kunst, aber auch für ein neues, pluralistisches Ausbildungsprinzip. Das Bauhaus gilt als die »modernste Kunstschule der Welt im 20. Jahrhundert«, seine Ideen und Konzepte wurden von den Lehrern und Schülern in alle Welt getragen. Die Zeugnisse des Bauhauses gehören heute zu den Klassikern des vergangenen Jahrhunderts.

Die Wegbereiter

Die Wurzeln des Bauhauses liegen in der 1860 gegründeten Großherzoglichen Kunstschule und der 1907 entstandenen Großherzoglich Sächsischen Kunstgewerbeschule, die der Belgier Henry van de Velde leitete. Als van de Velde, einer der Wegbereiter der Moderne, von konservativen und nationalistischen Kreisen zu Beginn des Ersten Weltkriegs aus dem Amt gedrängt wurde, wünschte er sich den Berliner Architekten Walter Gropius als seinen Nachfolger.

Gropius führte die beiden Einrichtungen zum Staatlichen Bauhaus zusammen, das am 1. April 1919 seine Tätigkeit aufnahm. Er wählte den Namen der Schule selbst, leitete sie von der Gründung bis 1928 und verstand es, weltweit bekannte avantgardistische Künstler wie Lyonel Feininger, László Moholy-Nagy, Gerhard Marcks, Georg Muche, Oskar Schlemmer, Wassili Kandinsky, Paul Klee und Johannes Itten nach Weimar zu holen und an die Schule zu binden.

Verschmelzung von Kunst und Produktion

Die legendär gewordene Hochschule für Gestaltung beeinflusste Architekten in aller Welt weit über ihre eigentliche Lebensdauer hinaus. Vor allem nach dem Zweiten Weltkrieg prägten die Ideen des Bauhauses die moderne Architektur. Das Bauhaus stand für eine Abkehr vom dekorativen Schnör-

burg), Glasmalerei, Wandmalerei, Weberei, Druckerei, Holz- und Steinbildhauerei und eine Bühnenwerkstatt. Etwa 150 junge Menschen studierten durchschnittlich an der Schule. So neu und ungewöhnlich wie die Ziele, so neu waren auch die Studienkonzepte. Der akademische Dünkel der Hochschulprofessoren wurde über Bord geworfen, das Bauhaus war eine Avantgardeschule, in der es ein Teamwork von Lehrenden und Studierenden gab;

kel, schlichte Formen und klare Proportionen waren das Ziel. Gropius formulierte das Programm mit den Worten: »Das Bauhaus erstrebt die Sammlung allen künstlerischen Schaffens zur Einheit, die Wiedervereinigung aller werkkünstlerischen Disziplinen – Bildhauerei, Malerei, Kunstgewerbe und Handwerk – zu einer neuen Baukunst als deren unablösliche Bestandteile.« Funktionalität und Materialgerechtigkeit sollten Schönheit und Stil bei den Produkten bzw. Bauwerken erreichen. »Das Bauhaus will der zeitgemäßen Entwicklung der Behausung dienen, vom einfachen Hausgerät bis zum fertigen Wohnhaus«, heißt es in den 1924 formulierten Grundsätzen.

Unter der Führung der Architektur bildete Gropius Künstler und Handwerker gemeinsam aus, am Bauhaus bestanden die Werkstätten Tischlerei, Metallwerkstatt, Töpferei (in Dorn-

Stipendien wurden verteilt, die Studenten waren am Verkaufserlös ihrer Werkstattarbeiten beteiligt. Diese modernen Positionen waren dem konservativen Weimar dieser Jahre zu radikal, dazu kam, dass rund 50 Prozent der Lehrkräfte Ausländer waren. Das rief rechtsgerichtete Kräfte auf den Plan, die erreichten, dass die Geldmittel drastisch gekürzt wurden. Finanziell und politisch unter Druck gesetzt, löste sich das Bauhaus 1925 selbst auf, um in Dessau neu zu beginnen.

Ein einziger Zeuge

In Weimar hat das Bauhaus lediglich das Haus »Am Horn« als gebautes Zeugnis seines Schaffens hinterlassen, ansonsten konnte es auf das Bauen in der Stadt keinen Einfluss nehmen. Die wirtschaftliche Situation dieser Jahre dürfte daran schuld gewesen sein, aber wohl auch die starken konservativen Kräfte, die die neuen Gestaltungsauffassungen strikt ablehnten. In der Industriestadt Dessau gelang den Bauhauskünstlern, manches zu verwirklichen, was in Weimar nicht möglich gewesen war. Als Ikone der klassischen modernen Architektur gilt das von Gropius entworfene eindrucksvolle Bauhausgebäude. 1932 wurde die Kunstschule in Dessau geschlossen, zur endgültigen Selbstauflösung zwangen sie die Nationalsozialisten im April 1933 in Berlin.

Die Erben

In Weimar gab es ab 1930 als Nachfolgeinstitution die »Hochschule für Baukunst, bildende Kunst und Handwerk«, die nach dem Zweiten Weltkrieg mit neuen Inhalten weitergeführt wurde und 1954 den Namen »Hochschule für Architektur und Bauwesen« erhielt. Sie entwickelte sich zu einer der wichtigsten Architektur- und Bauhochschulen der DDR. Seit 1996 trägt sie als Universität den Namen der legendären Kunstschule des 20. Jahrhunderts.

»Der Begriff Bauhaus in unserem Namen steht für Experimentierfreudigkeit, Offenheit, Kreativität, Nähe zur industriellen Praxis und Internationalität.« Mit diesem Anspruch setzt die Universität, die über 30 Studiengänge bietet, die Tradition der legendären Bildungseinrichtung fort. Die Erinnerung an die berühmte Ausbildungsstätte hält in Weimar auch das Bauhaus-Museum am Theaterplatz wach, das jedoch für diese weltberühmte Gestaltungsschule alles andere als ein würdiger Ausstellungsort ist. Aus Platzgründen kann man nur einen sehr kleinen Teil der vorhandenen Objekte zeigen. Bald wird sich das ändern: Ein neues Bauhaus-Museum wird in den nächsten Jahren in der Nähe des Neuen Museums entstehen.

Die UNESCO nahm 1996 ausgewählte Bauhaus-Bauten mit der Begründung in die Welterbeliste auf, dass es »zwischen 1919 und 1933 revolutionäre Ideen der Baugestaltung und Stadtplanung durchsetzte«. In Weimar sind das die ehemalige Kunstschule (heute Hauptgebäude der Universität), die ehemalige Kunstgewerbeschule (der heutige Van-de-Velde-Bau) und das Haus »Am Horn«.

Berühmte Namen

Velde, Henry van de (1863–1957): Maler, Architekt, kam über Paris nach Berlin, einer der Pioniere des Jugendstils. Er weilte von 1902–17 in Weimar und gründete dort die Kunstgewerbeschule. Später Direktor der Hochschule für angewandte Kunst in Brüssel.

Gropius, Walter (1883–1969): Architekt, van der Veldes Nachfolger und Bauhausgründer, war auch nach dessen Übersiedlung 1925 nach Dessau noch drei Jahre Direktor. Emigration nach London, danach Leiter der Architekturabteilung der Harvard-Universität in Cambridge.

Feininger, Lyonel (1871–1956): Maler, Grafiker, kam 1887 nach Deutschland zum Studium, 1906 erster Aufenthalt in Weimar. Von 1919–25 in Weimar am Bauhaus tätig, dem er bis 1932 verbunden blieb, 1937 Rückkehr nach New York.

Kunst im Widerstreit

Aufstieg und Fall der Moderne – eine umstrittene Ausstellung im Gauforum

Auseinandersetzungen über Kunst und Kultur sind typisch für Weimar. Die jüngste war die durch verächtliche Zwischen- und Buh-Rufe veranlasste Absetzung der »Faust II«-Inszenierung im Nationaltheater. Die heftigste Meinungsverschiedenheit, als »Weimarer Bilderstreit« bezeichnet, gab es im Kulturstadtjahr.

Provokante Ausstellung

Es war ein starker Sturm, fast schon ein Orkan, der 1999 durch die Ausstellung »Aufstieg und Fall der Moderne« fegte. Keine Bilderpräsentation hat die Medien in der jüngsten Zeit auch nur annähernd so beschäftigt wie der dritte Teil dieser provokanten Ausstellung im Mehrzweckgebäude des eins-

tigen Gauforums, in dem man über 500 Bilder aus der DDR-Zeit zeigte. Das »Hamburger Abendblatt« schrieb vom »Weimarer Bilderstreit«, die »Frankfurter Allgemeine Zeitung« verglich die Zusammenwürfelung von erlesenen Bildern mit übelsten Machwerken gar mit der »Horrortechnik, mit der die Nazis die ›Entarteten Ausstellungen‹ inszenierten«. Die Akademie der Künste in Berlin geißelte in einer Presseerklärung die »unvergleichliche Arroganz« der Ausstellungsmacher, sprach von einer »Ekelinszenierung« und von einem »Rückfall in demagogische Abwertungs- und Denunziationsmuster des Kalten Krieges«.

Die Ausstellungsmacher hatten die Bilder aus der DDR-Zeit in dichten Zweier- oder Dreierreihen auf faltige graue Plastikplanen gehängt, zwei

Kunstwissenschaftlerinnen aus Dresden sprachen deshalb von einem »riesigen Müllsack«. Der zeigte Agitationsschinken neben vortrefflichen Bildern, weder nach Themen noch nach Stil geordnet, sondern laut »Süddeutscher Zeitung« »schießbudenartig« durcheinandergewürfelt. Von einem »wurschtigen Hochmut« war in der Hamburger »Zeit« zu lesen, der viele Künstler kränkte, die sich ohnehin viel öfter als die im Westen fragen lassen müssen, »was sie denn überhaupt zum Künstler macht. Und ob sie je welche waren«.

Auch die Künstler selbst reagierten mit Protesten: Wolfgang Mattheuer, einer der bekanntesten Maler der DDR, kritisierte die Ausstellung als »Ausdruck westdeutscher Siegermentalität und blinder Vorurteile«. Der Dresdner Maler Hubertus Giebe meinte, die Ausstellung »soll die in der DDR entstandene Kunst bewusst und nachdrücklich diffamieren. Inszenierungen dieser Art sind herabwürdigend und Rufmord an heute und hier lebenden Künstlern«. Der Künstler Reinhard Stangl diskutierte nicht lange, sondern handelte: Er marschierte in die Ausstellung, hing sein Bild ab und nahm es mit nach Hause, Ellena Olsen erwirkte gerichtlich, dass ihre beiden Bilder entfernt werden mussten.

Ungeahnte Aufmerksamkeit

Der Effekt des Weimarer Bilderstreits war groß. Mehr hätten die besten PR-Leute nicht erreichen können. Er bescherte Weimar ungeahnte Aufmerksamkeit und der Ausstellung eine riesige Besucherschar. Die Weimarer selbst sind solche Auseinandersetzungen über Kunst und Kultur gewohnt, denn Ähnliches erlebte die Stadt schon häufig. Beispielsweise 1858, als die Uraufführung der Oper »Der Barbier von Bagdad« von Peter Cornelius im Hoftheater organisiert ausgepfiffen wurde, um Franz Liszt zu treffen, der dirigierte. Richard Strauss bemühte sich, Hofkapelle und Musiktheater zu reorganisieren, aber letztlich warf er doch das Handtuch. »Es befindet sich alles hier wie vor 100 Jahren, nur dass ein gewisser Goethe nicht mehr mittut«, resümierte er und verließ ein halbes Jahr später, 1894, die Stadt.

Als Harry Graf Kessler 1906 im Museum für Kunst und Kunstgewerbe, dessen ehrenamtlicher Direktor er war, einen Aktzyklus des französischen Bildhauers Auguste Rodin ausstellte, musste er Beschimpfungen und eine wüste Pressekampagne über sich ergehen lassen. So druckte die »Weimarische Landeszeitung« am 11. April 1906 einen Leserbrief, in dem es heißt, wir »rufen Pfui und tausendmal Pfui über den Urheber und seine Helfershelfer, die solche Abscheulichkeiten vor Augen stellen«. Bereits 1905 notierte Kessler in seinem Tagebuch: »Diese kleinen Spießbürger hier fangen an, sich wirklich wichtig zu nehmen, seitdem man ihnen so viele berühmte Leute zuführt.« Kessler wollte Weimar zu einem Zentrum der modernen Kunst machen, doch im Großherzog fand er keinen Unterstützer. Den »Rodinskandal« nutzte der Hof, den leidenschaftlichen Förderer der modernen Kunst loszuwerden.

In den 1920er- und 30er-Jahren ging es in Weimar nicht zimperlich zu, beispielsweise 1930, als Paul Schultze-Naumburg, ein entschiedener Gegner der Moderne, als Direktor der Nachfolgeinstitution des Bauhauses die 1923 geschaffenen Wandgestaltungen von

Oskar Schlemmer im Van-de-Velde-Bau entfernen ließ.

Skandal um Faust II

Bis in die Gegenwart schafft es Weimar immer wieder, mit Auseinandersetzungen Aufmerksamkeit zu erregen. Man möchte gern eine Stadt der Moderne sein, »wenn es aber darum ging, die Avantgarde vor Ort zu haben«, zeige sich Weimar eher als Stadt der Verhinderung. Das schrieb die Berliner Zeitung, als die Nachricht durch die Medien ging: Paul Maenz, der große Sammler zeitgenössischer Kunst, zieht Ende 2005 einen Großteil seiner Dauerleihgaben aus Weimar zurück. Der Mäzen und Sammler warf Weimar wenig Interesse vor, meinte, es »dümpelte alles nur vor sich hin«, worauf das Nachrichtenmagazin »Der Spiegel« titelte: »Goethe statt Gegenwart«. Weimar war es oft gelungen, Treffpunkt der internationalen Avantgarde zu sein, und erlebte große Zeiten, doch immer gibt es auch kräftige Bremser, deren Borniertheit die Stadt wieder ins Provinzielle zurückfallen lässt.

2008 wollte man modern sein, das Nationaltheater holte den für seine eigenwilligen Inszenierungen bekannten jungen Franzosen Laurent Chétouanes nach Weimar, um Faust II auf die Bühne zu bringen. Der nahm sich Goethes schwer zu spielendem Stück »ohne Ängste und Vorbehalte vor dem großen Text« an – so die Kölnische Rundschau –, um es seiner Generation zu erschließen. Chétouanes schaffte die Rollenverteilung ab, es gab keinen Faust, keinen Mephisto, jeder war eine der Figuren, er wählte »Textinseln« aus und gab dem Publikum den Rat, den Text wie im »Riesendelirium« selbst zu lesen. Die Schauspieler und Tänzer agierten in einem Bühnenbild, das eigentlich nur ein leerer Raum war: Videowände, alte Stühle und die kahlen Ziegelwände des Bühnenhauses.

Zur Premiere gab es Pfiffe, Gelächter, Buhrufe und eine Massenflucht zur Pause, nur vereinzelten Applaus nach fast fünf Stunden Theater-Marathon. »Ein Debakel ohnegleichen«, schrieb das Neue Deutschland, »Massenflucht bei Faust II in Weimar«, titelte die Augsburger Allgemeine und im Tagesspiegel war von einem »Desaster« zu lesen, »wie es der Theatergänger höchstens einmal im Leben erlebt«. Nach sechs Vorstellungen setzte man die eigenwillige Faust-II-Inszenierung ab, zu früh, um all denen Gelegenheit zum Besuch zu geben, die durch die überregionalen Rezensionen auf die jüngste Kunststreitigkeit in Weimar aufmerksam geworden waren.

Legendärer Kunstmäzen
Kessler, Harry Graf (1868–1937): Diplomat, Schriftsteller, Buchkünstler, Mäzen. Ab 1903 in Weimar, wo er bis 1935 einen seiner Wohnsitze hatte, Direktor des Museums für Kunst und Kunstgewerbe, Gründer und Leiter der Cranach-Presse, Förderer der modernen Kunst.

Sie ist eine der schönsten und eine der bedeutendsten Bibliotheken Europas: die Herzogin-Anna-Amalia-Bibliothek. Mit ihrem wunderschönen Rokokosaal und der erlesenen Literatur zur Weimarer Klassik gehört sie zum Welterbe der UNESCO. Als das historische Gebäude 2004 in Flammen aufging, waren nicht nur die Weimarer geschockt. Die Schäden an Gebäude und Büchern waren immens und nur eine beispiellose Hilfsaktion machte es möglich, dass die Bibliothek bereits drei Jahre später wieder in altem neuem Glanz erstrahlen konnte.

der Stadt hat sich die Nachricht in Windeseile verbreitet: Feuer in der Bibliothek! Hunderte eilen zum Platz der Demokratie, bilden Menschenketten, um Bilder, Büsten, Gemälde und Bücher in Sicherheit zu bringen. Bibliotheksdirektor Michael Knoche wagt sich vor und rettet die kostbare Bibelsammlung vor den Flammen. Ein Journalist hat das im Foto festgehalten, es zeigt das rußverschmierte Gesicht des Direktors mit der Lutherbibel von 1534 in der Hand. Danach verbietet die Feuerwehr das Betreten des Hauses, denn das Leben dieser tapferen Menschen ist in Gefahr. Der Dachstuhl könnte zu-

Feuersturm in der Anna-Amalia-Bibliothek

Die Bibliothek brennt

Am Abend des 2. September 2004 schlagen riesige Flammen aus dem Dach des berühmten historischen Gebäudes der Herzogin-Anna-Amalia-Bibliothek. Alle Feuerwehren der Stadt und des Umlands eilen herbei – auch die aus den Städten Erfurt, Jena und Gera. Großalarm in Thüringen! Gegen Mitternacht sind rund 950 Feuerwehrleute im Einsatz. Die lodernden Flammen und das blitzende Blaulicht der Feuerwehr- und Polizeiautos schaffen eine gespensterhafte Atmosphäre. In

Sorgfältig wurden die verkohlten Bücher verpackt, bevor sie in die Restaurationswerkstätten gebracht wurden

sammenbrechen, die Decke des Rokokosaals einstürzen. Auch Weimars Oberbürgermeister und Thüringens Kultusminister sind sofort zum Katastrophenort geeilt, der Ministerpräsident erhält die Nachricht auf der Autobahn während der Fahrt von Berlin in die Landeshauptstadt Erfurt. Die Route wird geändert, gegen 1.30 Uhr trifft er in Weimar ein.

Am Tag danach steht die Stadt unter Schock, die Bundesregierung spricht von einer nationalen Katastrophe. Der Feuersturm in Weimar war der größte Bibliotheksbrand in Deutschland seit dem Zweiten Weltkrieg. Die Herzogin-Anna-Amalia-Bibliothek gehört zum Welterbe der UNESCO. Keine Fernsehstation, kein Rundfunksender, keine Zeitung, nicht nur in Deutschland, die nicht ausführlich über das Feuer und seine Folgen berichten. Das besonders Tragische: Der Band brach wenige Wochen vor der lange geplanten umfassenden Instandsetzung des historischen Gebäudes der Bibliothek aus.

Unermessliche Verluste

Das Feuer verschlingt rund 50 000 wertvolle Bücher, unter ihnen Unikate. Der größte Teil von Anna Amalias einzigartiger Musikaliensammlung sowie die meisten Druckwerke der 1617 in Weimar gegründeten »Fruchtbringenden Gesellschaft«, der ersten Gesellschaft für deutsche Sprache, zerfallen zu Asche. 37 Gemälde werden Opfer der gierigen Flammen. Zehntausende Bücher jedoch können in der Brandnacht in einer spektakulären Rettungsaktion geborgen werden, 34 000 von ihnen erleiden Wasser- und Hitzeschäden, 28 000 Brandschäden. Bereits wenige Stunden nach dem Brand bringen Lkws die ersten vom Löschwasser durchtränkten Bände nach Leipzig ins Zentrum für Bucherhaltung. Dort werden die Bücher in einem komplizierten technischen Verfahren getrocknet, ihre Restaurierung wird wohl erst im Jahr 2015 abgeschlossen sein.

Eine Welle der Hilfsbereitschaft

Als Brandursache ermittelte das Bundeskriminalamt einen Schwelbrand im Dachstuhlbereich, dessen Ursache eine defekte Kabelverbindung gewesen ist. Das Feuer fraß sich über eine hölzerne Treppe nach unten, zerstörte die beiden oberen Stockwerke, bedrohte die gesamte hölzerne Konstruktion.

380 000 Liter Löschwasser verhinderten, dass das Bauwerk völlig niederbrannte, richteten aber immensen Schaden an. Eine beispielhafte Hilfsaktion beginnt: Über 20 Millionen Euro gehen als Spenden ein, von Privatpersonen aus dem In- und Ausland, von Unternehmen, von großen deutschen Stiftungen, Bibliotheken stellen Bücher zur Verfügung. Eine Spende kommt sogar von der Goethe-Gesellschaft aus dem fernen Südkorea.

Neuer Glanz und alte Schönheit

Seit ihrem 300-jährigen Jubiläum 1991 trägt die Bibliothek den Namen von Herzogin Anna Amalia. Sie hatte die seit 1691 bestehende Herzogliche Bibliothek besonders gefördert: So ließ sie das Grüne Schloss zur Bibliothek umbauen. Nur drei Jahre nach dem gewaltigen Brand erstrahlt das geschichtsträchtige Bauwerk in neuem altem Glanz, pünktlich zum 268. Geburtstag von Herzogin Anna Amalia wurde es wiedereröffnet. In den Regalen stehen wieder wie vor dem Brand

Bücher aus vergangenen Jahrhunderten. So aneinandergereiht, wie es von 1850 überliefert ist. Die vorhandenen Lücken, die es vor allem in den oberen Galerien gibt, werden nach und nach von den zurückkehrenden restaurierten Büchern gefüllt werden, auch hofft man auf Neuzugänge.

Zu 85 Prozent konnte das Haus restauriert werden, nur 15 Prozent musste man durch neue Teile ersetzen. Dazu gehört der »Genius des Ruhms« unter der Decke. Das Gemälde ist nicht mehr das von Johann Heinrich Meyer nach Annibale Carraccis Bild in der Dresdner Gemäldegalerie. Meyers Bild ist verbrannt, für immer verloren. Der Kunstmaler Hermenegild Peiker hat direkt auf den Putz eine Kopie aufgebracht. Wer von den Besuchern nach oben schaut und nichts von den Umständen weiß, dem fällt es nicht auf. Weitere Kopien sind nicht vorhanden, im Rokokosaal befinden sich wieder die restaurierten Originale wie vor dem Brand.

Auch das Vergolden der Balustraden war aufwendige Handarbeit

Ein Markt voller Zwiebeln

Kunstvoll geflochtene Zwiebelrispen, auch Zwiebelzöpfe genannt, sind in allen Größen und Varianten erhältlich. Doch längst wird auch anderes aus Thüringen angeboten, ferner zeigen Töpfer, Korbflechter und Weberinnen ihr Können. Der Zwiebelmarkt soll Thüringens größtes Volksfest sein, das größte von Weimar ist es allemal. Doch mittlerweile ist ihm Konkurrenz erwachsen.

Feiern, genießen, kaufen

Um die Zwiebel dreht sich alles am zweiten Oktoberwochenende, auch wenn der Duft der für Thüringen typischen Rostbratwurst dominierend über den Ständen schwebt. Weimar ist happy, es feiert seinen Zwiebelmarkt. An den Ständen werden die kunstvoll gefertigten Zwiebelrispen begutachtet und die zu Pyramiden aufgestapelten bunten Zwiebeln bestaunt. Der Vorsitzende des Verbands der Heldrunger Zwiebelbauern schenkt der Stadt Weimar die größte Zwiebelrispe. Sie wird für einen wohltätigen Zweck versteigert. 1997 war die Rispe vier Meter lang.

Die Händler, an die 500 sind es meistens, dürfen bereits am Freitagmittag ab 12 Uhr ihre Stände aufbauen und mit dem Verkauf ihrer Produkte starten. Da findet aber eigentlich noch gar kein Markt statt, denn der wird erst am Samstag um 6 Uhr in der Früh ganz offiziell eröffnet. Ob dem Oberbürgermeister die zeitige Stunde gefällt oder nicht – da muss er dabei sein. Denn mit seinem Rundgang beginnt traditionell der Zwiebelmarkt. Und damit es dem OB leichter fällt, begleitet ihn die eine

Woche zuvor gekrönte Zwiebelmarkt-königin. Anschließend wird dann von Weimarern wie Touristen Bier getrunken und Bratwurst gegessen, in den Zwiebelkuchen gebissen, es werden Zwiebelrispen und Strohblumenge-binde zu den Autos geschleppt, man schaut Gauklern und Jongleuren zu und von den Bühnen erklingen Jazz, Blasmusik und natürlich das in ganz Thüringen bekannte Rennsteiglied. Weimar feiert, genießt, kauft.

Gemüsemarkt entwickelte sich zu einem der beliebtesten Volksfeste Thüringens.

Die Konkurrenz schläft nicht

Mittlerweile beherrscht der Zwiebelmarkt aber nicht mehr den Veranstaltungskalender. Die Verantwortlichen rücken anderes nach vorn: die Open-

Eine stolze Tradition

1653 soll der Markt zum ersten Mal stattgefunden haben, in einer Urkunde ist von einem »Zippel- und Viehemarckt« die Rede. 1827 schrieb Karl Friedrich Zelter, Komponist und Freund Goethes: »Heute ist hier das große weimarische Landesvolksfest, der Zwiebelmarkt ... Die blanken Zwiebeln sind an langen Fäden wie Perlenschnüre aufgezogen ...«

Im Laufe der Jahrhunderte haben die Zeit, die Dauer und auch der Ort des Zwiebelmarkts immer wieder gewechselt. Anfang des 19. Jh. fand er auf dem heutigen Frauenplan statt, wie aus einer Aufzeichnung des Philologen Heinrich Voß von 1804 hervorgeht: »Heute Nachmittag ist der berühmte Zwiebelmarkt vor unserem Hause auf dem Plan. Da stehen schon 69 Karren voll Zwiebeln.« Der einfache

Air-Konzerte des Yiddish Summer, die Jazzmeile und vor allem das vielfarbige Kunstfest »Pèlerinages«. Das weckt schon deshalb die Neugierde, weil sich kaum einer unter den jährlich wechselnden Mottos etwas vorstellen kann: »Schlaflos. Frage und Antwort«, »Souvenir« oder »Unstern«. Klassische und neue Musik sind zu hören, Ausstellungen gibt es, Tanz, Theater, Literatur, Kino – dargeboten auch von namhaften internationalen Künstlern. Intendantin ist Nike Wagner, die Urenkelin von Richard Wagner und Ur-Urenkelin von Franz Liszt, die beide einst in Weimar lebten!

Das Kunstfest hat schon etwas, man darf es als renommiertes Festival bezeichnen. Es ist das einzige weltoffene, das Thüringen vorweisen kann. Die Gäste kommen von weither angereist – doch die Weimarer, die strömen nach wie vor in Scharen zu ihrem Zwiebelmarkt.

Rostbratwurst, Thüringer Klöße und Zwiebelkuchen

Über dem Marktplatz von Weimar schwebt das ganze Jahr der würzige Duft der Thüringer Rostbratwurst vom Holzkohlengrill und (fast) jedes Restaurant der Stadt hat die nicht minder berühmten Thüringer Klöße auf der Speisekarte. Wer ins Grübeln kommt, ob er die Klöße als Beilage oder nicht doch eher als Hauptspeise essen soll, der hat echte vor sich, sagen die Weimarer.

Familienrezepte

Kein Sonntagsbraten ohne viel Soße, Rotkraut und Thüringer Klöße. Von den Klößen soll es so viele Rezepte geben, wie Thüringen Dörfer hat. Von ihrer Beliebtheit künden mehr als ein Dutzend Sprichwörter, beispielsweise: »Ein Sonntag ohne Thüringer Klöße, verlöre viel von seiner Größe« oder das zugegebenermaßen etwas derbe »6 Klöß, ne Gans – ein dralles Weib, das ist des Thüringers Zeitvertreib«. Das Kloßrezept variiert auch in Weimar von Familie zu Familie, seit Generationen wird es von den Eltern an die Kinder weitergereicht. Kindskopfgroß muss der Kloß sein und mit gerösteten Weißbrotwürfeln gefüllt. Wirft man einen gegen die Wand und er springt zurück, dann ist es kein richtiger Thüringer Kloß. Als gelungen gilt er, wenn man ihn auf dem Teller mit zwei Gabeln auseinander reißt und er knistert – als stünde er unter Hochspannung.

Kartoffeln mochte man in Weimar schon zu Zeiten der Klassiker. Das weiß

Outen Sie sich nicht als Tourist – nehmen Sie Senf zur Bratwurst, niemals Ketchup

man ziemlich genau. Denn François-René Le Goullon, der »Großherzoglich-Sächsisch-Weimarische Mundkoch«, der Anfang des 19. Jh. sogar ein eigenes Restaurant betrieb, hat mehrere Kochbücher hinterlassen.

Die Köche der Stadt führen diese Tradition fort, selbst bei den Suppen dominieren die beliebten Erdäpfel. Doch sie beherrschen weit mehr als nur das Traditionelle. In viele Restaurants ist Internationalität eingezogen, man kocht mit Kreativität und Liebe. Weimar besitzt auch eine Spitzengastronomie, die die Tester von Restaurantführern immer wieder aufs Neue begeistert.

EU-geschützte Köstlichkeit

Fast schon legendären Ruf hat sich die Thüringer Rostbratwurst erworben, die sogar EU-Schutz genießt. Europaweit darf sie nicht nachgemacht werden, die Thüringer Rostbratwurst muss aus dem namensgebenden Land stammen. Eine echte Thüringer besteht zu mindestens 51 % aus Fleisch von heimischen Schweinen und muss mindestens 15 cm lang sein. Nicht verraten werden die Gewürzmischungen.

Am besten schmeckt die Wurst direkt vom Holzkohlengrill. Traditionell isst man sie eingeklemmt zwischen zwei Brötchenhälften, und zwar stets mit Senf. Wer zu dem ebenfalls bereitstehenden Ketchup greift, outet sich unweigerlich als Tourist. Erstmals erwähnt wurde die Thüringer Rostbratwurst übrigens im Jahr 1404 auf einer Rechnung, die das Staatsarchiv in Rudolstadt bis heute aufbewahrt. Damit ist sie deutlich älter als die Nürnberger Rostbratwurst, die erst seit dem 16. Jh. urkundlich belegt ist.

Kuchen, so weit das Auge reicht

Thüringen ist Kuchenland. Auch die Weimarer essen mit Vorliebe Kuchen, sogar zum Frühstück wird gern zu Süßem gegriffen. Viele verschiedene Kuchensorten werden gebacken, in kleine Stücke geschnitten und in einer großen Vielfalt serviert.

Die Kartoffel ist auch beim Kuchen dabei, gekocht und gequetscht kommt sie in den Hefeteig. Was man danach knusprig braun aus dem Ofen holt, nennt sich Kartoffelkuchen und kann als Delikatesse bezeichnet werden. Wie auch der hoch im Kurs stehende Zwiebelkuchen, den man warm isst – besonders gern natürlich auf dem Zwiebelmarkt. Getrunken wird traditionell Bier, vor allem das aus den heimischen Brauereien.

Weimarer Spezialitäten

Sauerbraten: In einer Marinade eingelegtes Rinderschmorfleisch mit einer Soße aus Speisepfefferkuchen.

Topfbraten: Gekochte, klein geschnittene Schweineschnauze, -ohren, -herz und -nieren. Der besondere Geschmack entsteht durch Pflaumenmus und geriebenen Lebkuchen.

Rostbrätel: Kräftig mit Salz, Pfeffer und Kümmel gewürzte Schweinekammscheibe, die mit Zwiebel belegt und 12 bis 24 Std. in Bier mariniert wird. Wird gern auf Holzkohle gegrillt.

Zwiebelkuchen: Hefeteig, belegt mit in ausgebratenem Speck und gedünsteten, gewürzten Zwiebelringen.

Unterwegs in Weimar

Idyllische Plätze laden immer wieder zum Verweilen ein: hier der Jakobskirchhof

Südliche Altstadt

Highlights !

Goethe-Nationalmuseum: Blick in die Wohn- und Arbeitswelt des Dichterfürsten. Ferner viel Wissenswertes über die Klassikerzeit. **11** S. 114

Schillerhaus: Nur drei Jahre war es Friedrich Schiller vergönnt, in diesem Haus zu wohnen. **17** S. 125

Bauhaus-Museum: Objekte von Lehrenden und Studierenden der berühmtesten Gestalterschule des 20. Jahrhunderts, deren Wiege in Weimar steht. **28** S. 130

Herzogin-Anna-Amalia-Bibliothek: Der festliche Rokokosaal im historischen Gebäude bildet das Herzstück und gilt als Pantheon der deutschen Klassik. **38** S. 136

Auf Entdeckungstour

Meisterwerke – Kunstgenuss in Goethes Wohnhaus: Zeitlebens sammelte Goethe Kunstwerke – »mit Plan und Absicht zu meiner eigenen folgerechten Bildung«. So gleichen die Räume seines Hauses einem Museum, dessen Schätze heute noch die Besucher im Sinne des Dichters belehren. S. 116

Ein Gang durch Friedrich Schillers Arbeitsmansarde: Nicht in der Beletage, sondern in dem kleinen Mansardengeschoss seines Wohnhauses befand sich Friedrich Schillers Wohn- und Arbeitsbereich. Und obwohl die Einrichtungsgegenstände nach dem Tod des Dichters in alle Winde zerstreut wurden, kann man heute wieder viele der Originale sehen. S. 122

Kultur & Sehenswertes

Glockenspiel: 35 Glocken aus Meißner Porzellan erklingen vom Rathausturm; insgesamt 14 Melodien sind programmiert, die zu unterschiedlichen Jahreszeiten erklingen, **2** S. 103

Ginkgo-Museum: Alles rund um den Ginkgo-Baum, den Goethe hierzulande berühmt machte. **9** S. 110

Weimar-Haus: Eine spannende Zeitreise mit vielen berühmten Personen durch fünf Jahrtausende Geschichte von Weimar und Thüringen – der Besuch in dem multimedialen Erlebnismuseum ist der ideale Auftakt für einen Aufenthalt in der Stadt, **19** S. 127

Aktiv & Kreativ

Mal- und Zeichenschule: Künstlerisch betätigen – Ferien- und Wochenendkurse sowie individuelle Angebote auch für Gäste. **1** S. 139

Genießen & Atmosphäre

Bratwurstessen: Der Duft der berühmten Thüringer Bratwurst schwebt vom Marktplatz bis in die umliegenden Gassen – wohl kaum ein Tourist kann dem widerstehen. S. 102

Restaurant Anna Amalia: Im traditionsreichen Hotel Elephant am Markt bereitet Sternekoch Marcello Fabbri, der beste Chef de Cuisine Thüringens, den Gästen Gaumenfreuden. **1** S. 106

Abends & Nachts

Deutsches Nationaltheater: Oper bis Ballett in einer der traditionsreichsten und renommiertesten Spielstätten Deutschlands. **4** S. 128

Elephanten-Bar: An der Bar des legendären Hotels Elephant am Markt treffen sich vor allem in den späten Abendstunden Prominente, aber auch solche, die sich dafür halten. **1** S. 139

Zu Besuch bei den Dichterfürsten

Nicht das Stadtschloss oder die Stadtkirche sind Weimars berühmteste Gebäude, sondern das Wohnhaus eines Dichters. Wer am Marktplatz mit dem durch Thomas Mann bekannt gewordenen Hotel Elephant dem Touristenstrom folgt, steht in wenigen Minuten vor dem Wohnhaus Goethes am Frauenplan. Schon zu Lebzeiten des Dichters war es ein Wallfahrtsort. Goethe hatte es nicht weit, wenn er seinen Freund Schiller besuchen wollte, beide brauchten auch nur wenige Schritte bis zum heutigen Nationaltheater und in

die andere Richtung zur Bibliothek, die heute den Namen von Herzogin Anna Amalia trägt und europäischen Ruf besitzt. Der südliche Teil der Altstadt ist jener, der von Weimars Gästen als Erstes durchstreift wird.

Um den Markt 1

»Unsere gute Stube« wird von Einheimischen oftmals zu dem 60 x 60 m großen Viereck gesagt. Der Marktplatz entstand bei der südlichen Stadterweiterung nach 1300. Er ist die Adresse von Deutschlands traditionsreichstem Hotel und dem Oberbürgermeister der Stadt. Und von hier zieht, wenn sich die Händler zum Wochenmarkt versammelt haben, der Duft der auf Holzkohle gegrillten **Thüringer Bratwürste** in die nahen schmalen Straßen (s. S. 104). Der Dauerstreit seit Jahren: Wo gibt es die schmackhaftesten Würste?

Die Gebäude der **Marktnordseite** wurden im Zweiten Weltkrieg zerstört. Jahrzehntelang war an dieser Stelle eine Grünfläche, bis 1988 der Wiederaufbau begann. Die Häuser sind nach alten Vorlagen entstanden und wer ihr Schicksal nicht kennt, ahnt nicht, dass es Rekonstruktionen sind. Das Haus der Hofapotheke zieren sogar der vom Vorgängerbau geborgene Renaissance-Erker und das Portal.

Rathaus 2

Die Westseite des Platzes nimmt fast vollständig das **neogotische Rathaus** ein. Die Türinschrift im Obergeschoss irritiert allerdings. Da ist die Jahreszahl

1583 zu lesen, doch das Gebäude stammt aus der Mitte des 19. Jh. Die Zahl verweist auf den 1583 eingeweihten Vorgängerbau, den Herzog Carl August, Goethe und Schiller kannten. Der war 1837 abgebrannt. Das heutige Rathaus hat seit 1987 im Turm ein **Glockenspiel** aus der Meissner Porzellanmanufaktur. Das war bereits 1929 angeschafft worden, 1967 hat man es auf 35 Porzellanglocken ergänzt, erstmals erklang es am 15. Oktober 1967 – allerdings nicht am Marktplatz, sondern am Gärtnerhaus der Orangerie im Schlosspark Belvedere. Es dort anzubringen war keine sonderlich gute Idee, wie sich rasch herausstellen sollte. Denn die Glocken hörten meist nur eine Handvoll Spaziergänger, die gerade zufällig vorbeikamen. Irgendwann sahen das die Stadtverantwortlichen ein und das Glockenspiel wanderte von Belvedere zum Marktplatz. Dort ist seitdem täglich um 10, 12, 15 und 17 Uhr ihr zarter Klang zu hören. Insgesamt 14 Melodien sind programmiert, die jahreszeitlich unterschiedlich erklingen. Wer Glück hat, hört »Sah ein Knab ein Röslein stehn«. Das ist die längste Melodie, sie dauert 2 Min. und 56 Sek. Von Ende Dez. bis März und bei Außentemperaturen von weniger als minus 14 °C ist Sendepause, da erklingen die Glocken nicht, weil sie Kälte nicht vertragen.

Neptunbrunnen 3

Zum beliebten Fotomotiv auf dem Platz avancierte der Neptunbrunnen, der älteste Brunnen Weimars. Er steht dort, wo einst aus einem 1540 erstmals erwähnten Ziehbrunnen Wasser geschöpft wurde. Der musste rund fünf Jahrzehnte später dem heutigen Brunnen aus Berkaer Sandstein weichen. Den zierte einst ein steinerner Löwe,

das Wappentier Weimars. Der Löwe wurde 1774 – warum und weshalb, weiß kein Mensch – durch die von Hofbildhauer Martin Gottlieb Klauer geschaffene Neptunfigur ersetzt.

Stadt- und Cranachhaus

Vom Neptunbrunnen geht der Blick zur Ostseite des Platzes mit dem **Stadthaus 4** an der Ecke. Auch das ist eine Rekonstruktion. Nach der Zerstörung im Zweiten Weltkrieg hat man die historische Fassade wieder hergestellt, das Innere – in dem sich die Tourist-Information und die Gaststätte Ratskeller befinden – jedoch modern ausgebaut. Das **Cranachhaus 5** daneben zählt zu den schönsten Renaissancehäusern Thüringens, schon wegen der hübschen Farbigkeit. Erbaut hat es 1547–49 kein Geringerer als Nikolaus Gromann, einer der bedeutendsten Meister der Renaissancebaukunst, als dessen Hauptwerk das Rathaus im thüringischen Altenburg gilt. Benannt ist das Haus am Markt nach seinem berühmtesten Bewohner, dem Maler Lucas Cranach d. Ä. 1552 war der Hofmaler mit seinem Kurfürsten nach Weimar gekommen und hatte sich in dem Haus seines Schwiegersohns ein Atelier eingerichtet. Das soll sich im dritten Stockwerk befunden haben. Cranach, neben Albrecht Dürer der erfolgreichste deutsche Maler seiner Zeit, hat mit Hunderten von Gemälden und Grafiken der protestantischen Botschaft seines Freundes Martin Luther Ausdruck verliehen. Ins Kreuzgewölbe des Hauses zog das **Theater im Gewölbe 2**, das sich mit kleinen Stücken vor allem der Goethezeit widmet.

Im **Eckhaus** daneben, der **Nr. 13 6**, wohnte einige Jahre lang **Carl Ludwig von Knebel,** Erzieher des Prinzen Friedrich Ferdinand Constantin, des jünge-

Lieblingsort

Marktplatzgeschehen

Die Bilder verändern sich ständig:
Am frühen Morgen, wenn die
Händler ihre Stände aufbauen und
die Waren ausbreiten, sind nur Einheimische auf dem **Marktplatz 1**.
Sie kaufen frische Blumen, Gemüse
und Obst. Die Touristen lassen sich
zu dieser Zeit in den Hotels noch
das Frühstück schmecken. Sie kommen meist erst in den Mittagsstun-
den und sind für jedermann
erkennbar. Denn sie greifen nach
Ginkgo-Pflänzchen und Zwiebel-
zöpfen, essen die Rostbratwurst
vielfach nicht mit Senf, sondern
mit Ketchup und lauschen andächtig dem Glockenspiel vom Rathausturm. Ruhe zieht in den späten
Nachmittagsstunden ein, wenn die
Händler den Platz räumen. Dann
kann man bis zum nächsten Morgen wieder dem Plätschern des
Neptunbrunnens lauschen.

ren Bruders von Herzog Carl August. In die Geschichte hat Knebel (1744–1834) Einzug gehalten, weil er die Bekanntschaft des künftigen Herzogs Carl August mit Goethe vermittelt hat. Ohne Knebel wäre Weimar vermutlich heute eine von Hunderten unbedeutender Provinzstädtchen in Deutschland. Denn wäre Knebel nicht gewesen, wäre Goethe nicht nach Weimar gekommen.

Wendet man sich nach rechts, wo eine Mauer die Baulücke verdeckt, ist auf einer **Gedenktafel** zu lesen: »Hier stand das Haus, in dem Johann Sebastian Bach 1709–17 wohnte.« Das Bachhaus war 1803 in das Hotel Erbprinz einbezogen worden, auf dessen Gästeliste Napoleon Bonaparte, Wilhelm von Humboldt, Carl Maria von Weber, Anton Rubinstein und weitere Prominente standen. Im Zweiten Weltkrieg zerstört, musste der verbliebene Teil des nunmehrigen »Parkhotels« 1989 wegen Baufälligkeit abgerissen werden. Die Baulücke soll aber bald verschwinden, denn das berühmte Hotel Elephant plant auf der als Parkplatz genutzten Fläche einen Erweiterungsbau.

Bach war von 1708–17 Hoforganist an der nicht mehr existierenden Schlosskirche und später Konzertmeister der Hofkapelle. Dem Weimarer Musikleben gab er kräftige Impulse. Als Bach nach Köthen gehen wollte, erzürnte das Herzog Wilhelm Ernst so, dass er ihn für vier Wochen wegen »halsstarriger Bezeugung« und »Ungnade« arretieren ließ. Dass ausgerechnet ihre Stadt im Lebenslauf des berühmten Musikers einen schwarzen Fleck hinterlassen hat, wurmte die Weimarer mächtig. 2008 wurde er getilgt. Die Nachkommen der beiden beteiligten Herrscherhäuser rehabilitierten den berühmten Musiker in einer gut inszenierten PR-Aktion (s. S. 73). Schräg gegenüber der Gedenktafel, vor dem Süd-

giebel des Roten Schlosses, bekam 1995 eine **Bronzebüste 7** ihren Platz, die Johann Sebastian Bach lebensgroß zeigt.

Hotel Elephant 8

Im Hotel Elephant wohnte und wohnt, was Rang und Namen hat. Der österreichische Dichter Franz Grillparzer (1791–1872) nannte den Elephanten in seiner Autobiografie den »in ganz Deutschland bekannten Gasthofe« und

Unser Tipp

Gaumenfreuden eines Sternekochs

Marcello Fabbri begeistert mit seiner Kochkunst. Kein Thüringer, sondern ein Italiener ist der seit Jahren beste Küchenchef des Freistaats. Der Michelin hat Fabbri mit einem seiner begehrten Sterne geehrt und der Gault Millau vergab 17 Punkte, die für »höchste Kreativität und Qualität, bestmögliche Zubereitung« stehen. Der Italiener kam 1993 mit nur 22 Jahren in das Weimarer Nobelhotel **Elephant** und kochte sich in kurzer Zeit in Thüringen an die Spitze. Im urigen Elephantenkeller bringt er moderne regionale Küche auf den Tisch, im **Gourmetrestaurant Anna Amalia 1** zelebriert er die Haute Cuisine. Was Marcello Fabbri hier zubereitet, sind harmonische Gesamtkunstwerke, beispielsweise: Gebratene Brust und knusprige Keule vom Stubenküken mit Estragonsauce und Orangen-Rum-Savarin mit Aprikosensorbet auf Espresso-Gelee und Kaffeebohnenschaum. Wer kann da schon widerstehen?

Das erste Haus am Platz: Weimars Hotel Elephant

das »Vorzimmer zu Weimars lebender Walhalla«. Berühmt wurde das Hotel durch Thomas Mann, der es in die Weltliteratur eingeführt hat. Teile seines Romans »Lotte in Weimar« lässt er im Elephanten spielen. Szenen des gleichnamigen Films mit Lilli Palmer in der Hauptrolle wurden zu DDR-Zeiten in Weimar gedreht. Deshalb benannte das Hotel eine Suite nach Lilli Palmer, 30 Fotos von Filmszenen dekorieren sie.

Zu den Namensgebern für sechs andere Suiten gehört auch Thomas Mann, in der nach ihm benannten befindet sich eine Bibliothek mit seinen Werken sowie eine Sammlung der wichtigsten Romanverfilmungen auf DVD. Die Lithografien stammen von Schauspieler und Maler Armin Mueller-Stahl, geschaffen hat er sie bei den Dreharbeiten zur Filmtrilogie »Die Manns«. Prominentester Gast der Thomas-Mann-Suite war Russlands Ex-Präsident, der heutige Ministerpräsident Wladimir Putin.

Weimar gehörte seit den 1920er-Jahren zu den Hochburgen der Natio-

nalsozialisten. Für Adolf Hitler war das Hotel, das 1696 erstmals genannt wurde und somit die älteste noch bestehende Unterkunft der Stadt ist, nicht repräsentativ genug. Er ließ es deshalb 1937 abreißen und einen neuen Elephanten bauen. Nach dem Zweiten Weltkrieg öffnete das Hotel 1955 wieder; erster Gast war Thomas Mann, der zum Schillerjahr nach Weimar gekommen war. Am Eingang zur Hotelbibliothek sind seine Worte zu lesen, die er damals in das Gästebuch schrieb: »Es ist mir eine Ehre und Freude, mich nach der Wiedereröffnung als erster Gast des Hauses in dies Buch einzutragen.«

Rechts neben dem Hotel Elephant fällt durch einen schönen Portalbogen das vermutlich älteste Gebäude am Markt auf: der **Gasthof Zum Schwarzen Bären** 4, erstmals 1540 erwähnt. In der warmen Jahreszeit stehen Tische und Stühle auf dem Marktplatz, von denen sich das touristische Treiben auf dem Platz gut beobachten lässt (s. S. 28).

Südliche Altstadt

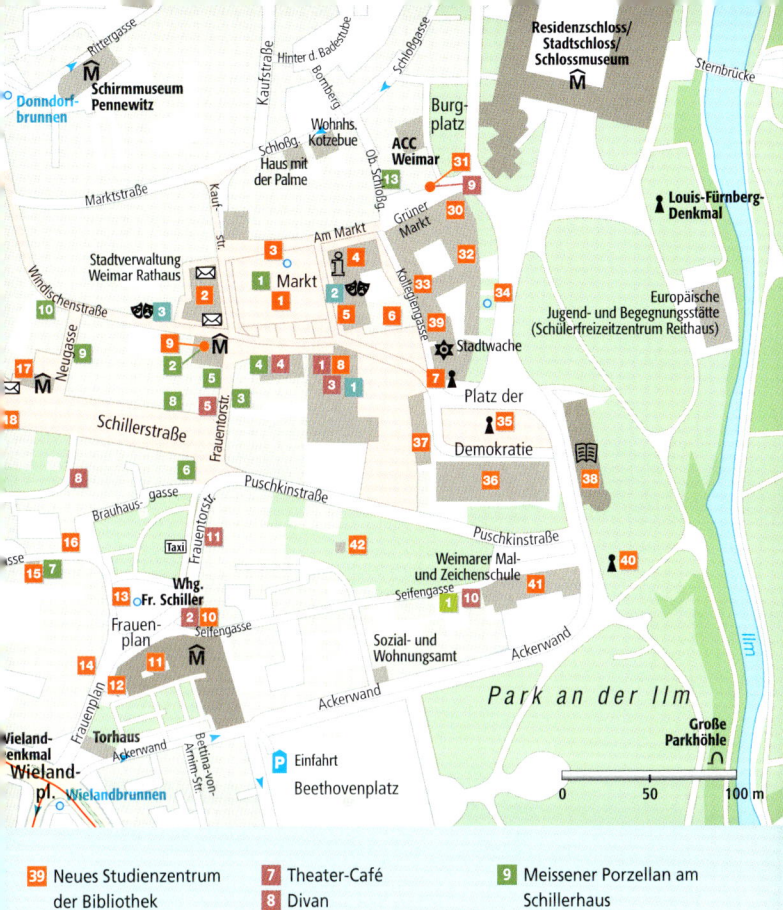

Ginkgo-Museum 9

Windischenstr. 1, Mo–Fr 10–17.30, Sa/So 10–15.30 Uhr, Eintritt frei, www.planet-weimar.de

Der in Ostasien beheimatete Ginkgo-Baum kam vor etwa 250 Jahren nach Europa, in Weimar begannen die Hofgärtner um 1800 mit seiner Zucht. Aus dieser Zeit stammt vermutlich der Ginkgo im ehemaligen Fürstengarten gegenüber der Anna-Amalia-Bibliothek. Das kleine Ginkgo-Museum in dem Haus an der Ecke zur Frauentorstraße hält im Obergeschoss viele Informationen rund um den Mythos Ginkgo bereit. Das Blatt des Ginkgo-Baums ist heute in Weimar allgegen-

Unser Tipp

GinkgoLand Shop 2

Nicht wenige Touristen sieht man mit einem exotischen Ginkgo-Pflänzchen Weimar verlassen. Wer möchte nicht gern zu Hause mit einem ausgefallenen Souvenir ankommen! Und noch dazu mit einem, das eng mit Goethe verknüpft ist. Händler auf dem Marktplatz und die Verkäuferinnen im Ginkgo-Laden in der Nachbarschaft erläutern am Tag Dutzende Male, dass es der große Dichter gewesen sei, der den Ginkgo durch ein Gedicht berühmt gemacht habe:

Goethe: Ginkgo biloba
Dieses Baums Blatt, der von Osten
Meinem Garten anvertraut,
Gibt geheimen Sinn zu kosten,
Wie´s den Wissenden erbaut.

Ist es ein lebendig Wesen,
Das sich in sich selbst getrennt?
Sind es zwei, die sich erlesen,
Dass man sie als eines kennt?

Solche Frage zu erwidern,
Fand ich wohl den rechten Sinn;
Fühlst du nicht an meinen Liedern,
Dass ich eins und doppelt bin.

Beim Kauf sollte man jedoch auf die Sorte achten, denn Goethes Ginkgo wächst bis zu 30 m hoch, was für manches Hausgärtchen wohl doch nicht das Richtige sein dürfte. Neuerdings gibt es auch Mini-Ginkgos, den Ginkgo biloba Troll beispielsweise, der nicht größer als 1 m wird.

Nur Japaner gehen achtlos an den Ginkgo-Töpfen vorüber. Wen wundert´s. Steht doch in ihrer Heimat vor jedem Tempel ein Ginkgo, der übrigens als einziger Baum den Atombombenabwurf in Hiroshima überlebt hat.

Auch zum Mitnehmen gibts die Herren Goethe und Schiller beinahe überall

wärtig. Als Schmuck kann man es in Gold und Silber erwerben und zum Vernaschen in Marzipan, es ziert aber auch Tassen und Becher. Ginkgo-Pflanzen in unterschiedlichen Größen sind ebenfalls zu haben. Goethe hat das Blatt des Baums 1815 zu seinem Gedicht »Ginkgo biloba« inspiriert.

Auf dem Weg zu Herrn Goethe

Die vom Markt abzweigende Frauentorstraße sind wohl alle berühmten Gäste Weimars entlanggegangen. Denn sie führt zu Goethes weltberühmtem Wohnhaus am Frauenplan. Vorbei kommt man am **Café »Frauentor«** **5** (s. S. 114) sowie dem Haus Nr. 21, an dem eine **Gedenktafel** informiert, dass hier 1787 Friedrich Schiller einzog, als er zum ersten Mal nach Weimar gekommen war. In dieser Wohnung schrieb der Dichter einige seiner großen Gedichte, darunter »Die Götter Griechenlands«.

Goethe konnte er damals nicht kennenlernen, denn der weilte zu dieser Zeit in Italien. Aber in seinem Haus ist Schiller gewesen, wie er seinem Freund Christian Gottfried Körner nach Dresden mitteilte: »Ich habe am 28. August Goethens Geburstag mit begehen helfen, den Herr von Knebel in seinem Garten feierte, wo er in Goethes Abwesenheit wohnt ... Wir fraßen herzhaft und Goethens Gesundheit wurde von mir in Rheinwein getrunken ...« Im Frühjahr 1789 ist Schiller ausgezogen, er ging an die Universität nach Jena. Nach Weimar kehrte er erst zehn Jahre später zurück.

Lieblingsort

Sitzplatz in der 1. Reihe

Wenn die ersten warmen Sonnen-strahlen kommen, werden Tische und Stühle vor das **Café-Restau-rant Frauentor** 5 gestellt, im Nu sind sie besetzt. Mancher lässt sich hier nieder, obwohl er nicht einmal zu den Leckermäulern gehört, die sich der Qual der Wahl hingeben: 18 verschiedene Torten und Kuchen aus der eigenen Patisserie stehen täglich bereit. Man eilt hier-her, weil es ein Platz in der 1. Reihe ist. Denn nirgendwo in Weimar kann man besser bei einem Kaffee oder Tee den Leuten beim Flanie-ren zuschauen. Liegt doch das Café dort, wo sich die Wege zu Goethes Wohnhaus und dem Schillerhaus treffen. Gut zu wissen: In der kal-ten Jahreszeit auf der Wendel-treppe in das Kaminzimmer im Obergeschoss steigen und versu-chen, einen Tisch am Fenster zu ergattern.

Gasthaus zum weißen Schwan 10

Weimars berühmtestes Gasthaus ist zweifelsohne der weiße Schwan. Goethe saß hier gern mit Freunden beim Wein, auswärtige Besucher brachte er oft im »Schwanen« unter, der sich neben seinem Haus befindet. Wiederholt wohnte auch sein Freund Karl Friedrich Zelter hier, der Direktor der Berliner Singakademie. Goethe schrieb ihm 1826: »Das Stübchen im Schwane bleibt dir vorbehalten, und wir können jeden Augenblick zusammen froh und nützlich zubringen.« Berühmt wurden die Goethe-Worte von 1827 an Zelter: »Der weiße Schwan begrüßt dich jederzeit mit offenen Flügeln.« Gäste der jüngsten Vergangenheit in dem auch heute noch beliebten Restaurant waren u. a. der japanische Kaiser Akihito sowie die Politiker Willy Brandt und Michail Gorbatschow. Die im Obergeschoss der Fassade sichtbare Kanonenkugel soll von 1806 stammen und aus einer Kanone der Armee Napoleons abgeschossen worden sein.

Im Jahr 2008 konnte das Stadtmuseum das gut erhaltene **Gästebuch** des weißen Schwans von 1919 bis 1954 ankaufen, dessen Einträge weit über lokale Bedeutung hinausgehen. Erworben wurde vielmehr ein hochkarätiges Geschichtsbuch. Beispielsweise verrät es uns, dass das Gasthaus zum weißen Schwan 1919, als die verfassungsgebende Nationalversammlung einige Monate in Weimar beriet, eine Art inoffizieller Tagungsort war. Den Reigen der Eintragungen eröffnete am 30. März 1919 Constantin Fehrenbach, der Präsident der Nationalversammlung und spätere Reichskanzler, aber auch Reichswehrminister Gustav Noske und der spätere Reichskanzler und Außenminister Gustav Strese-

mann haben sich 1919 in dem Buch verewigt.

Goethe-National- museum! 11

Goethes Wohnhaus

April–Sept. Di–Fr, So 9–18, Sa 9–19, Okt. Di–So 9–18, Nov.–März Di–So 9–16 Uhr, Eintritt 8,50 €, erm. 7 €, www.klassik-stiftung.de
Vom weißen Schwan geht der Blick etwas nach rechts – da ist es zu sehen, das Heiligtum der Stadt: **Goethes Wohnhaus am Frauenplan** (s. S. 116). Bereits zu Lebzeiten des Dichters war es zu einer Art Pilgerstätte für geistige Größen geworden. Man kam nach Weimar, um Goethe zu begegnen oder um ihn wenigstens zu sehen. So wie manche heute weit reisen und stundenlang vor einem Hoteleingang ausharren, um einen Blick auf ihr Pop-Idol zu erhaschen.

Anfang Juni 1782 war Goethe in das Haus am Frauenplan gezogen, denn das Gartenhaus im Ilmpark war für seine Naturgegenstände und Kunstwerke zu klein geworden. Auch genügte es nicht den Repräsentationspflichten des immer mehr vom Herzog in die Staatsgeschäfte einbezogenen Dichters. Carl August teilte er mit: »In meinem neuen Hause breite ich mich aus und alles kommt in die schönste Ordnung. Wie viel mir die neue Einrichtung an Arbeit erleichtert, ist kaum zu sagen, ich kann in eben der Zeit mit gleicher Mühe noch einmal so viel tun.«

Sieben Jahre zuvor war Goethe in Weimar angekommen. Christoph Wilhelm Hufeland schrieb darüber 1831 in seiner Selbstbiografie: »Dieser junge

27-jährige Herr Doktor – denn so hieß er damals – brachte eine wunderbare Revolution in diesem Orte hervor ... Man kann sich keinen schöneren Mann vorstellen. Dabei sein lebhafter Geist und seine Kraft, die seltenste Vereinigung geistiger und körperlicher Vollkommenheit, groß, stark und schön ...« Der Herzog sorgte mit Ämtern, Wohnung, Titel und Einkünften für eine gesicherte Existenz und hielt Goethe so ein Leben lang in Weimar. Mehr als 50 Jahre wohnte der in dem Haus am Frauenplan. Fast ein halbes Jahrhundert war es einer der geistigen Mittelpunkte Deutschlands. Die 18 Räume des ersten Stockwerks zeigen Goethes häusliche Welt fast unverändert, empfangen werden die Besucher mit dem nach römischer Sitte in den Fußboden eingelegten lateinischen »Salve« (Sei gegrüßt!). Die lebensfrohe Christiane von Goethe besaß ihren Bereich im linken Hausbereich. Nach ihrem Tod 1816 wurden die Zimmer anderweitig genutzt, das Schlafzimmer beispielsweise als Sammlungszimmer, in dem heute noch fünf Schränke – gefüllt mit ausgewählten italienischen Majoliken – stehen.

Die **Arbeitsräume** des Dichters, zu denen nur wenige Freunde und die Familienmitglieder Zutritt hatten, befinden sich im kleinen Hinterhaus. Schlicht und einfach, aber zweckmäßig ist das Arbeitszimmer eingerichtet. Goethe im Gespräch zu Eckermann: »... alle Arten von Bequemlichkeit sind eigentlich ganz gegen meine Natur, ausgenommen, dass man von Jugend auf daran gewöhnt sei, sind prächtige Zimmer und elegantes Hausgerät etwas für Leute, die keine Gedanken haben und haben mögen ...« Die Bibliothek neben dem Arbeitszimmer birgt rund 6500 Bände. Sie sind fast noch so geordnet und aufgestellt wie zu Lebzeiten des Dichters.

Zu den musealen Kostbarkeiten gehört **Goethes Reisekutsche,** die an ihrem originalen Standort in der Remise steht. Der Dichter und Staatsmann hatte sie 1810 in Karlsbad gekauft. Der Kaufvertrag vermerkt, dass der »Herr Geheimrat von Goethe von Weimar ... eine Reise-Batarde samt Coffer, Magazin, Vache, eisernem Hemmschuh und sonstigem Zubehör« erstand.

1840 hatten Goethes Enkel als Erben einen Regierungserlass erwirkt, der jede Besichtigung des Hauses untersagte. Bis zum Tod von Walther von Goethe 1885, der das Haus unerwartet in öffentliche Hände gab, war es 45 Jahre der Öffentlichkeit versperrt. Im Februar 1945, kurz vor Ende des Zweiten Weltkriegs, bekam Goethes Wohnhaus einen schweren Bombentreffer ab, 1949 konnte es nach den Rekon-
▷ S. 120

Gut zu wissen

Von 9.15 Uhr an wird alle 30 Minuten zur Einführung der Film »Goethe und sein Wohnhaus am Frauenplan« gezeigt. Der Film dauert 20 Minuten und ist kostenlos anzusehen. Der Vorführraum befindet sich im Hof von Goethes Wohnhaus. Die Audioführung durch das Haus ist auf 75 Minuten konzipiert. Sie ist im Eintrittspreis inbegriffen.

Die einstündigen Führungen durch das Wohnhaus (Di, Do–Sa 13, April–Okt. auch 16 Uhr) kosten 3 €, erm. 2 €, zusätzlich zum Eintrittspreis. Aus konservatorischen Gründen hat man die tägliche Besucherzahl für Goethes Wohnhaus begrenzt; wer sichergehen möchte, dass er auch am Nachmittag noch eine Eintrittskarte erhält, sollte unbedingt unter Tel. 54 54 00 oder info@klassik-stiftung.de im Voraus buchen oder sich rechtzeitig am Morgen zur Kasse begeben.

Auf Entdeckungstour

Meisterwerke – Kunstgenuss in Goethes Wohnhaus

Zeitlebens sammelte Goethe Kunstwerke, aber »nicht nach Willkür«, wie er sagte, »sondern jedes Mal mit Plan und Absicht zu meiner eigenen folgerechten Bildung«. Dementsprechend gleichen die Gesellschaftsräume einem Kunstmuseum, dessen Schätze – die Goethe aus vielen Ländern zusammentrug – heute die zahlreichen Besucher ganz im Sinne des großen Dichters belehren.

Zeit: 60 Minuten.

Planung: geöffnet April–Sept. Di–Fr, So 9–18, Sa 9–19, Okt. Di–So 9–18, Nov.–März Di–So 9–16 Uhr; Tel. 54 53 47, www.klassik-stiftung.de; 8,50, erm. 7 €; die tägliche Besucherzahl ist limitiert.

Start: Im Vestibül des Goethe-Nationalmuseums **11**, Am Frauenplan 1, in dem sich die Kasse befindet.

Viel mehr als nur Dichter

Als Dichter und Staatsmann ist Goethe wohl allen ein Begriff, er war aber auch ein Kunstfreund. Überall trifft man in seinem Wohnhaus auf Bilder und Plastiken – bereits im Treppenhaus meint man, ein Kunstmuseum zu betreten. Vor allem in den Gesellschaftsräumen, in denen Goethe seine Gäste empfing, umgab er sich mit Kunstwerken. Sie reichen von altägyptischen Skulpturen bis zu Gemälden seiner Zeit. Der Dichter kannte jede Arbeit gut, in seinen Werken, Tagebüchern und Briefen blieben viele Bemerkungen dazu erhalten. Schließlich gab Goethe im Alter sogar die kunstwissenschaftliche Zeitschrift »Über Kunst und Altertum« heraus.

Goethes Leidenschaft für die Kunst begann im Mannheimer Antikensaal: Dort betrachtete er zum ersten Mal klassische Kunst, darunter einen Abguss der »Ildefonsogruppe«. Begeistert ließ er davon eine Kopie anfertigen und sie vor dem Eingang in den Gelben Saal seines Wohnhauses aufstellen.

Irdische und himmlische Freuden

Dieser mit Kunstwerken der Antike und Renaissance ausgestattete Gelbe Saal war einer der zentralen Gesellschaftsräume in Goethes Wohnhaus; hier wurde bei größeren Festlichkeiten gespeist. Besondere Aufmerksamkeit verdient das große Bild links neben der Eingangstür. Es ist eine Teilkopie von Tizians 1515 entstandenem Gemälde »Die himmlische und irdische Liebe«, das im Original immerhin 118 x 279 cm misst. Goethe sah das Bild erstmals in der Galleria Borghese in Rom, doch für den Transport nach Weimar war eine Kopie zu groß und sein Weimarer Haus am Frauenplan zu klein. Kurzerhand ließ sich der Dichter von seinem Freund, dem Hanauer Porträt- und Historienmaler Friedrich Bury, der viele Jahre in Italien lebte, eine Teilkopie anfertigen – so wird es jedenfalls erzählt. Doch welche Hälfte des Bildes wählte Goethe wohl aus? Natürlich die rechte mit der unbekleideten weiblichen Gestalt.

Versammelte Gipsköpfe

Vorbei an den beiden Kolossalbüsten des Zeus (links) und des Antinous Mondragone erreicht man das Brückenzimmer, auch Büstenzimmer genannt. Der Raum überbrückt den Hof, verbindet also Vorder- und Hinterhaus. In ihm befindet sich ein großer Teil der Goetheschen Gipsabgüsse, so links und rechts neben der Eingangstür die Stuckfiguren Kassandra und Achill. Es sind Abgüsse von Arbeiten, die der Berliner Bildhauer Friedrich Tieck, der oft mit Goethe zusammentraf, für den Teesalon im Berliner Stadtschloss modelliert hatte.

In der Mitte des Zimmers ist der Torso eines Knaben aufgestellt, der sogenannte Ilioneus. Goethe erhielt ihn zu seinem 80. Geburtstag als Geschenk vom bayerischen König Ludwig I. Das Interesse des großen Dichters an Kunstwerken hatte sich weit über die Grenzen des Herzogtums herumgesprochen.

Eigene Mal-Versuche

Der Dichter war ein eifriger Sammler, insgesamt hat er mehr als 26 000 Kunstgegenstände zusammengetragen, darunter 6000 Kupfer- und Stahlstiche, Radierungen und Holzschnitte, 130 Skulpturen und Büsten – und etwa 2000 eigene Handzeichnungen, Ölgemälde und Aquarelle. Denn Goethe war nicht nur Kunstliebhaber, er wäre gern selbst bildender Künstler geworden.

Das Zeichentalent seines Sohnes Wolfgang hatte der Vater schon früh gefördert. Später waren es Künstler wie Adam Friedrich Oeser, Johann Heinrich Wilhelm Tischbein und Jakob Philipp Hackert, die ihm Anleitung gaben. Doch während des Romaufenthalts 1786 und 1787 erkannte Goethe selbst seine Grenzen auf diesem Gebiet: Selbstkritisch verabschiedete er sich von dem Ziel, auch als großer Maler in die Geschichte einzugehen. Nur noch als Hobbymaler griff er auf späteren Reisen zu Pinsel und Kohle. Doch sein Kunstwissen gab er durchaus weiter: an die Weimarer »Fürstliche freie Zeichenschule« und auch durch seine Farbenlehre.

In Goethes privatem »Heiligtum«

Die barocke Stuckdecke, die aus der Erbauungszeit des Hauses stammt, gab dem Bilderkabinett den Namen Deckenzimmer. In diesem Zimmer betrachtete Goethe mit Freunden und Gästen vorwiegend Kunstgegenstände, gewiss auch die links über der Kommode hängende aquarellierte Federzeichnung »Allegorie zu Ehren Luthers«, die Peter Vischer d. J. 1524 geschaffen hat. Das Blatt bekam Goethe vom Herzog von Kurland zu seinem Geburtstag 1818 geschenkt.

Von der schweizerisch-österreichischen Malerin Angelika Kauffmann hängt in dem Raum, rechts neben der Tür zum Gelben Saal, u. a. die Illustration »Seid ihr auch schon herabgekommen« von 1787, die eine Szene aus »Iphigenie« zeigt. Goethe hatte der von ihm verehrten, literarisch interessierten Kauffmann, einer der bedeutendsten Malerinnen ihrer Zeit, in Rom aus seiner soeben fertiggestellten »Iphigenie« vorgelesen. Oft war er im Haus der Kauffmann in der Via Sistina 72 zu Gast und besuchte mit ihr und

Ehemann Antonio Zucci, einem venezianischen Maler, die Galerien und Malerateliers Roms.

Nicht nur Rom, auch Dresden übte auf Goethe eine starke Anziehungskraft aus. Sieben Mal war er in die sächsische Kulturmetropole gereist – meist blieb er über eine Woche lang. Die Gemäldegalerie Alte Meister soll er als »Heiligtum« bezeichnet haben, aber auch dem Kupferstichkabinett und der Antikensammlung galt sein ganzes Interesse.

Im Reich der obersten Göttin: Juno

Durch den Gelben Saal kommt man in das blaue Junozimmer, das Goethe als Empfangssalon und Musikzimmer nutzte. Benannt wurde es nach der Kolossalbüste der »Juno Ludovisi«, die aus der 1. Hälfte des 1. Jh. n. Chr. stammt. Goethe sah auch dieses Kunstwerk während seines Rombesuches und erstrebte unbedingt einen originalgroßen Gipsabguss. Doch irgendwie hatte sich der Meister vertan – für die Reise nach Weimar war die Büste zu wuchtig; er musste sie zurücklassen und vermachte sie Angelika Kauffmann. Mehr als drei Jahrzehnte später erfüllte sich sein Wunsch endlich: Der Berliner Staatsrat Schultz schenkte ihm 1823 einen Abguss der »Juno Ludovisi« in Originalgröße. Der befindet sich heute noch genau an der Stelle, an der ihn der Dichter aufstellen ließ.

Ein grüner Vorhang schützt seit Goethes Zeit das Aquarell »Die Aldobrandinische Hochzeit«, dessen Original sich seit 1818 im Vatikan befindet. Die Kopie besorgte Johann Heinrich Meyer, Goethes Berater in Kunstfragen und später Direktor der Weimarer Freien Zeichenschule, den Goethe in Rom als »belehrenden Künstler« kennengelernt hatte. Von Meyer stammen

auch die Entwürfe für die Deckenge-
mälde im Juno- und Urbinozimmer. Die
kleine Bronzestatue »Moses«, auf der
Kommode zwischen dem zweiten und
dritten Fenster stehend, kaufte Goethe
1812 in Karlsbad. Es ist die verkleinerte
Nachbildung der weltberühmten Sta-
tue, die Michelangelo ab 1506 für das
Grabmal des Papstes Julius II. geschaffen hat. Goethe sah sie zum ersten Mal
in Italien und war davon sehr angetan,
brachte er doch Michelangelo wie
auch Raffael als Erneuerer der Antike
höchste Bewunderung entgegen.

Die lichten Farben Italiens

Das Zimmer westlich vom Gelben Saal
beherrscht das Bildnis des Herzogs
Francesco Maria II. von Urbino, das zu
den besten Arbeiten von Federigo Ba-
rocci zählt. Goethe mochte die lichten,
pastellartigen Farben des Italieners,
dessen Bilder er in Rom und Neapel
kennengelernt hatte. Er bat seinen
Freund Bury, das Ölgemälde für ihn zu
kaufen.

Prominent sein hat Vorteile, von denen auch Goethe profitierte: Zahlreiche wertvolle Kunstwerke kamen als
Geschenk in seinen Besitz, so auch das
Ölgemälde »Landschaft mit weißer
Hirschkuh« von Jean Barthélemy Pas-
cal, das neben der Verbindungstür zum
Junozimmer hängt. Der Künstler vermachte es dem Dichter zu dessen Geburtstag 1827. Goethe war meist nicht
kleinlich und revanchierte sich oft, in
diesem Fall ließ er als Gegengeschenk
eine Medaille mit seinem Porträt überreichen. Was von seinen Kunstschätzen
nicht an den Wänden, auf Tischen und
Podesten Platz fand, kam in eigens dafür gebaute Schränke.

Der Dichter wusste um die Bedeutung seiner Sammlungen, die heute zu
den umfangreichsten Privatsammlungen Deutschlands zählen. Deshalb
hatte er 1830 empfohlen, sie nach seinem Tod nicht auseinanderzureißen.
Das wurde befolgt. Auch Goethes letzter Erbe, der 1885 verstorbene Enkel
Walther, hielt sich daran. In seinem Testament vermachte er die Schätze seines Großvaters und den Immobilien-
besitz dem Großherzogtum Sachsen-
Weimar-Eisenach.

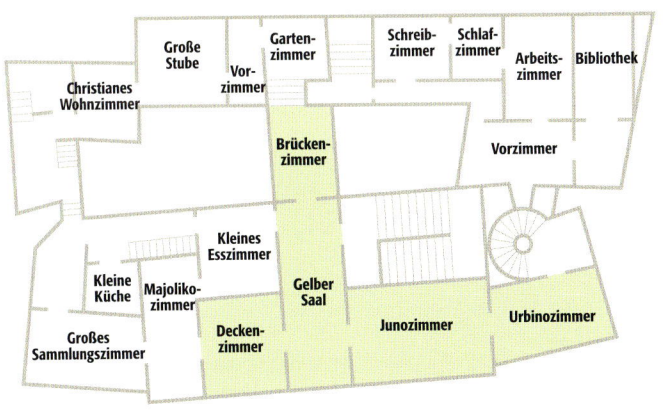

struktionsarbeiten wieder eröffnet werden.

Goethes Hausgarten

Beim Verlassen des Hauses gelangt man, wenige Stufen hinabsteigend, in den Hausgarten. Für Goethe war er eine Erweiterung seiner Wohnung, der Garten war für ihn Beobachtungs- und Versuchsfläche. Ein Gärtner und Ehefrau Christiane kümmerten sich um ihn. Es gab Gemüsebeete und Beerensträucher, aber auch viele Blumen, denn Goethes Liebe zu Blumen bis ins hohe Alter geht aus seinen Tagebüchern hervor. Unter den Bäumen spazierte der Dichter und Minister gern mit Freunden und Bekannten zu Gesprächen. Ein Ginkgo-Baum jedoch, wie immer wieder behauptet wird, wuchs in Goethes Hausgarten nicht.

Goethe-Museum

Geöffnet ab 28. Aug. 2012 wie Goethes Wohnhaus (s. S. 116), Eintritt erfragen unter Tel. 54 54 00 und www.klassik-stiftung.de

1913 und 1935 erhielt Goethes Wohnhaus Anbauten, die als Museumsbau oder auch als Goethe-Museum bezeichnet werden. Zusammen mit dem Wohnhaus bilden sie das **Goethe-Nationalmuseum.** In den Ausstellungsräumen waren in den vergangenen Jahrzehnten Ausstellungen zu Goethe und der Weimarer Klassik von 1759 bis 1832 zu sehen. Am 28. August 2012, zu Goethes 263. Geburtstag, öffnet die neue Dauerausstellung »Und ich, ich werde Goethe bleiben!«, die »frischen Wind in das Literaturmuseum bringen« wird, so die Klassik-Stiftung. Die Ausstellung stellt die Persönlichkeit Goethes anhand aussagefähiger Exponate in den Mittelpunkt. Bis zur Eröffnung wird auch der Eingangsbereich

neu gestaltet, der Zutritt erfolgt dann nicht mehr durch eine kleine Tür im Anbau, sondern wieder durch das große Hoftor des Goethes-Hauses.

Die Sammlungen des Dichters, die im Nationalmuseum aufbewahrt werden, umfassen 26 500 Objekte der Bildenden Kunst und 23 000 zu den Naturwissenschaften. Zu den Raritäten, die das Museum besitzt, gehören das 1773/74 von Anna Rosina de Guse gemalte Bild, das Herzogin Anna Amalia mit ihren beiden Söhnen zeigt und das einst im Jagdhaus Gabelbach hing, sowie eine Büste Goethes, die Christian Daniel Rauch 1820 dem Dichter schenkte. Von Christoph Martin Wieland werden der Spazierstock sowie dessen Hausschlüssel zu seinem nicht mehr vorhandenen Gartengrundstück in der Wielandstraße aufbewahrt, ferner eine Gitarre aus dem Jahr 1684, auf der vermutlich Ernst August III. Constantin, Herzog von Sachsen-Weimar-Eisenach, spielte, sowie Seidenschuhe, die wahrscheinlich Herzogin Anna Amalia trug.

Vom Frauenplan zum Theaterplatz

Der durch Goethes Wohnhaus berühmt gewordene Platz geht auf eine Marienkirche (Frauenkirche) zurück, die bis zum 16. Jh. an dieser Stelle stand. An Goethes Wohnhaus schließen sich die **Vulpius-Häuser** 12 , Frauenplan 3–4, an, kleine Barockbauten aus dem 18. Jh., in denen später Nachkommen der Familie von Goethes Frau wohnten. Zu Zeiten des Dichters besaß das Haus Nr. 3 der Leineweber Herter, der Goethe mit dem Knattern seiner Webstühle arg zusetzte. Manchmal störte ihn das dermaßen, dass er sich in sein Gartenhaus im Ilmpark oder nach Jena zurückzog.

Als Goethe mitbekam, dass der Nachbar eine Kegelbahn plante, setzte er alles in Bewegung, um das zu verhindern. Begrenzt wird Goethes Besitztum zum Wielandplatz hin durch das **Torhaus.** Als es Coudray 1821 errichtete, musste Goethe ein Stück seines Gartens für den Neubau abgeben.

Seit 1821 plätschert auf dem Frauenplan ein Brunnen mit großen achteckigen Becken. Es war der erste gusseiserne Laufbrunnen in Weimar, der Entwurf stammt von Clemens Wenzeslaus Coudray. Seit Jahrzehnten wird er im Volksmund **Goethebrunnen** `13` genannt, da der Dichter von seinem Haus auf den Brunnen schauen konnte. 1831 schrieb er in einem Brief: »Auf einem freien Platze meinem Hause gegenüber steht ein großes anständiges Wasserbecken, welches von einer starken fließenden Röhre hinreichend genährt wird. Dahin kommen, besonders morgens und abends, Frauen, Töchter, Mägde, Gesellen, Kinder, das notwendige Ingredienz ihres Daseins abzuholen ... Salat an Ort und Stelle zu waschen, ist jetzt streng polizeilich verboten.« Die Initialen CA an der Säule erinnern an Großherzog Carl August.

Der Frauenplan zeigt sich heute anders als zu des Dichters Zeiten. Das liegt vor allem an den Bombenschäden des Zweiten Weltkriegs. Die Pergola der gärtnerisch gestalteten Grünanlage deutet in etwa an, wo einst die Bebauung auf der Nordwestseite verlief. Die **Natursteinplastik »Versinkender Riese«** von Walter Sachs stammt von 1992. Sie soll die Beschäftigung Goethes mit alten ausländischen Kulturen symbolisieren und ist als Spielidee für Kinder gedacht. Im Haus Frauenplan 8 hat der junge **Max Liebermann** `14` (1847–1935) gewohnt, als er an der Kunstschule studierte. In seiner Autobiografie ist zu lesen: »1872 malte ich mein erstes Bild ›Die Gänserupfe-

rinnen‹, das in dem kleinen Weimar ein bedeutendes Aufsehen machte.« Solche realistischen Bilder waren damals noch ungewohnt, sie stießen auf herbe Kritik. Von Liebermann, dem großen Maler des Impressionismus, werden Arbeiten im Schlossmuseum gezeigt.

Brauhausgasse

Eckermann-Haus `15`

Nordwestlich vom Frauenplan verläuft die Brauhausgasse. Das schlichte Haus Nr. 13 auf der linken Seite ist das Eckermann-Haus. Hier wohnte Goethes Sekretär, der später durch seine veröffentlichten »Gespräche mit Goethe in den letzten Jahren seines Lebens« bekannt wurde. Am 10. Juni 1823 war Johann Peter Eckermann (1792–1854) das erste Mal bei dem Dichter. Er berichtete darüber: »... Der Empfang seinerseits war überaus herzlich und der Eindruck seiner Person auf mich derart, dass ich diesen Tag zu den glücklichsten meines Lebens rechne ...« Im Juni 1825 schrieb Eckermann: »Meine Arbeit rückt langsam vor; aber es wird auch etwas sehr Gutes. Goethe, dem ich vor einigen Tagen die ersten Gespräche zeigte, ist sehr erbaut davon und findet die Arbeit vortrefflich.« Nach Goethes Tod am 22. März 1832 sprach Heinrich Heine vom »Ende der Kunstperiode«, der Eckermanns »Gespräche mit Goethe« ein bleibendes Vermächtnis sicherten. Der Dichterfürst hatte den getreuen Freund zum Herausgeber seines literarischen Nachlasses bestimmt.

Im Gegensatz zum Eckermann-Haus ist das schräg gegenüber stehende mit der Nr. 10 ein stattliches Gebäude. Es ist das **Bernstorff'sche Haus** `16`, benannt nach der 1799 aus Kopenhagen übergesiedelten Caritas Emilie Gräfin von Bernstorff, der Witwe ▷ S. 125

Auf Entdeckungstour

Ein Gang durch Friedrich Schillers Arbeitsmansarde

Nicht in der Beletage, sondern in dem kleinen Mansardengeschoss seines Wohnhauses **17** befand sich Friedrich Schillers Wohn- und Arbeitsbereich, dort entstanden seine Werke. Obwohl die Einrichtungsgegenstände nach dem Tod des Dichters in alle Winde zerstreut wurden, kann man heute wieder viele der Originale sehen. Wo sind sie gewesen und wie kamen sie zurück?

Zeit: 45 bis 60 Minuten.

Planung: geöffnet April–Sept. Di–Fr, So 9–18, Sa 9–19 , Okt. Di–So 9–18, Nov.–März Di–So 9–16 Uhr; Tel. 54 53 50; www.klassik-stiftung.de; Eintritt 5 €, erm. 3 €.

Start: Der Eingang zum Schiller-Haus, Schillerstr. 12, befindet sich in dem Neubau dahinter.

Schiller arbeitete vorwiegend nachts und ruhte am Tage. Um ungestört schaffen zu können, zog er sich stets in das aus drei Räumen bestehende Mansardengeschoss seines Weimarer Hauses zurück. Hier richtete er sich seinen Wohn- und Arbeitsbereich ein. Doch sein Familienleben litt nicht darunter: Von Tochter Caroline ist überliefert, dass sie zum Nachmittagskaffee oft beim Vater gewesen sei, und Sohn Karl erzählte: »Die Abende brachten wir, wenn nicht Freunde zugegen waren, auf des Vaters Arbeitszimmer zu, während er aß; da er selten zu Mittag wegen des späten Aufstehens aß, verband er das Mittag- und Abendessen gewöhnlich.«

Die Ansprüche Schillers waren bescheiden, Kommode, Schreibtisch, Bett, Sofa, Tisch und einige Sessel. »Hab´ ich dieses, so brauche ich zu meiner Bequemlichkeit nichts mehr.«

Friedrich Schiller lässt bitten

Finanzielle Engpässe zwangen nach Schillers Tod im Jahr 1805 seine Witwe Charlotte, die Mansardenräume zu vermieten; nach ihrem Tod 1826 verkauften die Kinder das Haus und die Einrichtungsgegenstände wurden in alle Winde zerstreut. Erst 1847 erwarb die Stadt Weimar das Schillerhaus und richtete im Mansardengeschoss eine Erinnerungsstätte ein. Vorhanden waren zu der Zeit nur noch die Bücherregale; die Tapeten wurden nachgedruckt. Dann machte man sich auf die Suche nach der originalen Einrichtung.

Im ersten, schlicht ausgestatteten Raum der Mansarde empfing der Dichter all jene, mit denen er nur kurz sprechen wollte, oder Besucher, die er nicht kannte. Hier sieht man über der Polsterbank das wohl bekannteste Schillerporträt. Gemalt hat es der Schweizer Anton Graff, der beste Porträtmaler seiner Zeit. Schiller hatte ihn in Dresden kennengelernt. Gern hätte er das Bild für seine Frau erworben, doch das Geld reichte nicht. Gekauft hat es schließlich Schillers Freund Christian Gottfried Körner, heute befindet sich das Original in Dresden. Weimar besitzt eine Kopie, die 1878 in das Schillerhaus kam.

Bat Schiller dagegen ins Gesellschaftszimmer, so gehörte man zu seinen Freunden oder guten Bekannten. In dem Zimmer steht ein Gipsabdruck der bekanntesten Schillerbüste. Johann Heinrich Dannecker porträtierte seinen alten Schulfreund 1793 in Lebensgröße. Der war von der Arbeit sehr angetan und meinte: »Ganze Stunden könnte ich davor stehen und würde immer neue Schönheiten an dieser Arbeit entdecken.« Schiller bestellte einen weiteren Gipsabguss für einen Freund und eine Marmorfassung für sich. Die traf jedoch erst nach dem Tod des Dichters in Weimar ein. Der Großherzog erwarb sie später für die Bibliothek, wo sie sich heute noch im Rokokosaal befindet. Den kleinen Nähtisch aus schwarzem Holz mit Bronzebeschlägen zwischen den beiden Fenstern schenkte Schillers Frau dem Diener Rudolph 1811 zur Hochzeit. Dessen Enkel bestätigte, dass der Tisch, der 1892 in das Haus zurückkehrte, Schiller gehört hatte.

Mobiliar auf Reisen

Der im Arbeitszimmer links stehende Sessel mit dem roten Samtbezug kehrte 1855 als Geschenk von Großherzogin Maria Pawlowna ins Haus zurück. Das einfache Fichtenholzbett, in dem Schiller am 9. Mai 1805 starb, gelangte bereits 1847 wieder in das Haus. Großherzog Carl Alexander hatte es erworben. Zu dem Stuhl vor dem Schreibtisch ist in den Akten unter

1853 vermerkt, dass »ein Stuhl aus Schillers Nachlaß v. Ihrer kaiserl. Hoheit der Frau Großherzogin« dem Schillerhaus geschenkt wurde. Auf dem Schreibtisch steht eine Uhr, die Schillers Tochter Caroline nach dem Tod ihres Vaters mitgenommen hatte. Nach mehreren Besitzerwechseln kehrte sie 1937 wieder an ihren angestammten Platz zurück. Auch der marmorne Briefbeschwerer war in den Besitz der Prinzessin von Preußen gelangt, die ihn 1848 zurückgab.

An dem Schreibtisch, der das Arbeitszimmer beherrscht, ist unter anderem der »Wilhelm Tell« entstanden. Schillers Enkel Friedrich bestätigte 1862, dass der »Schreibtisch derselbe ist, welcher beim Tode des Dichters in seinem Wohn- und Sterbezimmer stand«. An diesem Schreibtisch hat Schiller bei Kerzenlicht unter schweren körperlichen Leiden auch »Die Braut von Messina« geschrieben und am unvollendet gebliebenen »Demetrius«-Drama gearbeitet.

Literatur aus einem Guss

Goethe hat uns hinterlassen, wie sein Dichterkollege tätig war: »Schiller stellte sich die Aufgabe, den Tell zu schreiben. Er fing damit an, alle Wände seines Zimmers mit so viel Specialkarten der Schweiz zu bekleben, als er auftreiben konnte. Nun las er Schweizer Reisebeschreibungen, bis er mit Weg und Stegen des Schauplatzes des Schweizer Aufstandes auf das Genaueste bekannt war. Dabei studierte er die Geschichte der Schweiz; und nachdem er alles Material zusammengetragen hatte, setzte er sich über die Arbeit, und buchstäblich genommen stand er nicht eher vom Platze auf, bis der Tell fertig war. Überfiel ihn die Müdigkeit, so legte er den Kopf auf den Arm und schlief. Sobald er wieder erwachte, ließ er sich nicht, wie ihm fälschlicherweise nachgesagt wurde, Champagner, sondern starken schwarzen Kaffee bringen, um sich munter zu halten. So wurde der »Tell« in sechs Wochen fertig; er ist aber auch wie aus einem Guß!«

Vom Arbeitszimmer tritt man durch eine niedrige Tapetentür in Schillers Schlafkammer, in dem bis kurz vor seinem Tod das einfache Fichtenholzbett stand. Den anschließenden Gang nutzte er als Ankleidezimmer, in dem – wie der Dichter 1804 exakt notierte – unter anderem 37 Hemden, 22 Paar Strümpfe und 4 Paar Schuhe aufbewahrt wurden.

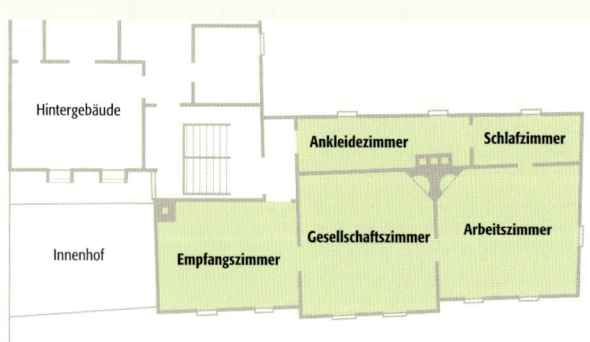

eines dänischen Ministers. Durch ihr Vermögen abgesichert, konnte sie in Weimar auf großem Fuß leben. Heute ist es das »Hotel Am Frauenplan«.

Schillerstraße

Als im 18. Jh. die Stadtbefestigung abgetragen wurde, entstand auf der neu gewonnenen Fläche die Esplanade, ein Weg, auf dem die »feine Gesellschaft« promenierte. Herzogin Anna Amalia machte davon regen Gebrauch. Damit möglichst viele teilhaben konnten, verbreitete der »Buschfunk«, wann die Herzoginmutter spazieren gehen würde. 1853 erhielt die Esplanade den Namen Schillerstraße.

1968/69 gestaltete man Schillerstraße und Theaterplatz zur Fußgängerzone, auf der heute das Leben pulsiert. Doch von einer eleganten Shoppingmeile ist die Schillerstraße meilenweit entfernt. Gute Einkaufsadressen findet man eher in den stillen Seitenstraßen – ganz davon abgesehen, das wohl niemand zum Shoppen nach Weimar reist.

die Erhöhung seines Gehalts durch den Herzog banden Schiller zusätzlich an Weimar. Doch es war ihm nur drei Jahre lang vergönnt, mit seiner Familie in dem bescheidenen Haus zu wohnen. Was sich heute zur Schillerstraße zeigt, ist die einstige Rückfront.

Der große Dramatiker Friedrich Hebbel war 1857 zum ersten Mal in Weimar. Er schrieb darüber: »Ich ging nun zu dem Schiller-Hause, das dem Goethe'schen so nah liegt, dass die beiden Freunde einander die Briefe und Zettel hätten in die Fenster werfen können, wenn sie sich ein wenig geübt hätten. Dies ist nun wieder nicht so klein und so eng, als man es sich denkt, sondern freundlich und bequem und sogar mit einem Gärtchen geziert ...«

Beim Besuch des Schillerhauses lernt man die Lebensverhältnisse des Dichters und seiner Familie kennen. Das erste Obergeschoss bewohnte Schillers Familie, seine Frau Charlotte, zwei Söhne und zwei Töchter. Der Wohn- und Arbeitsbereich des Dichters lag im Mansardengeschoss (s. S. 122).

Schillerhaus! 17

Schillerstr. 12, April–Sept. Di–Fr, So 9–18, Sa 9–19, Okt. Di–So 9–18, Nov.–März Di–So 9–16 Uhr, Eintritt 5 €, erm. 4 €, www.klassik-stiftung.de
Das Wohnhaus von Schiller ist das einzige Gebäude, das im Original aus der Entstehungszeit dieser Straße erhalten geblieben ist. Nachdem es Friedrich Schiller 1802 erworben hatte, schrieb er an den Verleger Georg Joachim Göschen: »Ich habe dieser Tage endlich einen alten Wunsch realisiert, ein eigenes Haus zu besitzen. Denn ich habe nun alle Gedanken an das Wegziehen von Weimar aufgegeben und denke hier zu leben und zu sterben.« Der im selben Jahr verliehene Adelstitel und

Schiller-Museum 17

Geöffnet wie Schillers Wohnhaus, www.klassik-stiftung.de
Hinter Schillers Wohnhaus, hin zur Windischenstraße, erstreckt sich das Schiller-Museum. Mit diesem Haus verhält es sich wie mit Schillers Sarg (s. S. 71): Auch bei ihm steht nur noch Schiller dran, aber drin ist kein Schiller. Gebaut wurde das Haus, um als Pendant zur einstigen Goethe-Ausstellung im Goethe-Nationalmuseum hier Schiller umfassend zu würdigen. Heute nutzt die Klassik Stiftung das Schiller-Museum für temporäre Ausstellungen, ferner dient es als Zugang zum historischen Wohnhaus des Dichters. Der Neubau von 1988 schloss

eine Baulücke, die im Zweiten Weltkrieg durch Bomben entstanden war. Es war nicht – wie die Weimarer gern verbreiten – der einzige Museumsneubau in der DDR. Davon gab es einige, z. B. in Rostock, in Zwickau und in Sangerhausen im benachbarten Sachsen-Anhalt.

Im Gang, der die beiden Schillerhäuser miteinander verbindet, sind **Münzen und Medaillen** zu Schiller ausgestellt. Gezeigt werden etwa 600 Stück vom ausgehenden 18. Jh. bis zur Gegenwart, auf denen Schillerporträts, Szenen aus seinen Werken sowie Zitate zu sehen sind. Zwischen Schillers Wohnhaus und dem Museum steht seit 1988 die **Plastik »Hommage à Schiller«** von Wieland Förster.

Gänsemännchen-brunnen 18

Vermutlich auf der Rückreise von Italien sah Goethe 1788 in Nürnberg hinter der Frauenkirche den Gänsemännchenbrunnen. Der gefiel ihm so gut, dass er 1814 eine nicht erhaltene Kopie nach Weimar kommen ließ. Später erwarb Großherzogin Maria Pawlowna ebenfalls eine Kopie des beliebten Nürnberger »Entenmännchens«, aber erst nach ihrem Tod wurde 1864 der heutige Brunnen gegenüber dem Schillerhaus aufgestellt. Bekrönt wird er von der Bronzefigur eines Bauern in altdeutscher Tracht mit zwei wasserspeienden Gänsen unter dem Arm.

Einer der schönsten Brunnen Weimars: der Gänsemännchenbrunnen

Weimar-Haus [19]

Schillerstraße 16–18, Führungen tgl.
April–Sept. 9.30–18.30, Okt.–März
9.30–17.30 Uhr, Eintritt 6,50 €, erm.
5,50 €, www.weimarhaus.de
Fast gegenüber dem Brunnen öffnete im Kulturstadtjahr 1999 das Weimar-Haus. Das multimediale Erlebnismuseum ist als idealer Auftakt für einen Weimar-Aufenthalt zu empfehlen. Wachsfiguren, Kulissen- und Theaterbauten, Videoprojektionen sowie dreidimensionale Effekte geben einen bildhaften Überblick über die Weimarer und Thüringer Geschichte. Auf der spannenden Zeitreise durch fünf Jahrtausende begegnet man Geistesgrößen wie Goethe, Schiller, Luther und Herzogin Anna Amalia. Ein Geschichtserlebnis für die ganze Familie!

Theaterplatz

Die Schillerstraße mündet in den Theaterplatz, der im 18. Jh. am Westrand der Stadt entstand, als man sich von der Stadtmauer trennte. Erstes Gebäude am Platz war das 1766 erbaute nachmalige Wittumspalais, 1779/80 kam ihm der Komödienhaus der erste eigenständige Theaterbau Weimars hinzu. Wenn man vor dem **Theater-Café** [7] an der südwestlichen Ecke des Platzes steht, hat man das Wahrzeichen Weimars vor sich, das Goethe-Schiller-Denkmal. Aber zunächst wendet man sich nach rechts zum:

Wittumspalais [20]

Di–So April–Okt. 10–18, Nov.–März
10–16 Uhr, Eintritt 5 €, erm. 4 €,
www.klassik-stiftung.de
36 Jahre war Herzogin Anna Amalia alt, als sie die Regierungsgeschäfte an ihren 18-jährigen Sohn Carl August übergab und sich ins Wittumspalais zurückzog. Das Palais, das mit seiner Hauptfront an die heutige Schillerstraße grenzt, hatte sich 1767 Minister Freiherr Friedrich Jakob von Fritsch auf dem Gelände des ehemaligen Franziskanerklosters errichten lassen. Als seine Herzogin ein repräsentatives Haus suchte, denn das Schloss war 1774 abgebrannt, verkaufte er ihr »selbstlos« seines. Selbstlos – so ist es überliefert. Ob sich der Freiherr etwas von dieser Geste versprach, steht nirgendwo vermerkt.

Anna Amalia versammelte regelmäßig Adlige und Bürgerliche um sich, die in ungezwungener Atmosphäre und ohne Standesvorurteile regelmäßig über aktuelle Fragen der Kunst, der Musik, des Theaters und der Naturwissenschaften diskutierten. Es war die sogenannte Tafelrunde, ein Kreis, wie Goethe schrieb, in dem »jeder auf seine Weise sich und andere unterhielt«. Wie es dort zuging, hat Georg Melchior Kraus, der Leiter der »Fürstlichen freyen Zeichenschule« und selbst Teilnehmer der Tafelrunde, der Nachwelt auf einem Aquarell von 1795 hinterlassen. Das zeigt unter anderem Goethe, Anna Amalia, Louise von Göchhausen und Herder. Bei dieser Zusammenkunft, so ist zu sehen, beschäftigte man sich mit Büchern und Bildern. Herder schrieb in einem Brief an Knebel 1791 über die Tafelrunde: »Bei der Herzogin-Mutter wird gewöhnlich montags gelesen. Einige Shakespeare'sche Stücke, Lessings ›Nathan‹ und ›Emilia Galotti‹, Goethes ›Iphigenie‹ und ›Tasso‹, Wielands ›Pervonte‹ …«

Neben der Tafelrunde bei der Herzogin gab es donnerstags und sonntags die literarischen Teeabende bei Johanna Schopenhauer, die Mittwochsgesellschaft bei Goethe in seinem Haus am Frauenplan und die von Goethe ins Leben gerufene Freitagsgesellschaft, die sich auch im Wittumspalais traf. Der Dichter hatte vorgeschlagen, »jeden Monat einmal zusammenzukommen und drei Stunden einer gemeinsamen Unterhaltung, auch Vorlesungen und anderen Mitteilungen« zu widmen. Louise von Göchhausen, die kleinwüchsige, geistreiche Hofdame der Herzogin, lud jeden Samstag im Winter in ihre Mansardenwohnung im Wittumspalais zum Frühstück. Freundschaftstage hieß das Treffen, an dem selbst Goethe und Wieland ab und zu teilnahmen.

33 Jahre lang lebte Anna Amalia im Wittumspalais, das somit zu einer Erinnerungsstätte an das klassische Weimar wurde. »Bilderbuch des guten Geschmacks« wird es oft genannt, dessen stilvoll ausgewählte und aufeinander abgestimmte Einrichtung viel von der Atmosphäre vermittelt, die zu Lebzeiten von Anna Amalia hier geherrscht haben mag. Die Herzogin war nicht nur kunstinteressiert, sondern selbst künstlerisch begabt, sie spielte mehrere Instrumente und komponierte auch.

Goethe-Schiller-Denkmal 21

Die Bronze für das am 4. September 1857 enthüllte Denkmal hatte Bayernkönig Maximilian II. zur Verfügung gestellt: Sie stammte von zwei türkischen Kanonen, die 1827 in der Seeschlacht von Navarino erbeutet worden waren. Gegossen wurden die Statuen der beiden Dichter in der Königlichen Gießerei in München, den polierten Granitsockel stiftete der Großherzog von Baden. Aufgestellt hat man das Denkmal bewusst an dieser Stelle, denn es soll an das fruchtbringende Zusammenwirken der beiden Dichter am Hoftheater, dem heutigen Deutschen Nationaltheater, erinnern.

Geschaffen hat das Monument der Bildhauer Ernst Rietschel, ein Schüler von Christian Daniel Rauch. Den Weimarern gefiel die Arbeit von Rietschel, deshalb verliehen ihm die Stadtoberen die Ehrenbürgerwürde. Kopien des Denkmals befinden sich im Golden-Gate-Park von San Francisco, in Milwaukee und in Cleveland/Ohio.

Deutsches Nationaltheater 22

Das Theater, vor dem das Denkmal der beiden Dichterfürsten steht, ist nicht mehr das Theater von Goethe und Schiller, in dem später Franz Liszt und Richard Strauss dirigierten. Das heutige Deutsche Nationaltheater ist das dritte an dieser Stelle. 1907 wurde es mit höfischem Glanz eröffnet, den Kaiser Wilhelm II. mit seiner Anwesenheit verlieh. Zwei **Gedenktafeln** erinnern an bedeutende Ereignisse. Diejenige links neben dem Eingang, von Bauhausdirektor Walter Gropius geschaffen, wurde zum Gedenken an den 11. August 1919 angebracht. An diesem Tag proklamierte die Nationalversammlung im Theater die erste demokratische Verfassung auf deutschem Boden, bekannt geworden als »Weimarer Verfassung« (s. S. 80). Die rechte Tafel erinnert an die Reden von Thomas Mann 1949 und 1955 und seine Begegnungen mit Johannes R. Becher, dem Kulturminister der DDR.

Das Deutsche Nationaltheater mit dem Status eines Staatstheaters gehört zu den traditionsreichsten und renommiertesten Spielstätten Deutschlands. Goethe war der bedeutendste Intendant und brachte im damaligen Hoftheater alle wesentlichen Dramen

Schillers zur Uraufführung. Das Theater ist bis heute ein Vierspartentheater, das im Industriedenkmal E-Werk (s. S. 185) eine zweite Spielstätte hat. Die Staatskapelle Weimar spielt der besseren Akustik wegen meist in der Weimarhalle.

Das **Theater** 4 machte nicht nur mit bedeutenden Inszenierungen, sondern auch immer wieder mit spektakulären Ereignissen auf sich aufmerksam. So 1817, als die Mätresse von Herzog Carl August den Rücktritt Goethes als Intendant erreichte, weil sie gegen dessen Willen den Auftritt eines Pudels auf der Bühne durchsetzte, und 2001, als die Weimarer mit vielfältigen Protesten die Fusion mit dem Theater in Erfurt verhinderten (s. S. 78). 2008 kam es erneut zu Proteststürmen, nicht nur in Weimar, sondern bundesweit. Die Regionalzeitungen brachten Sonderseiten, die überregionale Presse sprach von »Provinzposse«: Der Intendant, der maßgeblich verhinderte, dass das Nationaltheater zur Erfurter Nebenspielstätte wurde und klassische Stücke vom musealen Muff befreit auf die Bühne brachte, passte einigen mit seinem Engagement und seinen künstlerischen Vorstellungen nicht. Im Aufsichtsrat ließen sie seine Vertragsverlängerung scheitern. Die Proteste waren jedoch erfolgreich, der Sturz des Intendanten musste Anfang 2009 rückgängig gemacht werden.

Sophienstiftsplatz

Der verkehrsreiche Platz hinter dem Theater trägt den Namen Sophienstiftsplatz. Hier befindet sich am rechten Bühneneingang das 1948 aufgestellte **Hummel-Denkmal** 23. Die überlebensgroße Bronzebüste des Musikers Johann Nepomuk Hummel (1778–1837) war 1895 an anderer Stelle auf dem Platz enthüllt worden. Hofkapellmeister Hummel, von Maria Pawlowna 1819 nach Weimar geholt, feierte als Klaviervirtuose Triumphe, als Schüler Mozarts führte er die von Goethe initiierte Mozartpflege in Weimar zu einem neuen Höhepunkt. Gewohnt hat Hummel wenige Schritte entfernt: in dem Haus Marienstr. 8, das er sich 1823 gekauft hatte.

Auf der anderen Theaterrückseite tröpfelt seit 1999 der **sandsteinerne Theaterbrunnen** 24. 1847 war er am Inneren Erfurter Tor – heute der Durchgang Heinrich-Heine-Straße zum Theaterplatz – aufgestellt worden, wo er sich bis 1973 befand.

An der Westseite des Sophienstiftsplatzes, am Eingang zur Erfurter Straße, steht das kleine **Torhaus** 25. 1822–24 wurde es nach Plänen von Coudray im klassizistischen Stil mit antikem Erscheinungsbild als »Thor- und Wachthaus an der Erfurter Chaussee« errichtet. Nachdem es als Zolleinnehmerhaus ausgedient hatte, nahm es die Berkaer Bahn in Besitz und nutzte es bis 1907 als Empfangsgebäude.

Coudray-Haus 26

Gegenüber dem Theaterbrunnen ist am Haus Heinrich-Heine-Straße 12–14 auf einer Tafel zu lesen: »Hier wohnte C. W. Coudray 1817–1845«. Clemens Wenzeslaus Coudray war der Großherzogliche Oberbaudirektor, der 29 Jahre lang maßgeblich das klassizistische Gesicht von Weimar prägte. Den Entwurf für sein repräsentatives dreistöckiges Doppelhaus hat er verständlicherweise selbst gefertigt. Das Maskenbildnis über dem Eingang ließ Coudray anbringen, damit es nach antikem Vorbild böse Geister banne. Die Opferschale darüber mit der Bitte »Fortunet Deus« heißt »Gott spende

Glück«. Goethe hatte Coudray 1816 nach Weimar geholt. Der äußerte über seine Beziehung zu dem Dichterfürsten: »Goethes Wohlwollen, ich darf sagen, Freundschaft, beglückte mich ...« Und Goethe resümierte in seinen Gesprächen mit Eckermann über den Oberbaudirektor: »Er hat sich zu mir gehalten und ich mich zu ihm und es ist uns beiden von Nutzen gewesen.«

Musikfreunde laufen die Erfurter Straße entlang bis zum etwas zurückgesetzt stehenden, kleinen, gelb geklinkerten Fachwerkhaus Nr. 19, in dem sich die **Wohnung von Richard Strauss** (1864–1949) **27** befand. Er war 1889 als Hofkapellmeister von München nach Weimar gekommen. Seine anfängliche Euphorie von der »Zukunftsstadt Weimar« wich bald, wie seinen Worten »Es befindet sich alles hier wie vor hundert Jahren, nur dass ein gewisser Goethe nicht mehr mittut« zu entnehmen ist. 1893 erlebte in Weimar unter dem Dirigat von Strauss die bis heute beliebte Märchenoper »Hänsel und Gretel« ihre Uraufführung. Strauss: »Es ist eine der schönsten Erinnerungen meiner Kapellmeisterlaufbahn, dass ich diesem Meisterwerke den Weg zur Bühne eröffnen durfte.« Strauss wurde 1935 Ehrenbürger von Weimar, ein Jahr später wurde dann sogar eine Straße nach ihm benannt.

Bauhaus-Museum **!** **28**

Tgl. 10–18 Uhr (wegen des Neubaus auf Veränderungen achten), Eintritt 4,50 €, erm. 3 €, www.klassik-stiftung.de

Wieder zurück am Theaterplatz, fällt der Blick auf das dem Theater gegenüber befindliche Bauhaus-Museum. Das legendäre in Weimar gegründete Staatliche Bauhaus bekam selbstverständlich ein eigenes Museum. »Hilfs-

Museum« sagen die einen dazu und »Behelfs-Museum« die anderen und schämen sich, ihren Gästen so etwas anbieten zu müssen. Das Museum ist untergebracht in der von Coudray erbauten Wagenremise, die ab der zweiten Hälfte des 18. Jh. als Kulissenhaus für das Hoftheater bzw. Nationaltheater diente. Aber Veränderung ist endlich in Sicht. Ein internationaler Architektenwettbewerb wurde ausgeschrieben, frühestens im Jahr 2013 wird der Baubeginn am neuen Standort gegenüber der Weimarhalle erfolgen.

Das Museum verwahrt heute 10 000 Objekte, von denen aus Platzgründen bislang nur etwa 500 gezeigt werden konnten. Es sind Arbeiten aus allen

Bauhauswerkstätten, kunstgewerbliche Objekte, Gemälde und Grafiken sowie Mobiliar, die als Schenkungen, als Dauerleihgabe oder durch Ankäufe von Familien ehemaliger Bauhäusler nach Weimar gekommen sind. Vom »Turm des Feuers« von Johannes Itten (1888–1967), den dieser im Sommer 1920 vor seinem Atelier im Tempelherrenhaus im Ilmpark aufstellen ließ, besitzt das Museum einen verkleinerten Nachbau. Ihm gehören auch etwa 150 Werkstattarbeiten, die der Bauhausdirektor Walter Gropius 1925 in Weimar zurückgelassen hat, sowie Arbeiten von Henry van de Velde, dessen Kunstgewerbeschule als Vorläuferin des Bauhauses gilt.

Ehemaliges Franziskanerkloster 29

Schräg hinter dem Bauhaus-Museum, zwischen den unscheinbaren Gassen Zeughof und Am Palais, geht man am ehemaligen Franziskanerkloster vorbei, in dem 1518 Martin Luther übernachtete. Das ist der dortigen Erinnerungstafel zu entnehmen. Das Kloster stiftete Herzog Wilhelm III. 1453. In seinen letzten Lebensjahren trug er selbst die Mönchskutte und wurde 1482 im Kloster begraben. 1553 mussten die Mönche Weimar verlassen, die im Kloster bestatteten adligen Personen überführte man in die Stadtkirche und

Nur wenige ergattern vor dem legendären Residenz-Café einen Platz

nutzte die Gebäude für Wohn- und Wirtschaftszwecke. Heute steht nur noch die einstige Kirche, Kornhaus genannt, weil sie nach der Reformation als Schüttboden für Korn diente.

Zur berühmten Bibliothek

Zu den Höhepunkten eines Weimarbesuchs gehört zweifelsohne der Besuch des Rokokosaals in der Herzogin-Anna-Amalia-Bibliothek, dem Pantheon der deutschen Klassik. Der Weg dorthin führt vom ehemaligen Franziskanerkloster über die Windischenstraße und den Marktplatz zunächst zum Grünen Markt, dessen Name an den Gemüsemarkt erinnert, der einst hier stattgefunden hat. Rechter Hand begrenzt den Grünen Markt das **Gelbe Schloss** 30, das seinen Namen von der ursprünglichen Fassadenfarbe bekam. Erbaut wurde es als Witwensitz für Herzogin Charlotte Dorothea Sophie (1672–1738), der Gemahlin von Herzog Johann Ernst.

Das »Resi« 31

Gegenüber dem Gelben Schloss befindet sich das »Residenz-Café«. Die Weimarer und mittlerweile auch viele ihrer Gäste sprechen nur vom »Resi«, das zu einer Institution wurde. Gegründet hat das »Resi« Hofkonditormeister Ißleib bereits 1839. In den 1950er-Jahren verschwand der größte Teil der historischen Einrichtung, geblieben ist lediglich der dunkelblaue Kachelofen im Goethezimmer. Dieser Raum war Goethes erste Wohnung in Weimar, die direkt an das »Resi« grenzte. 1932 erweiterte man das Café um das Goethezimmer. »Sehen und gesehen

werden!« lautete schon immer die Devise im Residenz-Café. Die Gästeliste ist lang: Filmstar Marlene Dietrich besuchte das Resi als Musikstudentin während der Inflationszeit in den 1920er-Jahren. Nur weil ihr eine Freundin mit einem Dollar half, brauchte sie nicht ihre goldene Armbanduhr zu versetzen und konnte beim Kellner bezahlen. So erzählt man es sich zumindest fast 100 Jahre später in Weimar immer noch. Heute sitzen im »Resi« Musik- und Bauhaus-Studenten mit Architekten und Künstlern zusammen, auch Touristen schauen gern herein, darunter berühmte wie Alt-Bundeskanzler Gerhard Schröder, der Kabarettist Dieter Hildebrandt oder die Entertainer Gunter Emmerlich und Günther Jauch.

An das Gelbe Schloss schließt sich die **Neue Wache** 32 an, ein großes, spätklassizistisches Gebäude von 1834–38, dem später ein gleichartiger Erweiterungsbau hinzugefügt wurde. Von der Neuen Wache aus forderten im November 1918 die Soldatenräte die Abdankung des Kaisers und des Großherzogs.

Rotes Schloss 33

Ein kleines Kuriosum folgt nach der Neuen Wache: das Rote Schloss – das sich jedoch seit Jahrzehnten grau verputzt zeigt! Die beiden Torbauten begrenzen den Hof des Schlosses zum Platz der Demokratie. Erbaut wurde das Schloss als Witwensitz für Dorothea Susanna (1560–92), die Gemahlin von Herzog Johann Wilhelm. Heute steht nur noch die Westfront des Renaissancegebäudes. Dort spielte Anfang des 18. Jh. wiederholt die Hofkapelle mit einem jungen Violinisten namens Johann Sebastian Bach. Von 1771–1807 befand sich im Roten

Schloss die Freie Zeichenschule. Erster Direktor war Georg Melchior Kraus, der viele Porträts und Aquarelle aus Weimars klassischer Zeit hinterlassen hat. Heute gehört das Rote Schloss, wie auch das Gelbe Schloss und die Neue Wache, zum neuen Studienzentrum (s. S. 137) der Herzogin-Anna-Amalia-Bibliothek.

Zwischen den beiden Torbauten des Roten Schlosses steht seit 1824 der **Ildefonsobrunnen** 34, Weimars klassischster Brunnen. Benannt ist die antike Ildefonsogruppe aus Marmor nach dem einstigen Aufbewahrungsort, dem spanischen Schloss Ildefonso, wo sie den Park schmückte. Der Begründer der wissenschaftlichen Archäologie, Johann Joachim Winckelmann (1717–1768), bezeichnete die Gruppe als ein Werk, das »edle Einfalt und stille Größe atmet«. Gegossen wurde die Gruppe sowie eine zweite für den Festsaal des Residenzschlosses, in dem sie sich heute noch befindet, in der seinerzeit berühmten Kunstgießerei in Lauchhammer.

Platz der Demokratie

Der Fürstenplatz, so hieß der Freiraum bis nach dem Zweiten Weltkrieg, entstand im einstigen Schlösserbereich zur Repräsentation. Sein heutiges Aussehen bekam er vor allem, als das Grüne Schloss Mitte des 18. Jh. zur Bibliothek umgebaut wurde. Bis 1952, als Weimar seinen Status als Landeshauptstadt verlor, hatten in den Häusern Landesverwaltungen ihren Sitz.

Carl-August-Denkmal 35

Wendet man sich vor dem Ildefonsobrunnen nach links, hat man den Platz der Demokratie vor sich. Im Mittel-

punkt thront das Carl-August-Denkmal, das zum 100. Regierungsjubiläum des Herzogs am 3. September 1875 enthüllt wurde. Der Herzog »war ein Mensch aus dem Ganzen«, urteilte Goethe über seinen Freund und Gönner, der ein halbes Jahrhundert lang die zentrale Figur Weimars war. Carl August, vielseitig gebildet, förderte Kunst und Wissenschaft. Ihm gelang es, mit Goethe, Schiller, Wieland und Herder große Geister nach Weimar zu holen, deren Wirkungskreis weit über das Herzogtum hinaus strahlte. Das bronzene Reiterstandbild, das ursprünglich von einem Gitter umgeben war, hat der Weimarer Ehrenbürger Adolf Donndorf dem berühmten Denkmal für Kaiser Marc Aurel auf dem römischen Capitol nachgebildet. Es zeigt den Großherzog zu Sachsen-Weimar-Eisenach in Generaluniform und soll an seine Heimkehr aus den Freiheitskriegen 1813/14 erinnern. Carl August war mangels einer eigenen Armee Generalmajor in preußischen Diensten. Gegossen wurde das Denkmal ebenfalls in der heute ältesten deutschen Eisenkunstgießerei in Lauchhammer.

Fürstenhaus 36

Aus den Fenstern des einstigen Fürstenhauses sind bis in die späten Abendstunden Geigen- und Klarinettenklänge zu hören. Das klassizistische Bauwerk von 1770 beherbergt die Hochschule für Musik »Franz Liszt«. Zu deren berühmtesten Schülerinnen gehörte Marlene Dietrich, die von Herbst 1919 bis Herbst 1920 Geigenunterricht bei Professor Robert Reitz nahm. Die Dietrich besuchte oft Opern und ging im Park an der Ilm spazieren, so ist es zumindest überliefert. In ihren Memoiren sprach sie von einer »guten Erinnerung« an Weimar. Nach ihrer

Im herrlichen Rokokosaal der Anna-Amalia-Bibliothek finden auch Kinder schnell einen Zugang zur Literatur und Kunst der Weimarer Klassik

Rückkehr nach Berlin legte sie den Geigenbogen beiseite, wechselte zum Film und wurde ein Star. Gewohnt hat Marlene Dietrich Ackerwand 27, im Haus der Frau von Stein. Errichtet hat man das Bauwerk an der Südseite des Platzes für die Landschaftskasse. Als Herzog Carl August im Oktober 1775 seine Gemahlin Louise in Weimar einführte, war das Stadtschloss seit einem Jahr ausgebrannt. Das Paar bezog deshalb den Verwaltungsbau, der seitdem Fürstenhaus heißt. In ihm residierte der Herrschaft fast 28 Jahre lang. In der ersten Etage richtete sich die junge Herzogin Louise ein, die zweite Etage gehörte Herzog Carl August, im Erdgeschoss befanden sich Wirtschaftsräume und Bedienstetenkammern. 1920 zog der Thüringer Landtag in das Fürstenhaus ein.

Rößler'sches Haus 37

Die Westseite des Platzes nimmt das vermutlich um 1785 errichtete, grün verputzte Rößler'sche Haus ein, das heute ebenfalls Musikhochschule nutzt. Die Neorokoko-Fassade geht auf das Jahr 1891 zurück.

Anna-Amalia-Bibliothek! 38

Einzelbesucher Di–So 10–15 Uhr, Besuchergruppen Di–So 15, 15.30, 16 Uhr, Eintritt 6,50 €, erm. 5,50 €, www.klassik-stiftung.de.
Pro Tag dürfen nur 290 Besucher den Rokokosaal besichtigen, weshalb eine Ticketvorbestellung im Internet oder telefonisch zu empfehlen ist. Ein kleines Kartenkontingent wird für den täglichen Verkauf ab 9.30 Uhr an der Kasse bereitgehalten, ist jedoch schnell vergriffen.
Nicht selten ist beim ersten Blick ein

überraschtes Ah und Oh zu hören, denn der dreigeschossige Rokokosaal im historischen Gebäude der Herzogin-Anna-Amalia-Bibliothek ist eine Augenweide. Der ovale Saal mit zwei Galerien bildet das Herzstück der Bibliothek und gilt als Pantheon der deutschen Klassik. Das weithin bekannte Kleinod leuchtet in lichtem Blau mit vielen goldfarbenen Kapitellen und Verzierungen. In den Regalen stehen mehr als 40 000 historische Bücher so aneinandergereiht, wie es von 1850 überliefert ist. In dem Raum haben sich die Götter der Klassik zum Gelehrtengespräch versammelt, Goethe und Schiller, Wieland und Herder, Musäus ... Zu sehen sind Gemälde und Büsten, darunter das berühmte Bild **»Goethe seinem Schreiber John diktierend«.** Gemalt hat es Johann Joseph Schneller 1834, zwei Jahre nach Goethes Tod. Das Bild an der Stirnwand zeigt **Carl August in Lebensgröße,** es wurde 1805 eigens für den Rokokosaal geschaffen. Der Herzog wollte dem Besucher beim Eintritt in den Saal zur Begrüßung gegenüberstehen. Er ließ sich von Ferdinand Jagemann als gebildeter Landadelsmann porträtieren, in lockerer, ungezwungener Haltung, bürgerlich gekleidet.

Das Bibliotheksgebäude ist eine kulturgeschichtliche Forschungsstätte von internationalem Rang. Zu den Schätzen gehören wertvolle Erstausgaben der deutschen Klassiker, Handschriften des Mittelalters, seltene Drucke der Renaissance-, der Reformations- und Barockzeit sowie bibliophile Raritäten. In der Nacht vom 2. zum 3. September 2004 vernichtete ein verheerendes Feuer große Teile des Rokokosaals und rund 50 000 kulturgeschichtlich einmalige Bücher (s. S. 90). Seit Oktober 2007 gehört der Rokokosaal wieder zu den schönsten Bibliothekssälen Europas. Die Fassade des Hauses erhielt bei der Wiederherstellung die rötlichockerfarbene Ausgestaltung zurück, die sie Mitte des 19. Jh. hatte.

Bereits seit 1692 war die Herzogliche Bibliothek öffentlich zugänglich. Den Umzug in das zur Bibliothek umgebaute Grüne Schloss am Ilmpark veranlasste Herzogin Anna Amalia 1766. Unter der Leitung Goethes und seines Ministerkollegen Christian Gottlob Voigt wurde die Bibliothek zu einer der bedeutendsten in Deutschland. An zwei Vormittagen pro Woche konnten Bücher für bis zu 12 Wochen ausgeliehen werden. 1805 entstand ein Verbindungsbau zwischen Bibliothek und dem angrenzenden klobigen **Turm** von 1453, dem »Dicken Altan an der Ilm«, einem Rest der Stadtbefestigung. 1825 baute man den Turm auf Anregung Goethes zum Büchermagazin um. Eine Erweiterung der Bibliothek um zwei Achsen nach Norden erfolgte 1844 durch Coudray, die Einweihung fand 1849 anlässlich des 100. Geburtstags von Goethe statt. »Die Bibliothek ist bis jetzt der interessanteste Punkt für mich in Weimar«, schrieb der Dichter Ferdinand Freiligrath (1810–76). »Zwischen Büsten und Bildern all der famosen Kerle aus Weimars Glanzepoche wird´s einem ganz wohl zumute. Man meint, sie wären selbst noch da, man sieht Schiller sinnend am Fenster lehnen, Herder und Wieland schreiten Arm in Arm zwischen den Repositorien und die Treppe herauf schallt fest und gebieterisch der Imperatortritt des Alten, Einzigen!«

Das neue Studienzentrum 39

Besichtigung nach vorheriger Anmeldung, Tel. 54 54 00, info@klassikstiftung.de
Seit 1991 trägt die Bibliothek den Namen der Herzogin Anna Amalia, deren Bücherleidenschaft sie ihren Reichtum verdankt. Der Buchbestand stieg seit Goethes Tod auf mehr als das Sechsfache, doch räumlich wurde die Bibliothek kaum erweitert. Sie platzte seit Jahrzehnten buchstäblich aus den Nähten. Nur etwa 20 Prozent des Gesamtbestandes konnten im Hauptgebäude untergebracht werden, der überwiegende Teil lagerte in vier über die Stadt verteilten Ausweichmagazinen. Um Leserwünsche zu erfüllen, mussten jährlich mehr als 100 000 kostbare Bücher per Auto hin- und hertransportiert werden. Das hat sich seit Februar 2005 verändert.

Aus Rotem und Gelbem Schloss sowie Neuer Wache, unterirdisch miteinander verbunden, entstand ein modernes Studienzentrum. In den Innenhof dieser drei Gebäude setzte man als Kernstück der neuen Anlage einen quadratischen **Bücherkubus**. Mit seinen umlaufenden Büchergalerien über und unter der Erde ist dieser geometrische Innenraum ein zeitgemäßes Pendant zum historischen Rokokosaal. Unter dem Platz der Demokratie baute man in mehr als 4 m Tiefe zwei Magazine, für die 2700 m^3 Beton und 500 t Stahl verarbeitet wurden. Die Magazine besitzen eine Erweiterungsreserve für die nächsten vier Jahrzehnte. Hier, in der »Stadt unter der Stadt«, die das historische Bibliotheksgebäude mit dem neuen Studienbereich verbindet, lagert jetzt der überwiegende Teil der Bücher.

Auf 6300 m^2 Stellfläche finden rund eine Million von ihnen Platz. Erstmals seit der Goethezeit sind nahezu alle Bestände an einem Ort vereint. Das neue Studienzentrum hat die Arbeitsmöglichkeiten wesentlich verbessert. So konnte die Bereitstellungsfrist von magazinierten Büchern von 24 Stunden auf 25 Minuten verkürzt werden und anstatt bisher 30 sind nunmehr

130 komfortabel ausgestattete Leseplätze vorhanden.

Neben dem Bibliotheksturm steht am Rand des Ilmparks seit 1949 das **Puschkin-Denkmal** **40**. Es ist eine Huldigung an den russischen Nationaldichter Alexander Puschkin, zu dessen Verehrern Goethe gehörte. Aber auch Puschkin mochte die Arbeiten von Goethe. Sein älterer Freund und poetischer Lehrmeister Wassilij Shukowskij, der 1821 und 1828 in Weimar mit Goethe zusammengetroffen war, hatte sie ihm nahegebracht.

Haus der Frau von Stein **41**

Von der historischen Bibliothek muss man nur um die Ecke laufen, um die Ackerwand genannte Straße zu erreichen. Kein Mensch würde sich für sie interessieren, hätte hier nicht Charlotte von Stein ihr Zuhause gehabt. Sie wohnte im Obergeschoss des lang gestreckten **Hauses Ackerwand 25/27.** Frau von Stein war das Vorbild für Goethes Iphigenie und die Prinzessin Leonore im »Tasso«. Elf Jahre, bis zu Goethes plötzlicher Abreise nach Italien 1786, waren sich der junge Dichter und die sieben Jahre ältere Frau des Stallmeisters Ernst Josias Baron von Stein sehr nah. Nach zweijähriger Abwesenheit entschied sich der aus Italien Zurückgekehrte für Christiane Vulpius und das Verhältnis zwischen Charlotte und Goethe kühlte ab. Die Freundschaft der beiden bezeugen fast 2000 Briefe und »Zettelgen« Goethes, die Schreiben Charlotte von Steins an den Geheimrat sind leider nicht mehr erhalten.

Schiller notierte am 12. August 1787 über Frau von Stein: »Die Beste unter allen war Frau von Stein, eine wahrhaft eigene, interessante Person und von der ich begreife, daß Goethe sich so ganz an sie attachiert hat.« Und der Arzt Johann Georg Ritter von Zimmermann, der sie an der Seite ihres Gatten in Pyrmont traf, schrieb an Goethes Freund Johann Kaspar Lavater: »Sie hat überaus große schwarze Augen von der höchsten Schönheit, ihre Stimme ist sanft und bedrückt.«

2008 hielt das Haus der Frau von Stein überraschend Einzug in die Feuilletons der großen deutschen Zeitungen. Die Stadt Weimar, immer knapp bei Kasse und deshalb nicht in der Lage, das »zur Kernzone der Weimarer Klassik« gehörende Haus zu sanieren, verkaufte es kurzerhand an einen spanischen Investor, was bundesweit große Proteste auslöste. Der Spanier wollte das Haus sanieren und eine Ausstellung über Salvador Dali, den exzentrischen spanischen Künstler, einrichten. Doch bis jetzt ist er seinen vertraglichen Verpflichtungen nicht nachgekommen.

Parallel hinter der Ackerwand verläuft die Seifengasse. Hier steht im **Oppel'schen Garten,** dem größten erhaltenen Garten der Altstadt, ein **barocker Gartenpavillon** **42** aus der ersten Hälfte des 18. Jh., wie es einst mehrere in der Stadt gab. Von hier, vorbei am Goethe-Nationalmuseum und die Frauentorstraße entlang wird wieder der Ausgangspunkt des Rundgangs erreicht, der Marktplatz.

Essen & Trinken

Haute Cuisine mit Stern – **Anna Amalia (im Hotel Elephant)** **1** : s. S. 26.
Traditionsbewusst – **Gasthaus Zum weißen Schwan** **2** : s. S. 27.
Historisch rustikal – **Elephantenkeller** **3** : s. S. 28
Ältestes Gasthaus – **Gasthaus Zum Schwarzen Bären** **4** : s. S. 28.

Immer voll – **Café-Restaurant Frauentor 5**: s. S. 28.

Mexikanisch – **El Burrito 6**: s. S. 29.

Theateratmosphäre – **Theater-Café 7**: Theaterplatz 1a, Tel. 90 32 09, www.theatercafe-weimar.de, tgl. 9–1 Uhr, Hauptgerichte 8–13 €. Direkt neben dem Deutschen Nationaltheater erwartet den Gast eine leckere, bodenständige Thüringer Küche. Frischer Fisch und Vegetarisches ergänzen das Angebot.

Orientalisch – **Divan – Café Restaurant Bar 8**: s. S. 29.

Gelebte Tradition – **Residenz Café 9**: s. S. 28.

Junge Küche – **Restaurant Charlotte 10**: s. S. 28.

Küche der Toskana – **Versilia 11**: Frauentorstr. 17, Tel. 77 03 59, www.versilia-weimar.de, tgl. 11–24 Uhr, Hauptgerichte 6–17 €. Ein Stück italienische Lebensart in Weimar. Toskanische Küche mit Pasta, Pizza, Aufläufen, Fisch und Fleisch sowie Weinen der Mittelmeerregion. Mo–Fr 12–15 Uhr gibt es neben der Tageskarte ein spezielles Mittagsangebot.

Einkaufen

Buntes Treiben – **Wochenmarkt 1**: s. S. 34.

Alles Ginkgo – **GinkgoLand-Shop 2**: s. S. 110.

Eigene Kreationen – **Goldschmiede Schädlich 3**: s. S. 35.

Exklusiver Schmuck – **Juwelier Oeke 4**: s. S. 35.

Klassiker-Souvenirs – **Museumsladen der Klassik Stiftung 5**: s. S. 34.

Feine Schokoladen – **arko Confiserie 6**: s. S. 33.

Antike Vielfalt – **Antiquitäten am Eckermann-Haus 7**: s. S. 33.

Regionales Porzellan – **Weibo-Manufakturen 8**: s. S. 35.

Weltberühmte Marke – **Meissener Porzellan am Schillerhaus 9**: s. S. 35.

Für Genießer – **Teeboutique am Schillerhaus 10**: s. S. 33.

Kleine Vielfalt – **Schillerkaufhaus 11**: s. S. 34.

Krawatten – **Kaiser-Krawatte 12**: s. S. 34.

Schönes Altes – **Antiquitäten am Schloss 13**: s. S. 33.

Aktiv & Kreativ

Malen und Gestalten – **Mal- und Zeichenschule 1**: Seifengasse 16, Tel. 50 55 24, www.malschule-weimar.de. Ihre künstlerische Kreativität, persönlichen Neigungen, Temperamente und Begabungen können Sie hier ausleben. Ferien- und Wochenendkurse sowie individuelle Angebote auch für Gäste, die sich der Tradition der »Freien Zeichenschule« entsprechend mit künstlerischen Gestaltungen wie Malerei, Zeichnen, Keramik, Druckgrafik, Fotografie, Computergestaltung und experimentellen Techniken auseinandersetzen wollen. Eine Anmeldung ist erforderlich.

Abends & Nachts

Edel – **Elephanten-Bar 1**: Markt 2, Tel. 80 20, tgl. bis 1 Uhr. An der Bar des berühmten Hotels Elephant treffen sich vor allem in den späten Abendstunden Prominente und solche, die sich dafür halten.

Musik und Tanzen – **Theater im Gewölbe 2**: s. S. 40.

Privates Theater – **Galli-Theater 3**: s. S. 40.

Geschichtsträchtiges Theater – **Deutsches Nationaltheater 4**: s. S. 39.

Aus dem Leben und daneben gegriffen – **Kabarett SinnFlut 5**: s. S. 38.

Nördliche Altstadt

Highlights !

Residenzschloss: Mehrere Baumeister haben das Stadtschloss in seiner heutigen Gestalt geschaffen, seine Räume gehören zu den innenarchitektonischen Meisterleistungen des Klassizismus und bergen bedeutende Kunstwerke. Ein Ensemble von europäischem Rang bilden die im 19. Jh. eingerichteten Dichterzimmer. **1** S. 142

Stadtkirche St. Peter und Paul: Martin Luther, Johann Gottfried Herder und viele andere Namen sind mit dem fast nur als Herderkirche bekannten Gotteshaus verbunden, in dem das dreiflügelige Altargemälde von Lucas Cranach d. Ä. den Mittelpunkt bildet. **12** S. 155

Auf Entdeckungstour

Bilder mit Geschichte – das Weimarer Schlossmuseum: Für umfangreiche Ankäufe hatte das kleine Herzogtum kein Geld, aber man pickte sich exquisite Einzelstücke auf dem Kunstmarkt heraus. Peter Paul Rubens, Lucas Cranach d. Ä., Albrecht Dürer, Claude Monet, Caspar David Friedrich und viele andere sind vertreten. S. 146

Wenn alle Brünnlein fließen – eine Brunnenwanderung: Brunnen waren einst eine Lebensnotwendigkeit: Hier versorgten sich die Bürger mit Trinkwasser und tauschten die neuesten Nachrichten aus. Vielerorts mussten sie weichen, doch in Weimar blieben die Brunnen als Geschichtsdenkmale und zur Zierde der Stadt stehen. S. 158

Kultur & Sehenswertes

Goethepavillon im Palais Schardt: Wo Goethe und Charlotte von Stein das erste Mal zusammengetroffen sein sollen, finden kleine Inszenierungen, Lesungen und Konzerte statt. **23** S. 162

Kirms-Krackow-Haus: Der zauberhafte Innenhof mit Galerien an den Seitengebäuden sowie der Biedermeiergarten mit Gartenpavillon versetzen in vergangene Zeiten. **42** S. 172

Aktiv & Kreativ

Radeltour: Am Rollplatz ein Fahrrad ausleihen und damit die flache nördliche Altstadt erkunden. **1** S. 44

Genießen & Atmosphäre

ACC: Treff von Künstlern, Studenten, Touristen, aber auch Bankern und Punkern. **12** S. 150

Orgelmusik: Von Juni bis September erklingt täglich um 12 Uhr für 15 Minuten der mächtige Klang der Sauer-Orgel in St. Peter und Paul. Wer mehr hören möchte, besucht eine Veranstaltung des Weimarer Orgelsommers. S. 157

Abends & Nachts

Studentenclub Kasseturm: Disco, Salsapartys, Jazz-Events oder auch nur gemütliche Bierrunden, in dem stets gut besuchten Club herrscht immer eine tolle Stimmung. **5** S. 165

Durch das alte Weimar

In der nördlichen Altstadt von Weimar wird durch vergangene Jahrhunderte spaziert, weit mehr als im südlichen Teil. Die Gegend um die Jakobskirche war einer der drei Siedlungskerne, aus dem Weimar hervorgegangen ist. Ein weiterer Siedlungskern – der dritte war Oberweimar – wuchs im Schutz einer erstmals Ende des 10. Jh. genannten Burg, die ab Mitte des 17. Jh. Hornstein hieß. An dieser Stelle befindet sich noch heute das mehrfach abgebrannte, um- und wieder aufgebaute Residenzschloss, auch Stadtschloss genannt. Hauptplatz der Stadt war einst der heutige Herderplatz, westlich davon wurden Wohnviertel planmäßig angelegt, in südlicher Richtung dehnte

sich die Siedlung planlos aus. Der Bereich innerhalb der einstigen Stadtmauer hat viel von seiner mittelalterlichen Struktur behalten. Vor der Stadtmauer befanden sich Wassergräben, auf die die heutigen Namen Teichgasse und Graben hinweisen.

Rund um die einstige Residenz

Schlösser bilden in Städten immer einen magischen Anziehungspunkt. Hätte Weimar keinen Goethe und keinen Schiller, wäre das in Weimar sicherlich auch der Fall. So aber stehlen die beiden Dichterfürsten dem Residenzschloss die Show. Eigentlich zu Unrecht. Weimars Stadtschloss, eine imposante Vierflügelanlage, ist als Bauwerk beachtenswert, vor allem aber zieht das Schlossmuseum die Gäste an. Das überrascht mit einer hochkarätigen Kollektion europäischer Kunst vom Mittelalter bis zum Beginn des 20. Jh. Um das Schloss zu erreichen, geht man vom Marktplatz über den Grünen Markt und schon steht man vor dem Bauwerk, das aufs Engste mit der Stadt verbunden ist.

Residenzschloss und Schlossmuseum ! 1

Schloss
Mehrere Baumeister haben an Weimars Residenzschloss Beweise ihres Könnens abgelegt. Die Umgestaltung von einer spätgotischen zur Renaissanceanlage erfolgte ab Mitte des 16. Jh. durch Nikolaus Gromann. Von diesem Bau blieb lediglich der untere Teil

---

Infobox

Reisekarte: ▶ Karte 2

Rundgang
Auch nördlich des Marktplatzes gibt es eine Menge zu sehen und nicht wenig ist mit Goethe und Schiller verbunden. Die Sehenswürdigkeiten liegen ebenfalls dicht beieinander; den Rundgang beginnt man am besten am Marktplatz. Wer weder in die beiden Kirchen schaut, auch auf Museumsbesuche verzichtet, sollte etwa zwei Stunden einplanen – zu Fuß oder mit dem Fahrrad.

Verkehrsmittel
Linienbusse fahren nicht durch die engen Gassen. Am günstigsten ist es, zu Fuß zu laufen, was auf dem relativ kleinen Territorium kein Problem sein sollte. Eine Alternative ist, mit dem Fahrrad auf Tour zu gehen.

des Schlossturms erhalten und die Bastille, wie der zum Markt hin gerichtete Eingangsbau in der Südwestecke bezeichnet wird. Das heutige klassizistische Aussehen als Dreiflügelanlage erhielt das Schloss nach einem Brand von 1774. 1803 kehrte die herzogliche Familie aus ihrem »Ausweichquartier«, dem Fürstenhaus, wieder in ihre Residenz zurück. Lange Zeit fehlte es offensichtlich an Geld, um den zum Park hin geöffneten Schlosshof zu schließen. Kurz vor Ausbruch des Ersten Weltkriegs war dann soviel in der Kasse, dass 1913/14 der Flügel an der Südseite im neobarocken Stil erbaut werden konnte. Das Schloss war bis 1918 Residenz der Großherzöge Sachsen-Weimar-Eisenach, die Kunswerke des Weimarer Fürstenhauses sind seit 1923 als Museum für die Öffentlichkeit zugänglich.

Schlossmuseum

Museum Di–So April–Okt. 10–18, Nov.–März 10–16 Uhr, Eintritt 6 €, erm. 5 €, www.klassik-stiftung.de
Der großzügige, mit viel plastischem Schmuck versehene **Treppenaufgang** sowie der große **Festsaal** im ersten Geschoss, auch Weißer Saal genannt, sind innenarchitektonische Meisterleistungen des Klassizismus. Geschaffen hat sie der damals in Berlin tätige Heinrich Gentz. Goethe regte an, den Baumeister nach Weimar zu holen.

Wer diese klassizistischen Glanzpunkte sehen möchte, kommt nicht umhin, eine Eintrittskarte ins Schlossmuseum zu lösen. Das zeigt in mehr als 70 Räumen neben dem historischen Interieur europäische Malerei, Grafik und Plastik vom Mittelalter und der Reformationszeit bis zur Moderne um 1900, darunter im Erdgeschoss eine bedeutende Cranachsammlung und eine Kollektion wertvoller russischer Ikonen (s. S. 147). Zu Ehren von Goethe, Schiller, Wieland und Herder ließ Großherzogin Maria Pawlowna zwischen 1835 und 1847 **Dichterzimmer** einrichten. Diese Räume im Westflügel sind ein Zeugnis für die im 19. Jh. gepflegte Erinnerungskultur und stellen ein Ensemble von europäischem Rang dar. Die Goethe-Galerie beispielsweise entstand nach einem Entwurf von Karl Friedrich Schinkel, dem damals bedeutendsten deutschen Künstler. Die Räume schmücken großflächige, romantisierende Wandmalereien. Die Malereien im Wielandzimmer hat Friedrich Preller d. Ä. in Temperatechnik geschaffen – er wählte dazu Szenen aus Werken Wielands aus. Die Dichterzimmer waren bereits bei ihrer Entstehung zur öffentlichen Besichtigung bestimmt, also nicht als fürstliche Wohn- oder Repräsentationsräume gedacht.

In der Beletage steht in den klassizistischen Räumen die Malerei und Plastik der Goethezeit im Mittelpunkt. Im zweiten Obergeschoss hängen die Gemälde von Schülern und Lehrern der 1860 von Großherzog Carl Alexander gegründeten Kunstschule, die zunächst nur Maler ausbildete. Als »Weimarer Malerschule« ging sie in die Kunstgeschichte ein. 1910 wurde die Schule zur Hochschule für bildende Kunst. Von der ursprünglichen Ausstattung des Schlosses sind Möbel zu sehen, die Herzog Carl August erwarb, als das Schloss nach dem Brand neu möbliert werden musste; andere und oftmals sehr wertvolle Stücke stammen aus der umfangreichen Mitgift der Zarentochter Maria Pawlowna, darunter das 1803 in St. Petersburg gefertigte Prunkbett.

Im Erdgeschoss sieht man einiges aus der herzoglichen Kunst- und Wunderkammer, die um 1700 von Herzog Wilhelm Ernst eingerichtet wurde und etwa 1500 Objekte ent- ▷ S. 149

Nördliche Altstadt

Sehenswert

Essen & Trinken

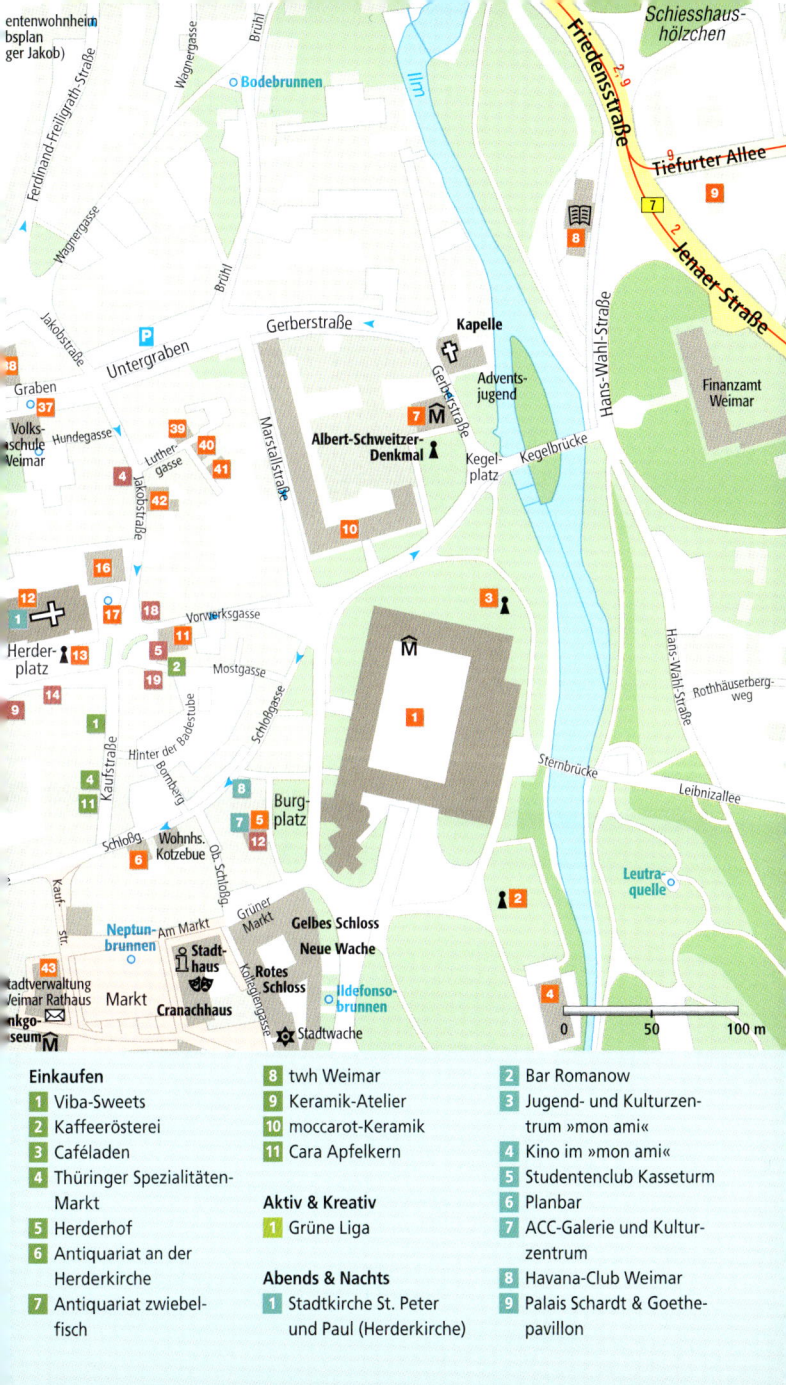

Einkaufen

1. Viba-Sweets
2. Kaffeerösterei
3. Caféladen
4. Thüringer Spezialitäten-Markt
5. Herderhof
6. Antiquariat an der Herderkirche
7. Antiquariat zwiebel-fisch
8. twh Weimar
9. Keramik-Atelier
10. moccarot-Keramik
11. Cara Apfelkern

Aktiv & Kreativ

1. Grüne Liga

Abends & Nachts

1. Stadtkirche St. Peter und Paul (Herderkirche)
2. Bar Romanow
3. Jugend- und Kulturzentrum »mon ami«
4. Kino im »mon ami«
5. Studentenclub Kasseturm
6. Planbar
7. ACC-Galerie und Kulturzentrum
8. Havana-Club Weimar
9. Palais Schardt & Goethe-pavillon

Auf Entdeckungstour

Bilder mit Geschichte – durchs Weimarer Schlossmuseum

Es sind keine geschlossenen Sammlungen, die das Weimarer Schlossmuseum besitzt. Für umfangreiche Ankäufe hatte das kleine Herzogtum kein Geld, aber man pickte sich exquisite Einzelstücke heraus. Die großen Werke, die das kleine Weimar besitzt, rufen bei den Besuchern oft Staunen hervor – nicht zuletzt durch ihre einmalige Geschichte.

Zeit: mindestens 2 Stunden.

Planung: geöffnet Di–So April–Okt. 10–18, Nov.–März 10–16 Uhr, Tel. 54 59 60, www.klassik-stiftung.de, Eintritt 6 €, erm. 5 €.

Start: Am Eingang im Innenhof des Residenzschlosses **1**, Burgplatz 4

Russische Ikonen im Exil

Zu den ganz großen Kunstwerken gehört die Sammlung russischer Heiligenbilder. Bereits Goethe bemühte sich, russische Ikonen zu erwerben: Recht erfolgreich war er nicht, lediglich drei Elfenbeinikonen konnten 1818 gekauft werden. Wenn Weimar heute dennoch über eine der beeindruckendsten Ikonensammlungen verfügt, dann ist das dem Weimarer Kaufmannssohn und Juristen Dr. Georg Haar zu verdanken. Nach der kommunistischen Revolution in Russland gelangten viele Heiligenbilder nach Westeuropa, für die sich bis dahin kaum jemand interessiert hatte. Dr. Haar erwarb sie – manches Geschäft lief direkt über die sowjetische Handelsvertretung in Berlin. Rund 100 gemalte Holzikonen und gegossene Metallikonen des 15. bis 19. Jh. füllten bald die Räume seiner Villa und gelangten nach Haars Freitod im Jahr 1945 in das Weimarer Schlossmuseum, wo im Erdgeschoss eine Auswahl der Sammlung gezeigt wird.

Die Entführung Cranachs

Cranach und Weimar gehören zusammen. Deshalb sieht man in der Cranach-Galerie im Erdgeschoss in drei Räumen etwa zwanzig Arbeiten des Wittenberger Hofmalers. Der war seinem Dienstherrn Herzog Johann Friedrich ins Exil gefolgt und hatte sich bei seiner Tochter Barbara am Weimarer Marktplatz einquartiert, wo er 1553 verstarb. Mit »Martin Luther als Junker Jörg« besitzt das Schlossmuseum eins der bekanntesten Bildwerke von Lucas Cranach d. Ä. Es zeigt den Reformator mit Bart und in der Verkleidung als Junker Jörg und ist alter ernestinischer Besitz.

Schätze rufen oftmals Ganoven auf den Plan. So war es auch bei den Weimarer Cranach-Bildern. In der Nacht vom 12. zum 13. Oktober 1992 schrillte die Alarmanlage. Als der Wachmann den Raum erreicht hatte, waren die Diebe bereits mit acht Cranach-Bildern verschwunden. Blitzschnell hatten sie die Bilder abgehängt, die nicht auf Leinwand, sondern auf vier bis neun Zentimeter dicke Rotbuchenplatten gemalt sind und nicht zusammengerollt werden mussten. Es sind weltbekannte Bilder, die deshalb als unverkäuflich gelten.

Weimar erlebte den größten deutschen Kunstraub nach dem Zweiten Weltkrieg – das Städtchen geriet wieder einmal in die Schlagzeilen. Die Polizei löste sofort eine Ringfahndung aus, Interpol wurde eingeschaltet, rund 9000 Hinweise gingen ein. Wenige Wochen später konnten fünf Männer verhaftet und die Bilder sichergestellt werden. Nach sorgfältiger Restaurierung ist von den tiefen Kratzern und Holzabsplitterungen, die bei dem Raub entstanden waren, nichts mehr zu sehen.

Geschenke aus dem Herrscherhaus

Wahre Schätze finden sich auch in der Beletage des Museums, darunter »Die Stickerin« von Georg Friedrich Kersting. Herzog Carl August erwarb das Gemälde 1811 auf Veranlassung Goethes. Modell saß die spätere Hofmalerin Louise Seidler. Goethe hatte deren Talent entdeckt und ihr einen Studienaufenthalt in Dresden ermöglicht, wo sie Kersting kennenlernte.

Zu den noch nicht lange in Weimar ausgestellten Kunstwerken gehört dagegen »Cornelia, Mutter der Cracchen« (1785) der von Goethe verehrten Angelika Kauffmann. Denn das Ölgemälde, das Goethe in seiner »Italienischen Reise« als »eine natürliche und sehr glückliche Komposition« beschreibt, konnte erst 1994 mit Unterstützung der Kulturstiftung der Länder und der Ernst-von-Siemens-Kunststiftung erworben werden.

Zahlreiche Kunstschätze, darunter etliche Lucas-Cranach-Bilder, hat Großherzogin Maria Pawlowna erworben. Als geborene russische Großfürstin und Zarentochter verfügte sie über beträchtliche Geldmittel und erwies sich in Weimar als großzügige Mäzenin. Diese Tradition setzte ihre Schwiegertochter Sophie fort. Die niederländische Prinzessin hatte sich 1842 mit ihrem Cousin, Erbgroßherzog Carl Alexander, vermählt. Beide bemühten sich, dem politisch bedeutungsarmen Großherzogtum, das nach dem Tod Goethes viel von seinem Glanz verloren hatte, auf dem Gebiet der Kunst erneut zu Ansehen zu verhelfen. Die Kleinstadt Weimar vermochte das finanziell nicht, sie konnte kaum die vielen materiellen und geistigen Werte pflegen, erschließen und der Öffentlichkeit zugänglich machen. Sie war auf das Mäzenatentum des Herzogshauses angewiesen, so wie heutzutage auf Landes- und Bundesmittel.

Zu den hochkarätigen Bildern, die Großherzogin Sophie zu verdanken sind, zählt Rubens »Die Heilige Dreieinigkeit« (1616/17). Die Großherzogin ließ verwandtschaftliche Beziehungen spielen und konnte das Bild aus der Sammlung ihres Vaters Wilhelm II., König der Niederlande, erwerben und 1872 den Kunstsammlungen übergeben. Einem bis heute Unbekannten muss das Kunstwerk allerdings vor dem Erwerb nicht so recht gefallen haben, denn an allen Seiten wurde die Leinwand beschnitten: So verschwand am oberen Rand eine Taube, die sich nur noch durch die nach oben schauenden drei Engel erahnen lässt.

Weimarer Malerschule

In der zweiten Etage des Nordflügels hängt die fröhlich-impressionistische Kunst von Schülern der Großherzoglichen Kunstschule, die als »Weimarer Malerschule« in der Kunstgeschichte bekannt wurde und 1919 im Staatlichen Bauhaus aufging. Gepflegt wurde vor allem die realistische Landschafts- und Genremalerei, zu der Christian Rohlfs 1898 gemaltes Bild »Belvederer Allee im Hochsommer« gehört. Der Künstler schenkte das Ölgemälde Großherzog Carl Alexander. Es war wohl der Dank Rohlfs dafür, dass er, durch Stipendien gefördert, die Kunstschule besuchen konnte und man ihm kostenlos ein Atelier zur Verfügung gestellt hatte. Auch Max Beckmann, von dem das Bild »Junge Männer am Meer« (1905) zu sehen ist, studierte an der Kunstschule. Der große Max Liebermann lehnte es für die Ausstellung der Künstlergruppe Berliner Secession ab. Dass das Gemälde heute in Weimar hängt, ist Harry Graf Kessler zu danken, dem berühmten Förderer der modernen Kunst. Der erwarb es für das Großherzogliche Museum für Kunst und Kunstgewerbe.

Heimgekehrt

Seit dem Zweiten Weltkrieg sind zahlreiche, damals in das Schloss Schwarzburg ausgelagerte Kunstwerke verschollen. Eines von ihnen konnte in den USA aufgespürt werden. Es kehrte im Jahr 2000 nach Weimar zurück und wird im Erdgeschoss im ersten Raum neben den beiden berühmten Dürerbildnissen Hans und Felicitas Tucher gezeigt: Jacopo de Barbaris »Christuskopf« (1503). Das von dem geborenen Venezianer gemalte Werk war als Geschenk der Großherzogin Maria Pawlowna 1838 ins Residenzschloss gekommen.

hielt. Gezeigt werden unter anderem ein Bergwerk in einer großen Flasche mit einem Drehmechanismus vom Anfang des 18. Jh. und eine Radschlosspistole als Trinkgefäß aus Glas und Zinn aus dem 17. Jh.

Große Vorhaben

Gegenwärtig wird das Residenzschloss umfassend saniert, die Arbeiten werden vermutlich bis zum Jahr 2017 dauern. Das Schloss soll Zentrum der Weimarer Museumslandschaft werden, sozusagen die Klammer zu allen anderen Einrichtungen bilden. Das Besucherzentrum der Klassik Stiftung wird hier einziehen und die Dauerausstellung »Kosmos Weimar« entstehen. In den authentischen Räumen möchte man die kulturelle Überlieferung von der Renaissance bis zur Abdankung der Monarchie im Gesamtzusammenhang präsentieren und dem Besucher zeigen, wie vielfältig die Weimarer Museumslandschaft ist und wie umfangreich die Sammlungen sind.

Die großherzoglichen grafischen Sammlungen sowie Goethes grafischen Sammlungen werden in den kommenden Jahren zum Kupferstichkabinett zusammengeführt, das ungefähr 150 000 druckgrafische Blätter und rund 60 000 Handzeichnungen umfassen wird. In den historischen Gästezimmern des Schlosses werden wechselnde Ausstellungen zu sehen sein.

Die vielen zur Klassik Stiftung gehörenden Bauten fürstlichen Ursprungs werden das im Stadtschloss Dargebotene vertiefen, beispielsweise ist im Schloss Belvedere eine Ausstellung zur Repräsentationslust und Prachtentfaltung eines absolutistischen Herrschers geplant. Nach dem Umbau soll das Residenzschloss und nicht mehr Goethes Wohnhaus der erste Anlaufpunkt für Touristen sein.

Rund um das Schloss

An der südöstlichen Ecke des Stadtschlosses, dem Ilmpark zugewandt, steht das **Louis-Fürnberg-Denkmal** **2**. Die vom Prager Bildhauer Martin Reiner modellierte Bronzebüste entstand 1961. Sie erinnert an den jüdischen Dichter und Kulturpolitiker Louis Fürnberg (1909–57), den ersten Botschaftsrat der Tschechoslowakei in der DDR. 1951 kam er zum ersten Mal nach Weimar und war von der »Atmosphäre dieser einzigartigen Stadt« angetan. Drei Jahre später siedelte Fürnberg in die DDR über und war in Weimar bis zu seinem Tod stellvertretender Direktor der damaligen Nationalen Forschungs- und Gedenkstätten. Gewohnt hat er im Haus Rainer-Maria-Rilke-Straße 17. Fürnberg schrieb Lyrik und Prosa, sein Gedicht »Alt möchte ich werden wie ein alter Baum ...« diente den Puhdys, der Kultband des Ostens, als Vorlage für ihren gleichnamigen Hit.

Zwischen der nordwestlichen Schlossecke und der Kegelbrücke hat man 1956 das **Adam-Mickiewicz-Denkmal** **3** von Gerhard Thieme aufgestellt. Der überlebensgroß dargestellte Begründer der polnischen Romantik (1798–1855) und große Goetheverehrer war 1829 Gast der Geburtstagsfeier des Dichters. Der hatte der Pianistin Maria Szymanowska, deren Tochter Mickiewicz geheiratet hatte, eine der Marienbader Elegien gewidmet.

Reithaus **4**

Vom Schloss aus schaut man auf das ehemalige fürstliche Reithaus (1715–18) am Rand des Parks an der Ilm. Das im Barockstil errichtete Bauwerk wurde 1803/04 klassizistisch überformt und damit dem Schloss angeglichen. 1920 verwandelte sich das Reithaus in ein Verwaltungsgebäude für die neuen Thüringer Landesbehörden, zu DDR-Zeiten war es als »Haus der Pioniere« für Kinder reserviert. In Vorbereitung des Kulturstadtjahrs wurde es restauriert, seitdem hat die Europäische Jugendbildungs- und Jugendbegegnungsstätte hier ihre Heimstatt gefunden.

ACC 5 12 7

Burgplatz 1, www.acc-weimar.de
Am Burgplatz, dem Schlossturm schräg gegenüber und ein wenig durch Bäume verdeckt, trifft man sich im ACC, dem Alternativen Cultur-Centrum. Das ACC mit Restaurant und Galerie gehört heute zu Weimar wie das Goethe- und das Schillerhaus. Es ist Treff von Künstlern, Studenten, Touristen, aber auch von Bankern und Punkern. Man frühstückt gegen Mittag, gönnt sich am Nachmittag das preiswerte, täglich wechselnde Tagesgericht, sitzt am Abend bei Bier und Wein zusammen und diskutiert bis in die Nacht über Gott und die Welt. Oder man besucht eine der vielseitigen Veranstaltungen, von denen etwa 150 jährlich im Kalender verzeichnet sind.

1988, also noch zu DDR-Zeiten, besetzten Studenten das damals verkommene Haus, in dem einst Goethe seine erste Stadtwohnung genommen hatte. Nach der Einheit wurde es vom nunmehrigen ACC preiswert erworben und wieder bewohnbar gemacht. Später mietete man im Nachbarhaus Räume an und richtete neben der Kleinen Galerie noch die Große Galerie ein. Dort wird auch Theater gespielt, Kabinettstücke der kleinen und hautnahen Form werden aufgeführt.

Haus mit der Palme 6

Vom ACC am Schloss ein wenig bergab gehend kommt man zum Kegelplatz. Vorher empfiehlt sich ein kleiner Abstecher zur Schlossgasse 4, dem barocken Haus mit der Palme. Die Wappentafel über der Eingangstür des Bürgerhauses von 1728 zeigt das Symbol der Fruchtbarkeit und des Friedens. In dem Haus ging Johann Gottfried Herder ein und aus, denn es war Sitz des Oberkonsistoriums, der obersten Kirchenbehörde des Herzogtums, der Herder seit 1776 vorstand.

Am Nachbarhaus Schlossgasse 6 informiert eine Gedenktafel: »Hier wohnte **August Fr. Ferdinand von Kotzebue.** Geb. 1761, gest. 1819«. Kotzebue, einer der erfolgreichsten deutschen Bühnenautoren seiner Zeit, hatte in Weimar das Gymnasium besucht.

Von allen Bürgern Weimars des 18. und 19. Jh. dürfte Kotzebues Lebenslauf der spektakulärste sein: Sekretär des Generalgouverneurs von St. Petersburg, 1785 geadelt, 1800 nach Sibirien verbannt, 1803 mit Goethe zerstritten, weil der für eine Inszenierung des Lustspiels »Die deutschen Kleinstädter« einige Veränderungen vorgenommen hatte, ab 1817 erneut im Dienste des Zaren stehend, als russischer Spion verdächtigt, deshalb in Mannheim von einem Jenaer Burschenschaftler ermordet.

Albert-Schweitzer-Gedenkstätte 7

Kegelplatz 1, Mo–Fr April–Okt. 11–17, Nov.–März 11–16 Uhr, Eintritt frei, www.albert-schweitzer-weimar.de
Albert Schweitzer (1875–1965), der berühmte Urwalddoktor, ist nie in Weimar gewesen. Dennoch hat Weimar eine Albert-Schweitzer-Gedenk- und Begegnungsstätte. Als einzige dieser Art in Deutschland erinnert sie an den großen Humanisten, den Friedensnobelpreisträger von 1952. Schweitzers sachkundige Aufsätze und Reden über Goethe sowie musikwissenschaftlichen

Forschungen, u. a. zu Johann Sebastian Bach, waren ausschlaggebend dafür, in der Kulturstadt diese Gedenkstätte zu eröffnen. In der Ausstellung erfährt man viel über die Lebensstationen des Arztes und sein Urwaldspital in Lambarene im afrikanischen Gabun.

Eingerichtet wurde die Gedenkstätte in einem spätbarocken Bürgerhaus von 1754, das von 1770 bis zu seinem Tode 1787 vom Weimarer Gymnasialprofessor Carl August Musäus bewohnt wurde, der bereits lange vor den Gebrüdern Grimm deutsche Volksmärchen sammelte. Das Albert-Schweitzer-Komitee erwarb Anfang der 1980er-Jahre das historische Gebäude und rettete es vor dem Verfall. Das **Albert-Schweitzer-Denkmal** (1968) vor dem Haus von Gerhard Geyer – es war das erste Denkmal auf der Welt, das an den Humanisten erinnert – zeigt den Urwalddoktor in Arztkittel mit Tropenhelm zusammen mit einer afrikanischen Frau und deren zwei Kindern.

Goethe-Schiller-Archiv 8

Hans-Wahl-Str. 4, für wissenschaftliche Benutzung geöffnet Mo–Do 8.30–18, Fr 8.30–16 Uhr, www.klassikstiftung.de

Ein Abstecher führt über die Kegelbrücke zu dem hoch über der Ilm stehenden größten deutschen Literaturarchiv. es war auch das erste, das in Deutschland erbaut wurde. In ihm werden die »Krondiamanten des deutschen Geistes« aufbewahrt, wie der Philologe Prof. Dr. Max Hecker (1870–1948) die Handschriften von Goethe und Schiller bezeichnete. Die UNESCO hat den literarischen Nachlass von Goethe 2002 in das sogenannte Weltgedächtnis aufgenommen, das Memory of the World. Mehr als 120 Nachlässe von Dichtern und Gelehrten werden im Archiv verwahrt.

Goethes letzter Erbe, der Enkel Walther, vermachte den schriftlichen Nachlass des Dichters 1885 der Großherzogin Sophie von Sachsen-Weimar-Eisenach. Vier Jahre später brachte man in das von der Großherzogin gegründete Archiv auch den handschriftlichen Nachlass Schillers. 1896 bezog die Sammlung ein eigenes Gebäude. Dem Wunsch der Großherzogin entsprechend wurde es nach dem Vorbild des Schlosses »Petit Trianon« im Park von Versailles gestaltet. Heute besitzt das Goethe- und Schiller-Archiv mehr als eine Million Autografen von mehr als 3000 Persönlichkeiten, darunter die von Wieland, Herder, Eduard Mörike, Friedrich Hebbel, Heinrich Heine und Friedrich Nietzsche. Wissenschaftler aus aller Welt nutzen das Archiv für ihre Arbeit.

Altenburg 9

Dem Archiv schräg gegenüber steht an der Jenaer Straße die Altenburg, Musikfreunden gewiss ein Begriff. Wer jedoch eine majestätische Burganlage sucht, wird enttäuscht sein. Die Altenburg ist ein 1811 erbautes Haus und seiner Architektur wegen nicht erwähnenswert. Zur Sehenswürdigkeit wurde sie, weil in ihm viele Jahre Franz Liszt ein- und ausging. 1848 war die Fürstin Carolyne von Sayn-Wittgenstein (1819–87) mit ihrer kleinen Tochter Marie in das herrschaftliche Gebäude (1810/11) gezogen, Großherzogin Maria Pawlowna hatte es ihr zur Verfügung gestellt. Ihr Lebensgefährte Franz Liszt hatte sich jedoch in einem Hotel einquartiert, weil die Fürstin noch verheiratet war und man das Weimarer Bürgertum nicht gegen sich aufbringen wollte.

Als die Scheidung in weite Ferne rückte, zog Liszt 1850 entgegen der damaligen Etikette zu seiner Partnerin in das geräumige Privatpalais. Hier

Lieblingsort

Oase der Entspannung

Im Frühjahr grünt und blüht es in den schönsten Farben in **Herders Hausgarten** 15. Später dann leuchten die Rosen, die Herder so sehr mochte. Faszinierend sind nicht nur die nach historischem Vorbild wieder angelegten Beete und Blumenrabatten, sondern der Garten als solcher. Die Natürlichkeit mitten in der Altstadt, die grüne Insel. Man riecht den Duft der Blüten, lauscht dem Rascheln der Blätter, beobachtet die Vögel, schließt die Augen, entspannt sich und stellt sich vor, wie die Herder-Familie Blumen pflückte und Gemüse erntete. Je größer die Familie wurde – zuletzt waren es acht Kinder –, desto mehr mussten Herders geliebte Blumen Obstbäumen, Beerensträuchern und Gemüsebeeten weichen. Der Pfarrgarten war für die Ernährung der großen Familie immens wichtig.

lebte er bis zur Abreise nach Rom 1861. In dieser Zeit entwickelte sich die Altenburg durch das künstlerische und kulturpolitische Engagement des Musikers sowie die gesellschaftliche Ausstrahlung seiner adeligen Partnerin zu einem europaweiten Forum des intellektuellen Austauschs von Künstlern und Kulturinteressierten. Besucher waren Persönlichkeiten wie der Architekt Gottfried Semper, der Bildhauer Ernst Rietschel, der Komponist Johannes Brahms und die Dichter Friedrich Hebbel und Hoffmann von Fallersleben. Gemeinsam wurde diskutiert, gespeist und gefeiert.

Ausgewählte Schüler von Liszt, so der Komponist Peter Cornelius (1824–74) und der Pianist Hans von Bülow (1830–94), wohnten in der Altenburg. Als der wegen seiner Teilnahme am Dresdner Aufstand steckbrieflich gesuchte Richard Wagner am 13. Mai 1849 in Weimar eintraf, fand er bei Liszt in der Altenburg gastliche Aufnahme. Der Musiker verhalf ihm zu einem falschen Pass, mit dem Wagner in die Schweiz fliehen konnte.

Im 20. Jh. diente die Altenburg Wohnzwecken. Nach umfassender Sanierung wird seit 2000 im ersten Obergeschoss die Flucht aus Rotem, Blauem und Weißem Salon von der Musikhochschule »Franz Liszt« genutzt. Den Namen Altenburg erhielt das Haus übrigens von der frühmittelalterlichen Fluchtburg Aldenburgk, die einst auf diesem Bergrücken gestanden hat.

Marstall 10

Über die Kegelbrücke zurückgehend, vorbei an der Albert-Schweitzer-Gedenk- und Begegnungsstätte, kommt man zum Marstall, einem gewaltigen Neorenaissance-Gebäude Kegelplatz/ Ecke Marstallstraße, das die Nationalsozialisten in ihre Topografie des Terrors einbezogen hatten: Von 1937–45

befand sich hier die Gestapozentrale, in der verhört und gefoltert wurde. Als Provisorium hatte man im Hof eine Verwaltungsbaracke errichtet, die bis zum Umzug der Gestapo in das geplante Gauforum bestehen bleiben sollte.

Die einstige Remise war zum Gefängnis umgebaut worden. Welche kaum vorstellbaren Zustände hier herrschten, hat Karl Barthel überliefert, der 1944 dort als Häftling einsaß: »Unsere Zelle ... war knapp zehn Quadratmeter groß und wimmelte von Menschen, die teils standen, teils auf dem Fußboden kauerten. Ich zählte siebzehn! Das Klosett diente verschiedenen Zwecken. Die Insassen verrichteten auf ihm nicht nur ihre Notdurft, sondern benutzten es auch zum Waschen von Taschentüchern und Unterwäsche und zum Erfrischen des Gesichts und der Hände ...«

Im November 1997 wurden in einer öffentlich umstrittenen Aktion die Gestapobaracke und das Gefängnis abgerissen, »zermahlen«, wie es offiziell heißt. Sie standen geplanten Erweiterungsarbeiten im Weg. Die Grundrisse der beiden Gebäude machte man im Innenhof jedoch als **begehbare Erinnerungsstätte** sichtbar. Auf ihr wurden die zerkleinerten Steine des Gefängnisses und die Holzschnitzel der Gestapobaracke als »Zermahlene Geschichte« zusammen mit Feinkies aufgebracht.

Der 1878 erbaute Marstall war bis 1918 Hofpoststall und Kurierstation, später Volksbildungsministerium und Justizministerium des Landes Thüringen. Heute nutzt das Thüringische Hauptstaatsarchiv die Räume. Das älteste hier aufbewahrte Dokument stammt von 944 und trägt Unterschrift und Siegel von Otto I., dem Herzog der Sachsen und späteren Kaiser des Heiligen Römischen Reiches.

Deutschritterhaus 🔢11

Durch die Vorwerksgasse führt der Weg zum Deutschritterhaus. In ihm wohnte die Sängerin und Schauspielerin Caroline Jagemann (1777–1848). Der Jagemann jubelte Weimar zu, die üppige Blondine war ein Bühnenstar. Goethe hatte sie 1797 an das Theater geholt. Herzog Carl August begeisterte sich für sie, wollte sie haben und bekam sie auch. Die Jagemann wurde seine Mätresse, 1808 schenkte er ihr das Vorwerkshaus, ein prachtvolles Renaissancegebäude von 1566 an der Ecke Herderplatz/Vorwerksgasse. Das Geschenk war sicherlich wohl bedacht, denn vom Schloss hatte es der Herzog nicht weit bis zum Schlafzimmer der Jagemann, mit der er drei Kinder hatte. Als Dank für ihre Liebesdienste wurde sie in den Adelsstand erhoben. Als nunmehrige Freifrau von Heygendorf plusterte sie sich mächtig am Theater auf, intrigierte vor allem gegen Intendant Goethe. Als sie im April 1817 gegen Goethes Willen den Auftritt eines Pudels in dem Stück »Der Wald bei Bondy« durchsetzte, war das dem Herrn Oberdirektor zu viel. Goethe, der bereits seit seiner Kindheit eine Abneigung gegen Hunde hatte, legte daraufhin die Leitung des Theaters nieder.

Die Giebelfassade des stattlichen Hauses gehört zu den schönsten in Weimar. Ob jedoch der Deutschritterorden das Haus je besessen hat, konnte bis heute nicht nachgewiesen werden. Im Erdgeschoss befindet sich das Fischspezialitätenrestaurant **»Gastmahl des Meeres«** 🔢5. In den 1960er-Jahren ließ die DDR-Regierung im gesamten Land Fischrestaurants einrichten. Das erste von später einmal 34 öffnete nicht, wie man vermuten könnte, an der Ostseeküste, sondern am 26. Juli 1966 in Weimar am Herderplatz 16. Und hier befindet es sich heute noch.

Vom Herder- zum Goetheplatz

Die Gegend um den Herderplatz strahlt typisches Kleinstadtflair aus. Ein wenig ins Mittelalter zurückversetzt fühlt man sich, wenn eine Kutsche mit Touristen über das Kopfsteinpflaster rumpelt. Ist am Herderplatz alles besichtigt, geht man durch schmale Straßen zum Goetheplatz und von hier zum ältesten Teil von Weimar, aus dem die Jakobskirche herausragt.

Herderplatz

Wer vor dem Deutschritterhaus steht, hat den Herderplatz vor sich. Eine der bekanntesten Ecken von Weimar mit Atmosphäre. Als Töpfermarkt war er bis Ende des 14. Jh. der zentrale Platz der Stadt. Markt konnte jedoch nur beschränkt abgehalten werden, weil sich hier bis 1530 der städtische Friedhof befand. Lebhaft ging es jedoch immer zu, denn am Herderplatz – diesen Namen erhielt der Freiraum 1850 mit der Aufstellung des Herder-Denkmals – kreuzten sich die durch Weimar führenden Nord-Süd- und Ost-West-Verbindungen.

Stadtkirche
St. Peter und Paul ❗ 🔢12

April–Okt. Mo–Sa 10–12, 14–16, So 11–12, 14–16, Nov.–März tgl. 11–12, 14–16 Uhr, www.ek-weimar.de

Der offizielle Name Stadtkirche St. Peter und Paul ist in Weimar kaum zu hören, man spricht von der **Herderkirche,** weil Johann Gottfried Herder (1744–1803) als Generalsuperintendent und Oberpfarrer an der Stadtkirche wirkte. Im August 1787 lauschte Friedrich Schiller einer seiner Predigten: »Am

155

vorigen Sonntag hört ich Herdern zum erstenmal predigen ... die ganze Predigt glich einem Diskurs, den ein Mensch allein führt, äußerst plan, volksmäßig, natürlich. Es war weniger eine Rede als ein vernünftiges Gespräch ... Herders Predigt hat mir besser als jede andere, die ich in meinem Leben zu hören bekommen habe, gefallen.«

Das Bauwerk wurde ab 1498 als gotische Hallenkirche begonnen. Über die Vorgängerbauten, die den Stadtbränden 1299 und 1424 zum Opfer fielen, ist nichts bekannt. Der barocke Umbau erfolgte 1734–45. In der Kirche beeindruckt das **dreiflügelige Altarge-** **mälde,** das Lucas Cranach d. Ä. 1552 in Weimar begann und das nach dessen Tod sein Sohn 1553 fertigstellte. Es ist das letzte große Werk des Künstlers, dessen Werkstatt rund 5000 Gemälde verlassen haben, von denen etwa 1000 der Nachwelt erhalten geblieben sind. Wer wissen möchte, wie der Meister aussah: Neben dem Kreuz auf der Mitteltafel hat Cranach d. Ä. sein Selbstporträt eingefügt, er steht zwischen Johannes dem Täufer und seinem Freund Martin Luther, der mit der Rechten auf den geöffneten Bibeltext zeigt. Zu den zahlreichen Kunstwerken in der Kirche gehört zudem das **Luther-Triptychon** von 1572, das auch Luther-

Die »Klassikerkirche« Weimars: Herder predigte hier, Goethe und Schiller lauschten andächtig seinen Worten

schrein genannt wird. Links ist Luther als Augustinermönch zu sehen, in der Mitte als Magister, rechts als Junker Jörg. Die Arbeit stammt vermutlich von dem etwa 1574 verstorbenen Veit Thiem, dem Sohn einer alten Weimarer Bürgerfamilie. Thiem war Ratsmitglied, Weinmeister und Hofmaler des Herzogs Johann Wilhelm von Sachsen-Weimar.

Da die Stadtkirche auch Grabkirche der Weimarer Herzöge war, sehen wir darin rund 50 teilweise kunstvolle **Grabplatten, Grabsteine** und **Epitaphien.** Als letzte Angehörige des Hofs wurde 1807 Anna Amalia in der Kirche beigesetzt. Im Mittelschiff befindet sich Herders Grab; die Inschrift auf der gusseisernen Platte lautet: »Licht, Liebe, Leben«, Herders Wahlspruch. Aus dem 1533 aufgelösten Franziskanerkloster wurden die drei ältesten Bronzetafeln in die Kirche überführt, darunter die Grabtafel für den Stifter des Klosters, Herzog Wilhelm, der in Ritterrüstung gezeigt wird. Der originale Grabstein von Lucas Cranach d. Ä. kam 1859 vom Jakobskirchhof in die Kirche.

Herder-Denkmal

Vor der Kirche steht das Denkmal für Herder. Enthüllt werden sollte es zum 100. Geburtstag des Wegbereiters der deutschen Klassik 1844. In ganz Deutschland hatte man Geld gesammelt, doch es reichte nicht. Und so konnte das Denkmal erst mit sechsjähriger Verspätung aufgestellt werden. Es war das erste, das man den Klassikern in Weimar widmete. Dass Johann Gottfried Herder 1776 nach Weimar kam, hatte Goethe veranlasst. Über Herder schrieb Wieland in einem Brief im November 1776 an den Philosophen Friedrich Jacobi: »Von Herder wollte ich gerne viel schreiben, denn meine ganze Seele ist voll von dem herrlichen Manne ... Aber er ist mir zu groß, zu

Unser Tipp

Orgelmusik

Von Juni bis Sept. drängen sich abends die Besucher in der **Stadtkirche St. Peter und Paul,** wenn namhafte Organisten die Königin der Instrumente meisterhaft spielen. Der Weimarer Orgelsommer ist seit Jahren ein fester Programmpunkt im Veranstaltungskalender der Stadt. Einen musikalischen Appetithappen holen sich vor allem Tagestouristen, wenn zu den »Mittagsmusiken« von 12 bis 12.15 Uhr der mächtige Klang der Sauer-Orgel das Kirchenschiff erfüllt (Juni–Sept.).

Samstags ist zur gleichen Zeit kostenlos Orgel-Mittagsmusik in der **Jakobskirche** zu hören (Juli–Sept.).

herrlich; ich kann nicht von ihm reden. Und gerade dies, dass sein Geist zu groß ist, ist hier in Weimar eine Art von Unglück für ihn ... außer Goethe, wer ist hier ein Mann für Herder?« Mit Goethe, dem Jugendfreund, hatte Herder später erhebliche persönliche Differenzen, die ihm sehr zusetzten. In den letzten Jahren sollen die beiden überhaupt nicht mehr miteinander kommuniziert haben.

Durch sein unkonventionelles Auftreten hatte sich der Kirchenmann Ablehnung und Sympathie verschafft: Er mochte die Perücke nicht, trug nicht ausschließlich schwarze Kleidung, ging ins Theater und lief im Winter sogar Schlittschuh.

Herderhaus 14

Links hinter der Stadtkirche steht man vor dem um 1550 errichteten und 1726/27 barock umgestal- ▷ S. 161

Auf Entdeckungstour

Wenn alle Brünnlein fließen – eine Brunnenwanderung

Brunnen waren einst eine Lebensnotwendigkeit: Hier versorgten sich die Bürger mit Trinkwasser, wuschen ihre Wäsche und trafen sich, um die neuesten Nachrichten auszutauschen. Vielerorts mussten sie weichen, doch in Weimar blieben zahlreiche Brunnen als Geschichtsdenkmäler und zur Zierde der Stadt stehen. Wenn sie fließen, freut das Einheimische und Touristen gleichermaßen.

Zeit: rund 60 Minuten.

Planung: Brunnen haben keine Öffnungszeiten, es kann also losmarschiert werden, wann immer man möchte (www.weimarer-brunnen.de).

Start: Am Herderbrunnen vor dem Alten Gymnasium am Herderplatz, hier endet auch die Tour.

Historische Brunnen sind kleine Denkmäler mit Geschichte und Geschichten. Vor allem aber sind sie Wasserspender; sie plätschern, sprudeln und rauschen Tag und Nacht. In Weimar spenden sie klares, reines Wasser: Die meisten Brunnen erhalten es aus dem Rabenwäldchen in Weimar-West. Schon seit etwa 200 Jahren fließt es von hier zum Goetheplatz und durch Abzweigungen zum Graben, zum Teich- und zum Herderplatz. Brunnen sind erstmals 1596 auf einem Weimarer Stadtplan verzeichnet, darunter einer auf dem Holzmarkt, dem heutigen **Herderplatz**. Dessen Brunnentrog war 1823 so undicht geworden, dass der Großherzogliche Baudirektor Coudray festlegte: »Gänzlich abtragen und wieder zusammenkitten.« Schließlich entschied man sich sogar für einen neuen gusseisernen Brunnen, der 1831 aufgestellt wurde. Er bekam den Namen **Herderbrunnen** [17], vielleicht, weil die Familie Herder ganz in der Nähe wohnte und von dem Brunnen ihr Wasser holte, vielleicht aber auch, weil Platz und Kirche nach dem großen Philosophen benannt sind.

Wasser auf Röhrenfahrt

1784 gab es in Weimar etwa 30 öffentliche Brunnen. Das Wasser floss durch ausgehöhlte Fichtenstämme, »Röhrenfahrten« sagen die Fachleute zu diesen Leitungen, kilometerweit von Quellen am Stadtrand. Ihre Bedeutung verloren die Brunnen, als man ab 1884 Wasserleitungen verlegte. Glücklicherweise ließen die Stadtverantwortlichen die meisten Brunnen stehen; ab 1984 begann man, sie zu restaurieren. Die meisten historischen Brunnen erhalten wie in früheren Jahrhunderten ihr Wasser von den Stadtrandquellen, auch wenn das Wasser heute nicht mehr durch Fichtenstämme, sondern durch Keramik- oder Gusseisenrohre fließt.

Die »Jagd« nach dem Löwenkopf

Als wohl schönster Brunnen in Weimar gilt der denkmalhafte **Donndorfbrunnen** [20] an der Unteren Geleitgasse/ Ecke Rittergasse. Das Original, bekannt als James-Brunnen, steht seit 1881 in New York am Unionsquare. Weimar erhielt vom Brunnenschöpfer Adolf von Donndorf eine Kopie als Geschenk. Für die überlebensgroße Gruppe der Wasser holenden Mutter mit zwei Kindern stand die Frau des Künstlers Modell, der er die Züge seiner Mutter gab. Mit diesem Werk hat Donndorf Erinnerungen an seine Kindheit festgehalten, denn in der nördlichen Altstadt von Weimar hat er seine Kindheit und Jugend verbracht.

1974 sorgte der imposante Donndorfbrunnen für Aufregung: Eines Morgens fehlten die beiden Wasser speienden Löwenköpfe. Was die Kripo nicht schaffte, brachte eine große Zeitung zustande. Sie konnte einen der bronzenen Löwenköpfe aufspüren,

Die Wasser holende Mutter auf dem Donndorfbrunnen

159

der im nordthüringischen Mühlhausen eine Gartenwand schmückte. Der neue Besitzer hatte ihn für 400 DDR-Mark erworben. Dieser Kopf diente der Kunstgießerei als Vorlage für den Guss des zweiten Wasserspeiers.

Sechs Brunnen hat Großherzogin Maria Pawlowna der Stadt gestiftet, Mäzenin würde man heute zu ihr sagen. Einer davon, der **Geleitbrunnen** 22, schmückt seit 1847 den Platz vor der Geleitschenke, die heute das »Köstritzer Schwarzbierhaus« beherbergt. Und damit die gute Tat der Großherzogin niemals vergessen werde, erhielt der Brunnen an der Säule ein Schild mit dem Monogramm MP und der Krone. In den 1980er-Jahren stellten Brunnenfreunde fest, dass die schlanke Ziervase auf der Brunnenschale nicht so recht zu den Gesamtproportionen des Brunnens passte. Man besorgte sich historische Fotos und staunte. Darauf war die Ziervase erheblich größer. Heute sieht der Brunnen wieder so aus, wie ihn sich die Mäzenin gewünscht hatte.

Für den vierbeinigen Freund
Die Geleitstraße führt zum **Brunnen am Lesemuseum** 28, der 1863/64 seinen Platz dort bekam, wo sich das Erfurter Stadttor befand. Es ist der erste Brunnen, der ein Hundetränke-Becken erhielt. Die Anregung hierzu hatte der Apotheker Theodor Lüdde geliefert, der weithin als Hundeliebhaber bekannt war. Solche Hundetränken sind heute noch an einigen Brunnen erhalten, zur Freude der kleinen und großen Vierbeiner.

Zerstörter Löwenkopf
An der Straße Graben, an der Stadtmauer nahe dem Kasseturm, fließt der **Stadtmauerbrunnen** 33 von 1859, der einst in der Bettina-von-Arnim-Straße

stand. Vom Graben läuft man wenige Schritte nach rechts in die Teichgasse hinein und sieht am Teichplatz den sandsteinernen **Delphinbrunnen** 36 von 1847. Auch er ist ein Geschenk der Großherzogin Maria Pawlowna an die Stadt, Namensgeber sind die vier den Sockel zierenden Delphine.

Die Straße entlang wird der ebenfalls von Maria Pawlowna gestiftete, 5 m hohe **Löwenbrunnen** 37 erreicht. Die Sandsteinarbeit von 1848 mit dem gekrönten Löwen auf der Brunnensäule gehört zu den stattlichsten Wasserspendern Weimars. 1878 und 1983 ließen Übermütige ihre Kräfte an dem Löwen aus: Sie stürzten ihn vom Sockel, zerstört blieb er auf der Straßen liegen. Der Löwe, der heute die Weimarer und ihre Gäste erfreut, ist also bereits der dritte an dieser Stelle.

Pumpen bis heute
Im Hof des Kirms-Krackow-Hauses in der Jakobstraße hat sich ein **Pumpbrunnen** 42 erhalten. Der Knauf am eisernen Pumpenschwengel soll eine Kanonenkugel sein. Die stamme, so erzählt man sich, aus einer Kanone von Napoleons Truppen und sei 1806 abgeschossen worden. Der Brunnen stand schon in dem zauberhaften Innenhof, als Goethe und Schiller durch Weimars Straßen eilten. Die letzte, 1915 verstorbene Besitzerin des Hauses, Charlotte Krackow, versuchte, die Zeit anzuhalten: Sie ließ sich weder Strom noch Wasser ins Haus legen und so blieb der Pumpbrunnen erhalten.

Vom Kirms-Krackow-Haus sind es nur wenige Schritte zurück zum Herderplatz. Wem das bisherige Sprudeln und Plätschern nicht reicht, der sollte sich im südlichen Teil der Altstadt umschauen, den unter anderem der bekannte **Neptun-, der Goethe- und der Gänsemännchenbrunnen** zieren.

teten sogenannten Herderhaus. Wie vor 200 Jahren beherbergt es auch heute noch die Superintendentur. In dem Haus wohnte Herder mit seiner Familie von 1776 bis zu seinem Tod. Der Schriftsteller und Theaterintendant Franz von Dingelstedt (1814–81) hatte 1850 Gelegenheit, das damals noch vorhandene Arbeitszimmer Herders zu sehen: »Am Fenster ... steht ein Schreibpult, morsch, wackelig und nieder ... ein paar Federn ... und ein viel gebrauchtes Kaffeebrett. Alles unendlich einfach, für ein modernes Auge beinahe ärmlich zu nennen.«

Den **Garten** 15 hinter dem Haus, der sich einst bis zur Stadtmauer ausdehnte, hatte Herder nach seinen Vorstellungen gestaltet (s. S. 152).

Altes Gymnasium 16

An der Ecke zur Jakobstraße steht das ehemalige Wilhelm-Ernst-Gymnasium, das älteste Schulgebäude Weimars. In dem 1716 von Christian Richter als Schulhaus erbauten barocken Gebäude lehrten unter anderem der Schriftsteller Johann Carl August Musäus (1735–87), der mit Goethe befreundete Homer-Übersetzer Johann Heinrich Voß (1751–1826), der archäologische Schriftsteller Karl August Böttiger (1760–1835) und der Erzieher des Goethe-Sohnes August, der Philologe Friedrich Wilhelm Riemer (1774–1845). Nach 1887 nahm das Haus eine Bergwerksschule auf, später das Museum für Naturkunde und das Polytechnische Zentrum der Weimarer Schulen. Vor dem Alten Gymnasium plätschert seit 1832 der gusseiserne, achteckige **Herderbrunnen** 17 (s. S. 159).

Sächsischer Hof 18

An der Westseite des Herderplatzes, dort, wo links die Rittergasse und rechts die Gasse Eisfeld beginnt, geht man zum Essen in das **Restaurant »Sächsischer Hof«** 9. In diesem Haus öffnete 1810 der ehemalige »Großherzoglich Sächsisch-Weimarische Mundkoch« François-René Le Goullon (1757–1839) die Gaststätte »Hotel de Saxe«, 1870 eingedeutscht zu »Sächsischer

Unser Tipp

Unterm Regenschirm

Nicht versäumen sollte man, in dem **Schirmladen** in der **Rittergasse 19** nach oben zu steigen, denn da ist ein **kleines Schirmmuseum** 19 entstanden. Gezeigt wird auch ein »Kokettierschirmchen« aus Seide. »So ein kommodes Ding zum Knicken«, wie es im Journal des Luxus und der Moden hieß, hatte Goethe seiner Christiane aus Karlsbad mitgebracht. Diese Schirme hatten einen Durchmesser von maximal 40 cm und bedeckten wirklich nur den Kopf. Knicker wurden sie genannt, weil man sie zusammenknicken konnte. Zur bunten Palette der Exponate gehören Regenschirme, Sonnenschirme, auch Kuchen- und Puppenschirme und Knirpse. Geboten wird ein vergnüglicher Gang durch die Geschichte des Schirms, den man im Orient schon vor mehr als 3000 Jahre gebrauchte und der aus unserem täglichen Leben nicht wegzudenken ist (Mo–Fr 9–18, Sa 10–14 Uhr, Eintritt frei, Tel. 90 33 63).

Unser Tipp

Gasthaus »Scharfe Ecke« 6

Der Kloß ist die »Götterspeise« der Thüringer Küche. In der »Scharfen Ecke« wird er heute noch wie zu Großmutters Zeiten aus von Hand geriebenen Kartoffeln gemacht. Das ist zeitaufwendig, deshalb helfen bei Festen in der Stadt, wie dem Zwiebelmarkt, alle verfügbaren Familienmitglieder mit. Gegessen werden die Klöße mit Braten und viel Soße. Die besten sind jene, bei denen man sich nicht einigen kann, ob sie Beilage oder Hauptgericht sind. In der »Scharfen Ecke« lassen sich nicht wenige Gäste nur die in der Soße schwimmenden Klöße servieren. Steht die Kloßmarie vor der Eingangstür, hat die Scharfe Ecke geöffnet (Eisfeld 2, Tel. 20 24 30, Mi–Sa 11–14.30, 17–23, So bis 22 Uhr).

Hof«. In dem Gebäude, 1429 erstmals als Besitz des Deutschritterordens urkundlich genannt, wohnte der Kammerpräsident Carl Alexander von Kalb (1712–92), der Goethe bei seinem ersten Weimar-Besuch im November 1775 für vier Monate Quartier gab. Er soll ein guter Gastgeber gewesen sein, und so hatte er sicherlich mit Anteil daran, dass der junge Anwalt aus Frankfurt am Main sich in dieser Zeit zum Bleiben in Weimar entschloss.

Durch schmale Straßen

Geleitschenke 21

An der Ecke Geleitstraße/Scherfgasse steht seit Mitte des 16. Jh. die als Wohn- und Warenspeicher erbaute Geleitschenke. Besonders schön anzuschauen ist das aufwendige Fachwerk an der südlichen Giebel- und an der Westseite. Das wurde erst wieder nach dem Zweiten Weltkrieg sichtbar, denn bis dahin war es jahrzehntelang hinter Putz verborgen gewesen. In das prachtvolle Bauwerk mit dem **Geleitbrunnen** 22 davor ist das Restaurant »**Köstritzer Schwarzbierhaus**« 8 gezogen.

Palais Schardt 23

Museum März–Okt. Di, Do–Sa 13–16, Nov., Dez. Di, Fr, Sa 13–16, Jan., Febr. Fr, Sa 13–16 Uhr, Eintritt 3,50/ erm. 2 €, www.goethepavillon.de
Falniert man ein wenig die Scherfgasse hoch bis zum Haus Nr. 3 auf der linken Seite, dann steht man vor dem Palais Schardt, dem Elternhaus der Charlotte von Stein. Hier kam sie als Tochter von Johann Wilhelm Christian von Schardt und seiner Ehefrau Konkordia 1742 zur Welt. Schardt war als Reise- und Hausmarschall einer der höchsten Beamten des Hofes. In dem Haus ist eine **Ausstellung zu historischen Scherenschnitten, Puppenstuben und Puppen** zu sehen.

Das repräsentative Gebäude besaß, wie damals üblich, einen großen Garten, der seinerzeit bis an die Stadtmauer reichte. In dem Garten ließ der Hausbesitzer um 1750 einen zweigeschossigen Pavillon errichten. Das reich ausgestattete Obergeschoss des achteckigen Baus, das als »Teestube« diente, erreicht man vom Wohnhaus über einen Laubengang. In diesem Pavillon, so die Vermutung, trafen 1775 Charlotte von Stein und Goethe erstmals aufeinander. **Festsaal** und **Goethepavillon** sind Veranstaltungsorte, bei Führungen wird Interessantes erzählt, es finden kleine Inszenierungen, Lesungen und Konzerte statt. Das **kleine Café** 17 lädt in stilvollem Ambiente zur kleinen Pause ein.

Pavillon-Presse/Druckgrafisches Museum 24

Mo 10–17, Fr 9–16 Uhr und nach Absprache, Führung 3 €, erm. 1,50 €, www.pavillon-presse.de

Im übernächsten Haus, Scherfgasse 5/ Ecke Kleine Teichgasse, befindet sich die Pavillon-Presse, eine Schauwerkstatt für druckgrafische Techniken. Gesammelt werden Maschinen, Werkzeuge und Produktionserzeugnisse des Druckgewerbes und grafischen Handwerks; die meisten Exponate stammen aus Druckereien, die nach der Einheit Deutschlands aufgelöst wurden.

Die Pavillon-Presse erinnert an die reichen Traditionen Weimars auf diesem Gebiet. So war das »Geographische Institut« von Friedrich Justin Bertuch eine der bedeutendsten kartografischen Anstalten Deutschlands im 19. Jh.; es beschäftigte zeitweise bis zu 280 Zeichner, Kupferstecher und Drucker. Das von Bertuch herausgegebene erste deutsche Modejournal war ebenso erfolgreich wie sein »Bilderbuch für Kinder«. Später war es dann Harry Graf Kessler, der mit der »Cranach-Presse« Maßstäbe setzte. Die Bücher, die in seiner 1913 gegründeten Werkstatt gedruckt wurden, waren vorbildhaft für die Buchkunst seiner Zeit.

Der Goetheplatz

Die kleine Teichgasse führt zum Goetheplatz am Nordwestrand der Altstadt. Durch seine repräsentativen Bauwerke gilt er als einer der interessantesten Plätze Weimars. Als Goethe in die Stadt kam, war hier noch der Schweinsmarkt, den zahlreiche Scheunen säumten. Denn ab Ende des 16. Jh. war es aus Brandschutzgründen verboten, innerhalb der Stadtmauer Scheunen zu errichten. Deshalb entstand am Nordwestrand das Scheu-

nenviertel. Der Goetheplatz, der bis 1945 nach Herzog Carl August Karlsplatz hieß, entstand nach einem städtebaulichen Gestaltungsvorschlag Goethes.

1907 wurde auf dem heutigen Goetheplatz ein **bronzenes Reiterstandbild** enthüllt. Die Bronzeplastik zeigte Großherzog Alexander, den Entwurf lieferte Adolf Brütt (1855– 1939). Das Monument versetzten die Nationalsozialisten 1938 ins Weimarer Nordviertel, dort beschädigten es 1945 Bombensplitter, 1946 wurde es schließlich eingeschmolzen. Erst 1997 wurde der **Sockel** 25 entdeckt und im Jahr 2006 endlich an seinem ursprünglichen Standort aufgestellt.

Russischer Hof 26

Den Mittelpunkt des Goetheplatzes bildet das feine **Grand Hotel Russischer Hof** mit dem **Restaurant Anastasia** 1, in das 1805 die ersten Gäste einzogen. Damals war das Haus noch nach Zar Alexander I. benannt, dem Bruder der Großherzogin Maria Pawlowna. Im nachklassizistischen Weimar gehörte das Hotel neben dem »Elephant« und dem heute nicht mehr vorhandenen »Erbprinz« zu den führenden Herbergen der Stadt. Hier trafen sich Gelehrte und Künstler, unter anderem Hoffmann von Fallersleben, Franz Liszt, Richard Wagner sowie Robert und Clara Schumann. Heinrich Mann ließ sich 1932 zu den Goethe-Feierlichkeiten hier einquartieren. Seit 1998 ist der Russische Hof nach umfangreicher Sanierung eins der beiden Luxus-Hotels von Weimar.

Die beiden Häuser neben dem Hotel, an der Ecke zur Schwanseestraße, wurden abgerissen, um Platz für die 1887/88 im Neorenaissancestil errichtete **Hauptpost** zu schaffen. Ältestes Haus am Goetheplatz ist die 1801 eröffnete **Löwenapotheke.**

Für Bücherwürmer ist die Pavillon-Presse ein Paradies, denn hier erfährt man alles über druckgrafische Techniken

Ehemaliges Lesemuseum 27

Auf der gegenüberliegenden Seite des Goetheplatzes steht das ehemalige Lesemuseum, erkennbar an der Architektur: Es ähnelt dem Athener Niketempel. Lesegesellschaften waren im 19. Jh. weit verbreitete bürgerliche Bildungseinrichtungen, die wissenschaftliche und politische Zeitschriften öffentlich zugänglich machten.

Das »Fremdenbuch« der Weimarer Gesellschaft verzeichnet unter anderem Robert Schumann, Richard Wagner und Hans Christian Andersen als Leser. Nachdem die Lesegesellschaft Räumlichkeiten im Fürstenhaus und im Wittumspalais nutzen konnte, erhielt sie 1860 am Goetheplatz ein eigenes Haus. Großherzogin Maria Pawlowna hatte dazu tief in ihre Schatulle gegriffen und es auf ihre Kosten errichten lassen.

Jugendzentrum »mon ami« 29

In das vornehme und geschichtsträchtige Haus neben dem Lesemuseum durfte das **Kultur- und Jugendzentrum »mon ami«** 3 einziehen. Das klassizistische Gebäude hatte sich 1858–60 der Gesellschaftsverein »Erholung« aus eigenen Mitteln erbaut. Die »Erholung« war wie die Lesegesellschaft einer der vielen Vereine des Weimarer Bürgertums. In dem Haus, das ein Säulengang mit dem Kasseturm verbindet und in dem 1864 die Deutsche Shakespeare-Gesellschaft gegründet wurde, standen Konzerte, Vorträge, Tagungen und Bälle auf dem Veranstaltungsplan. Im Inneren besticht der heute als

Fachwerk und das Kegeldach wurden 1773 aufgesetzt. Das später an den Turm östlich angebaute Gebäude, ein stattlicher Ackerbürgerhof, gehörte eine Zeitlang einem Herrn Franke, was den Namen Frankescher Hof erklärt. Seit 1962 werden der Kasseturm und ein Teil des Nordflügels des **Franke-schen Hofes** als **Studentenclub 5** genutzt.

Bürgerschule 31

Das gelb gehaltene, dreiflügelige klas-sizistische Bauwerk an der nordwestli-chen Ecke des Goetheplatzes mit Ein-gang an der Karl-Liebknecht-Straße halten viele für ein kleines Schloss. Das ist es aber nicht, sondern die von Cou-dray 1821–25 geschaffene Bürger-schule, die erste städtische Volksschule in Weimar, die vor allem auf Initiative Goethes entstanden ist. Der Dichter meinte, dass hier selbst die Unwilligs-ten »auf der Stelle aller düsteren Dummheit entrückt« werden. Bis zu 600 Schüler erhielten an der Schule in freundlich eingerichteten Klassenräu-men Unterricht, streng nach Ge-schlechtern getrennt. Links war der Eingang für Knaben, rechts der für Mädchen, im Mittelteil befand sich die Aula.

Den **gußeisernen Pumpbrunnen** (1858) vor der heutigen Musikschule »Ottmar Gerstner« schmückt die ver-goldete Figur des lesenden Knaben. Die Nachbildung einer Arbeit des be-rühmten Berliner Bildhauers Christian Daniel Rauch hat die Stadt Weimar sei-nerzeit aus dem Katalog einer Berliner Firma ausgewählt, wo sie als »Knabe mit Evangelium« angeboten wurde.

Kino **4** genutzte **Saal** durch das Par-kett, die festlichen Kronleuchter und die von Baumeister Carl Ferdinand Streichhan entworfene **Kassetten-Stuckdecke.** Nicht vergessen sollte man einen Blick auf die **Freianlagen** an der Rückseite des Gebäudes, die in Vorbe-reitung des Kulturstadtjahres wieder-hergestellt wurden und nun als Open-Air-Bühne und Biergarten eine neue Nutzung erfahren.

Kasseturm/Frankescher Hof 30

Im Kasseturm, einem Rest der Stadtbe-festigung, bat man die Bürger zur Kasse. Nämlich ab 1774, als die her-zogliche Finanzbehörde in dem run-den Turm residierte. Das Bauwerk aus dem 15. Jh. hat zwei mit Gewölben versehene Geschosse. Ein weiteres in

Kunsthalle
»Harry Graf Kessler« 32

Goetheplatz 9b, bei Sonderausstel-lungen Di–Sa 10–17 Uhr geöffnet, Eintritt 3 €, erm. 1,50 €

Lieblingsort

Blick aus luftiger Höhe

152 Stufen müssen im **Turm der Jakobskirche** 34 erklommen werden, vorbei an der ehemaligen Türmerwohnung und den Kirchenglocken. Wir machen es immer wieder, trotz der Anstrengung. Oben angekommen, kommt der Lohn für die Mühe: Man schaut in alle Himmelsrichtungen auf die Stadt. Kein Baum, kein Haus versperrt den Blick. In Weimar bietet das nur der Jakobskirchturm. An den kleinen Fenstern haben meist Spinnen ihre Netze gebastelt. Um hinabschauen zu können, muss man sie öffnen und die kleinen Kunstwerke zerstören. Der Wind weht herein, die Holzbohlen knarren. Irgendwie ist es ein wenig unheimlich, aber immer wieder schön. So allein von der Höhe zu schauen und zu versuchen, etwas Neues in der Stadt zu entdecken.

Auf die heutige Kunsthalle schaute einst die europäische Kunstwelt. Das war, als sie zum Großherzoglichen Museum für Kunst und Kunstgewerbe gehörte und der Goetheplatz noch Karlsplatz hieß.

Das Museum machte mit Ausstellungen zur modernen Kunst von sich reden. Hier durften all jene ihre Arbeiten präsentieren, die seinerzeit zu den umstrittensten Künstlern gehörten: Claude Monet und Paul Cézanne, Paul Gauguin und Auguste Rodin. Direktor war von 1903 an der weltoffene Harry Graf Kessler, der Weimar zu einer »kulturellen Begegnungsstätte der europäischen Moderne« machen wollte. Kessler schaffte es, eine große Schar Gleichgesinnter um sich zu versammeln, doch er erreichte nicht, Großherzog Wilhelm Ernst zu gewinnen. Der war entgegen seinem Vorgänger Carl Alexander weniger der Kunst, sondern mehr der Jagd zugetan. Und so war Kesslers Vorhaben zum Scheitern verurteilt. Im Sommer 1906 warf er das Handtuch, nachdem eine Ausstellung mit Zeichnungen von Auguste Rodin zu einem Skandal geführt hatte, und zog sich nach Paris zurück. »Der Grund meines Abgangs ist ein Manko beim Großherzog, ein Manko an Geist und Herz ...«, resümierte er enttäuscht.

1940 baute man vor die Kunsthalle Wohnhäuser, so dass sie seitdem vom Goetheplatz aus nicht mehr zu sehen ist.

Jakobsviertel

Wer auf dem Rollplatz steht, hat den Mittelpunkt der Jakobsvorstadt erreicht, den ältesten Teil von Weimar um die Jakobskirche, die die Namensgeberin war. Das Jakobsviertel steht auf einem Hügel, der zum Asbachgrund und zur Ilm leicht abfällt. Bereits im 6./7. Jh. soll hier eine Siedlung bestanden haben. Als Weimar ab Mitte

Einst Stadtbefestigung, heute Jugendzentrum: der Kasseturm

des 13. Jh. ummauert wurde, bezog man das Viertel nicht ein – es blieb Vorstadt. An die Altstadt angebunden war es durch die Jakobstraße, die am nicht mehr vorhandenen Jakobstor endete. Der **Rollplatz** ist benannt nach einer im 16. Jh. hier ansässig gewesenen Roll- oder Färbermangel. 1998 machte er von sich reden, denn bei der Vorbereitung des Kulturstadtjahrs geriet er in die Schlagzeilen. Der französische Projektkünstler Daniel Buren hatte für den Platz eine begehbare Stelen-Installation vorgeschlagen. Die Weimarer gingen auf die Barrikaden, so sehr waren sie dagegen.

Jakobskirche 34

April–Okt. Mo–Sa 10–16, So 11–16, Nov.–März tgl. 11–15 Uhr, Turmbesteigung 1 €, www.ek-weimar.de
Die schlichte Jakobskirche wurde 1712/13 anstelle eines Vorgängerbaus aus dem 12. Jh. errichtet. In der Sakristei der Kirche – das Kirchenschiff hatten die Franzosen als Lazarett und Kornkammer genutzt – ließ sich am 19. Oktober 1806 Goethe mit Christiane Vulpius trauen, nachdem sie bereits 18 Jahre »wild« zusammengelebt hatten. Den berühmten Stein des Anstoßes gab die resolute Haltung Christianes nach der Schlacht bei Jena und Auerstedt. Sie stellte sich vor Soldaten Napoleons und rettete damit den Dichter vor deren Zugriff. »Um diese traurigen Tage durch eine Festlichkeit zu erheitern«, schrieb Goethe an Nikolaus Meyer nach Bremen, »habe ich und meine kleine Hausfreundin gestern, also am 20. Sonntag nach Trinitatis den Entschluss gefasst, in den Stand der heiligen Ehe ganz förmlich einzutreten.« Wer die 152 Stufen im **Kirchturm** hochsteigt, wird mit einem herrlichen Rundblick belohnt (s. S. 166). Der Weg

nach oben führt vorbei an den drei Glocken, von denen die älteste 1631 gegossen wurde, die beiden anderen sind 1964 in Apolda entstanden. Jeden Tag Punkt 12 Uhr beginnen sie zu läuten, dann sollte man ihre Nähe meiden.

Jakobskirchhof

Der Jakobsfriedhof gehört zum ältesten, was in Weimar erhalten geblieben ist. 1370 wird die Begräbnisstätte zum ersten Mal urkundlich erwähnt, doch – so wird vermutet – hat man hier schon vor 1000 Jahren Menschen beerdigt. Bis 1712 erfolgten Bestattungen auch in der Kirche, das war jedoch Adligen und dem Weimarer Hof vorbehalten.

1553 fand **Lucas Cranach d. Ä.** auf dem Kirchhof der Jakobskirche seine **letzte Ruhestätte.** Nur reichlich ein Jahr war er in Weimar tätig gewesen. Die Grabplatte fertigte der berühmte Baumeister Nikolaus Gromann, von dem auch das Haus Markt 11/12 stammt, in dem der Maler sein letztes Lebensjahr verbracht hat. Ebenfalls von einem berühmten Künstler stammt das schlichte Epitaph für den 1787 verstorbenen Schriftsteller Johann Carl August Musäus: Martin Gottlieb Klauer, den Anna Amalia als Hofbildhauer nach Weimar berufen hatte, ist der Schöpfer. Klauer selbst fand 1801 hinter der Sakristei der Jakobskirche seine letzte Ruhestätte. Gegenüber der Cranachgruft befindet sich das **Grab von Goethes Frau Christiane.** Lange galt es als verschollen, Goethe hatte sich nicht darum gekümmert. Die Grabplatte ließ später die Goethe-Gesellschaft anfertigen mit Versen, die der Dichter nach dem Tod seiner Frau niedergeschrieben hatte.

An der Südostecke des Friedhofs errichtete man in der Form eines barocken Pavillons das **Kassengewölbe.** Das schlichte Sammelgrab war Ruhestätte für verdiente Bürger Weimars, die keine Erbbegräbnisstätte besaßen. 1818 wurde der Jakobsfriedhof geschlossen, danach verfiel er langsam – auch das Kassengewölbe, das man 1854 abriss. Das heutige Bauwerk ist eine Nachbildung von 1927, für die alte Bilder als Vorlage dienten.

Im Kassengewölbe wurde zwei Tage nach seinem Tod – nach damaligem Brauch mitten in der Nacht – Friedrich Schiller beigesetzt. 21 Jahre später wollte Bürgermeister Schwabe die sterblichen Überreste Schillers bergen, doch in dem »Landschafts-Cassen Leichengewölbe« herrschte ein »Chaos von Moder und Fäulnis«, so der Bürgermeister. Vor Schiller waren hier bereits 52 Tote bestattet worden, nach ihm noch weitere 24. Der Bürgermeister ließ 23 Schädel aus der Grabstätte holen und zu sich nach Hause bringen. Dort verglich er sie mit der Totenmaske Schillers und bestimmte den größten Schädel mit dem besterhaltenen Gebiss als den des Dichters.

Schillers angebliche Gebeine brachte man in die Fürstengruft, sein Sarg wurde neben dem von Goethe aufgestellt. Doch die Zweifel an der Echtheit des Totenschädels blieben, deshalb wurde 1911 erneut im Kassengewölbe gegraben; man holte 63 Schädel heraus und brachte einen zweiten Schädel als den »echten« in die Fürstengruft.

Der geknackte Schiller-Code

2008 konnte endlich der »Schiller-Code« geknackt werden. Ein groß angelegtes wissenschaftliches Projekt brachte ein aufsehenerregendes Ergebnis: Bei dem 1826 geborgenen Schädel handelt es sich zweifelsfrei nicht um den von Schiller! Wissenschaftler aus Österreich und den USA verglichen den DNA-Code Schillers mit dem Erbgut der Schiller-Familie, um das anhaltende Rätsel um den Schädel

des Dichters endlich zu entschlüsseln. Der zweite ihm zugeordnete Schädel, so stellte man fest, ist weiblich. Er gehört nach Ansicht des Wissenschaftlerteams wahrscheinlich Luise von Göchhausen, der Hofdame von Herzogin Anna Amalia, die 1807 im Kassengewölbe beigesetzt wurde. In Schillers Sarkophag stieß man sogar noch auf einen dritten Schädel. Diesen identifizierte man eindeutig als den von Herzog Ernst August I. von Sachsen-Weimar. Auch die Gebeine in dem Eichensarg stammen nicht von Schiller, sondern von mehreren Toten. Nebenbei konnten die Wissenschaftler ein Gerücht entkräften, das sich jahrzehntelang hartnäckig gehalten hatte: Schiller sei der uneheliche Sohn seines Landesherrn Carl Eugen von Württemberg.

Unbeantwortet blieb bei der zwei Jahre dauernden Untersuchung die Frage: Ist der Schädel Schillers schon vor der ersten Exhumierung Beute eines Grabräubers geworden und als Relique veräußert worden? So wie sich Schädeljäger auch an den sterblichen Überresten von Haydn und Mozart vergangen haben.

Zurück zum Marktplatz

Der Graben, im unteren Teil Untergraben genannt, trennt die einst ummauerte Altstadt von der nördlichen Jakobsvorstadt, dem ältesten Teil Weimars. Der Graben führt vom Goetheplatz in Richtung Osten, er ist heute eine breite, teilweise mit Grünanlagen versehene Straße. Sie entstand auf dem Graben vor der Stadtmauer, der vor 1800 zugeschüttet wurde. In den Anlagen vor dem Sparkassengebäude (1912/13) wurde das

Falk-Denkmal 35 aufgestellt, das den Sozialpädagogen und Schriftsteller Johann Daniel Falk (1768–1826) ehrt. Der hatte während der Napoleonischen Kriege die »Gesellschaft der Freunde in der Not« gegründet und mit seiner Frau rund 200 Waisenkinder aufgenommen, denen sie ein neues Zuhause gaben bzw. für die sie Pflegeeltern suchten. Das Ehepaar hatte in den Kriegsjahren selbst vier eigene Kinder durch Seuchen verloren. Auf der gegenüberliegenden Straßenseite weckt das sorgfältig **restaurierte Jugendstilhaus** 38 von 1904, Graben 39, Aufmerksamkeit.

Lutherhof 39

In der Jakobsstraße rechts, zweigt linker Hand die kurze Luthergasse ab. Das erstmals 1491 als »Freihaus in der Ecken bei St. Jacobs Thor uff der Mauer« erwähnte Haus Nr. 1 wird seit dem 19. Jh. als **Lutherhof** bezeichnet. Martin Luther hielt sich zwischen 1518 und 1540 mehrmals in Weimar auf, das ist verbürgt. Doch ob er in dem Haus Nr. 1 übernachtet hat, dafür gibt es keine Beweise. Möglich ist es aber, denn in dem Haus wohnte seit 1531 Johann Burgkhardt, dessen Bruder Franziskus mit dem Reformator befreundet war. Gesichert ist, dass von 1773 bis 1777 **Christoph Martin Wieland** hier sein Zuhause hatte und an den ersten Jahrgängen seiner Zeitschrift »Der Deutsche Merkur« arbeitete. 1821 zog dann **Johann Daniel Falk** mit seiner Familie ein. Falk, von dem das Weihnachtslied »O du fröhliche …« stammt, wird nicht nur durch das Denkmal am Graben, sondern auch durch eine Tafel, die sich an der Rückseite des Hauses in der Marstallstraße befindet, geehrt.

Häuser Jagemann/Vulpius

In der **Luthergasse 3** 40 wohnte der in Diensten der Herzogin Anna Amalia stehende Bibliothekar Christian Joseph Jagemann, dessen Kinder bekannt wurden: Sohn Ferdinand (1780–1820) gehört zu den bedeutenden Malern Weimars, der Goethe, Herzog Carl August und Großherzogin Maria Pawlowna porträtierte, Tochter Caroline war Sängerin und Schauspielerin am Hoftheater sowie die Geliebte von Carl August.

Nachbarin der Jagemanns war in dem kleinen, von Weinlaub umrankten Häuschen **Luthergasse 5** 41 die Familie des Amtsarchivars Johann Friedrich Vulpius. Das ist deshalb bedeutend, weil vermutlich hier am 1. Juni 1765 Christiane Vulpius, Goethes spätere Frau, zur Welt gekommen ist. Am 12. Juli 1788 soll sie, 23 Jahre jung, im Park an der Ilm die Begegnung mit dem damals schon bedeutenden Goethe gesucht haben, um ihm einen Bittbrief ihres Not leidenden Bruders zu überreichen. Der 15 Jahre ältere Goethe mochte die natürliche Art des Mädchens, ihr offenes und freundliches Wesen. Im Gartenhaus an der Ilm begann die Liebesromanze zwischen Wolfgang und Christiane, in aller Heimlichkeit. Als das Verhältnis der beiden bekannt wurde, ignorierte der Adel die bei Bertuch in der Kunstblumenfabrik arbeitende junge Frau, selbst Goethes Freunde Schiller und Herder sollen sich ablehnend geäußert haben. Lediglich Goethes Mutter akzeptierte Christiane. Nach der ersten Begegnung in Frankfurt schrieb sie an ihren Wolfgang: »Du kannst Gott danken! So ein liebes, herrliches, unverdorbenes Gottesgeschöpf findet man selten …!«

Als Goethe nach 18 Jahren Zusammenlebens die Mutter seines mittlerweile 17 Jahre alten Sohnes August (1789–1830) heiratete, versuchte Johanna Schopenhauer die immer noch bestehende Mauer der Ablehnung zu durchbrechen. Sie empfing Christiane bei sich. Im Oktober 1806 schrieb sie an ihren als Philosoph berühmt gewordenen Sohn Arthur, dass ihr Goethe seine Frau vorgestellt habe: »… ich empfing sie, als ob ich nicht wüßte, wer sie vorher gewesen wäre, ich denke, wenn Goethe ihr seinen Namen gibt, können wir ihr wohl eine Tasse Tee geben …«

Die Luthergasse endet an einer Mauer, hinter der sich der Garten des Kirms-Krackow-Hauses versteckt, also bleibt nichts anderes übrig, als zur Jakobstraße zurückzukehren.

Kirms-Krackow-Haus 42

April–Okt. Fr 13.30–17, Sa/So 10–17 Uhr, Eintritt 1,50 €, Kinder/Schüler frei, www.thueringerschloesser.de
Durch eine breite, gewölbte Toreinfahrt betritt man den anheimelnden **Innenhof** mit buckeligem Kopfsteinpflaster und einer **alten Pumpe**. Das Obergeschoss der Hofgebäude umläuft eine meist überdachte, in der warmen Jahreszeit mit Blumen geschmückte Galerie. Die reizvolle Atmosphäre des geschlossenen Hofes fasziniert und versetzt in längst vergessene Zeiten. Das repräsentative Bürgerhaus, das in den vergangenen zwei Jahrhunderten kaum verändert wurde, war ein geselliger Mittelpunkt Weimars. Es trägt den Namen seiner ehemaligen Besitzer **Kirms** und **Krackow** und gilt als Architekturdenkmal.

Das Anwesen hatte die Familie Kirms 1701 erworben, beim Umbau 1783–86 bekam die Fassade ihr heutiges barockes Aussehen. Einer aus der Familie Kirms, der damals 73-jährige Hofkammerrat Franz (1750–1826), heiratete die 44-jährige Karoline Krackow, womit der zweite Name des Hauses erklärt ist. Deren Nichten erbten Haus, Hof und Garten. Glücklicherweise hatten sie ein Gefühl für Bewahrenswertes, ließen alles unangetastet,

und so kam Weimar 1917 zu einem der seltenen Museen dieser Art. Es gilt als Architekturdenkmal und Zeugnis bürgerlicher Wohnkultur sowie des Lebensstils in der ersten Hälfte des 19. Jh.

Kirms-Krackow-Hausgarten

Tgl. 8–20 Uhr bzw. bis Einbruch der Dunkelheit geöffnet
Der Garten des Kirms-Krackow-Hauses gilt immer noch als Geheimtipp. Der dänische Märchendichter Hans Christian Andersen hatte ihn im Juni 1844 in seinem Tagebuch als einen »herrlichen Blumengarten« bezeichnet, wo er zwischen »Rosen gewandert« ist. Ende der 1990er-Jahre bekam die Anlage mit dem auf der Stadtmauer stehenden **barocken Pavillon** wieder ihr ursprüngliches Aussehen zurück. Durch zwei Pforten betritt man den angrenzenden Garten des Bankierhauses Marstallstraße 3. 1993/94 wurde er anhand von Bildmaterial und gartenarchäologischen Grabungen so rekonstruiert, wie ihn Mitte des 19. Jh. Kommerzienrat Hermann Moritz gestalten ließ, nachdem er Haus und Garten erworben hatte.

Carl-Zeiß-Jugendhaus 43

Die Jakobstraße entlanggehend, vorbei am Herderplatz, kommt man zum Marktplatz zurück. Kurz zuvor, in der Kaufstraße 1, erinnert eine Gedenktafel an Carl Zeiß (1816–1888). Der weltberühmte Mechaniker ist in dem Bürgerhaus groß geworden, geboren wurde er – als fünftes von zwölf Kindern – in der nahen Marktstraße 5. Ab 1845 baute Zeiß in Jena eine mechanisch-optische Werkstatt auf, lernte den Physiker Ernst Abbe kennen und beide entwickelten die Werkstatt zu einem der führenden Optik-Unternehmen der Welt. Weimar könnte sich heute auch als Zeiss-Gründerstadt bezeichnen, wenn die Stadtverantwortli-

Der zauberhafte Garten des Kirms-Krackow-Hauses bietet Erholung pur

chen seinerzeit etwas großzügiger gehandelt hätten. Weil es in der Stadt schon zwei optische Werkstätten gab, wurde Carl Zeiß die Genehmigung verweigert, sodass er im Herbst 1845 nach Jena wechselte.

Essen & Trinken

Kreativ – **Anastasia (im Grand Hotel Russischer Hof** **1**: Goetheplatz 2, Tel. 77 48 14, www.restaurant-anastasia. info, Di–So 18–23 Uhr, Hauptgerichte 16–24 €. Hier ist alles edel. Viel gelobte kreative und außergewöhnliche Gourmetküche. Verwendung finden nur marktfrische Zutaten.

Französisch angehaucht – **Anno 1900** **2**: s. S. 27.

Weinspezialist – **Johanns Hof** **3**: s. S. 27.

Mediterran – **Dal Pescatore** **4**: s. S. 29

Frischer Fisch – **Gastmahl des Meeres** **5**: s. S. 27.

Handgemachte Klöße – **Gasthaus Scharfe Ecke** **6**: s. S. 30.

Zwiebelig – **Restaurant Zum Zwiebel** **7**: s. S. 30.

Schwarzbier und Deftiges – **Köstritzer Schwarzbierhaus in der Geleitschenke** **8**: s. S. 30.

Thüringer Küche – **Sächsischer Hof** **9**: Eisfeld 12, Tel. 40 13 48, www.saechsischer-hof-weimar.de, tgl. 11–24 Uhr, Hauptgerichte 9–15 €. Der Gaststättenname täuscht: Thüringer Küche mit Klößen und Braten sowie saisonale Spezialitäten gehören zum kulinarischen Angebot. Der herzogliche Mundkoch François Le Goullon gründete einst zur Goethezeit das Gasthaus, seitdem lassen sich Gäste hier verwöhnen.

Kaffeehaus – **Brasserie Central** **10**: Rollplatz 8a, Tel. 85 27 74, www.brasserieweimar.de, tgl. 10–1 Uhr, Hauptgerichte 10–13 €. Kaffeehauskneipe im französischen Stil, im Sommer lockt die Terrasse. Auf der wechselnden Wochenkarte stehen preiswertere Gerichte, meist unter oder um 10 €.

Kartoffel allover – **Kartoffelhaus Weimar** **11**: Rollplatz 9, Tel. 77 23 37, www.kartoffelhaus-weimar.de, Di–Fr 12–14.30, 17.30–23, Sa 12–23, So 11–14.30 Uhr, Hauptgerichte um oder unter 10 €. Erstaunlich, was man aus einer (oder mehreren) Kartoffel(n) alles zaubern kann. Viele Kartoffelgerichte in immer anderen Variationen, gegrillt, gebacken, gebraten, stehen zur Auswahl.

Immer in – **ACC Café – Restaurant** **12**: s. S. 29.

Nochmal Französisch – **Crêperie du Palais** **13**: s. S. 29.

Suppig – **Suppenbar Estragon** **14**: s. S. 29.

Edel und lecker – **Wiener Kaffeehaus** **15**: s. S. 30.

Süßes und mehr – **Goethe-Café** **16**: Wielandstr. 4, Tel. 90 34 32, Mo–Sa 10–19, So 11–19 Uhr. Direkt am Eingang zur Fußgängerzone vom Goetheplatz aus gelegen. Sehr guter Kuchen aus eigener Herstellung.

Stilvoll – **Café Charlotte** **17**: Scherfgasse 3, Tel. 90 22 79, www.goethepavillon.de, März–Okt. Di, Do–Sa 13–18, Nov., Dez. Di, Fr, Sa 13–18, Jan., Febr. Fr, Sa 13–18 Uhr. Bei Charlotte von Stein in der guten Stube ein Besuch! Zu den Kaffeespezialitäten gibt es selbst gebackenen Kuchen und Gebäck nach Rezepten der Goethezeit, wie z. B. Meringues mit Haselnuss, Anisströtzel oder Gateaux à la Princesse.

Immer frisch – **Café am Herderplatz** **18**: s. S. 30.

Kaffee und Kultur – **Art-Café Jagemann** **19**: s. S. 30.

Einkaufen

Köstliche Verführung – **Viba-Sweets** **1**: s. S. 34.

Duftig – **Kaffeerösterei** **2**: s. S. 33.

Kaffee-Eldorado – **Caféladen** **3**: s. S. 33.

Thüringer Produkte – **Thüringer Spezialitätenmarkt** **4**: s. S. 33.

Erinnerungen – **Herderhof** **5**: s. S. 34.

Klassisches – **Antiquariat an der Herderkirche** **6**: s. S. 32

Regionales – **Antiquariat zwiebelfisch** **7**: s. S. 33.

Ausgefallenes Taschendesign – **twh Weimar** **8**: s. S. 34.

Klein und fein – **Keramik-Atelier** **9**: s. S. 34.

Nicht nur rot – **moccarot-Keramik** **10**: s. S. 35.

Individuelle Mode – **Cara Apfelkern** **11**: s. S. 34.

Aktiv

Fahrradverleih Grüne Liga **1**: s. S. 44.

Abends & Nachts

Atmosphärisch – **Stadtkirche St. Peter und Paul (Herderkirche)** **1**: Herderplatz 1, Tel. 85 15 18, www.ev.-kirchgemeinde.de. Regelmäßig finden in diesem besonderen Ambiente Orgelkonzerte statt – auch außerhalb des Orgelsommers.

Edles Ambiente – **Bar Romanow (im Russischen Hof)** **2**: Goetheplatz 2, Tel. 77 40, So–Do bis 24, Fr–Sa bis 1 Uhr. Nicht nur die Hotelgäste lassen in dem stilvollen Ambiente den Tag bei leckeren Cocktails, Drinks und Gesprächen ausklingen.

Jugendkultur – **Jugend- und Kulturzentrum »mon ami«** **3**: s. S. 39, 164.

Club-Kino – **Kommunales Kino im »mon ami«** **4**: Goetheplatz 11, Tel. 84 77 45, www.monami-weimar.de. Das Club-Kino im Kellergeschoss des Jugend- und Kulturzentrums, in dem anspruchsvolle und unterhaltsame Filme gezeigt werden, teils auch in Originalsprache, erfreut sich regen Zuspruchs. Es gibt thematische Filmwochen.

Disco und mehr – **Studentenclub Kasseturm 5** : s. S. 38.

Urig – **Planbar 6** : s. S. 38.

Galerie und Kunst – **ACC-Galerie und Kulturzentrum 7** : s. S. 38, 150

Nicht nur Kubanisch – **Havana-Club Weimar 8** : s. S. 38

Musik und Literatur – **Palais Schardt & Goethepavillon 9** : s. S. 39, 162

Das rustikale »Zum Zwiebel« lockt mit deftiger thüringischer Küche

Im Norden Weimars

Highlight !

Schloss und Park Tiefurt: Im ländlich schlichten Ambiente führte Herzogin Anna Amalia »ohne Hofmarschall« das Leben einer Landfrau. Das nordwestlich der Stadt liegende Anwesen machte sie in der warmen Jahreszeit zu einem geistigen und kulturellen Mittelpunkt. Zu Gast waren Adlige, Angehörige des Hofes, Literaten und Künstler. Die Innenausstattung zeigt sich im Wesentlichen wie zu Zeiten der Herzogin. **20** S. 190

Auf Entdeckungstour

Anna Amalias grüne Plätze – im Tiefurter Park: Den Park von Tiefurt ließ Herzogin Anna Amalia ganz nach ihren Vorstellungen gestalten. An den schönsten Stellen laden heute weiße Bänke zum Verweilen ein, auf denen der Besucher – wie einst wohl die Herzogin – seine Gedanken schweifen lassen kann. S. 192

Die Gedenkstätte Buchenwald: Große Teile des einstigen Konzentrationslagers Buchenwald wurden ab 1952 abgerissen, darunter alle Häftlingsbaracken. Doch das Verschwundene lässt sich aufspüren und zusammen mit den erhaltenen Teilen machen sie das Grauenhafte, das sich in Buchenwald abgespielt hat, deutlich. S. 202

Kultur & Sehenswertes

Neues Museum: Das erste Museum für zeitgenössische Kunst in den neuen Bundesländern. Immer wieder sehenswert: die Wandmalereien zum Thema Odyssee von Friedrich Preller d. Ä. **5** S. 182

Konzert für Buchenwald: Die Rauminstallation von Rebecca Horn im E-Werk erinnert an die finsterste Zeit in Deutschland. Sie zählt zu den wichtigsten Beispielen für die Auseinandersetzung der zeitgenössischen Kunst mit dem Holocaust. **7** S. 185

Aktiv & Kreativ

Maria-Pawlowna-Promenadenweg: Der Rad- und Wanderweg mit Goethezitaten am Wegesrand verbindet die Schlösser Tiefurt und Kromsdorf. Benannt ist er nach der Großherzogin von Sachsen-Weimar-Eisenach, die diesen Weg anregte. S. 195

Genießen & Atmosphäre

Weimar Atrium: Konsumtempel mit zahlreichen großen und kleinen Geschäften sowie Restaurants in direkter Nachbarschaft zur Altstadt. **1** S. 185

Schlosspark Ettersburg: Durch den Park schlendern, sich danach vor das Schloss setzen, den Ausblick genießen und sich im Restaurant verwöhnen lassen. S. 200

Gaststätte Alte Remise: Im einstigen Kammergut von Tiefurt schmecken im außergewöhnlichen Ambiente Klassiker der bürgerlichen Küche. **4** S. 191, 201

Abends & Nachts

Loft Tapas & Meer: Exzellente Cocktails, Drinks und spanische Spezialitäten wie Tapas und Tortillas. Täglich von 17–19.30 Uhr Happy Hour, wochentags geht es bis 3 Uhr, samstags und sonntags bis 4 Uhr morgens. **2** S. 38

Kultur und Geist – Unkultur und Barbarei

Nördlich des Zentrums, das heißt zunächst Stadtmuseum, Neues Museum, Gauforum und alles, was in Richtung Bahnhof liegt und zu Fuß erlaufen werden kann. Doch zum Norden gehören auch die etwas abseits liegenden stark konstrastierenden Besichtigungsobjekte: die Musenhöfe Herzogin Anna Amalias, Schloss und Park Tiefurt sowie Schloss und Park Ettersburg und von Letzterem fast in Rufweite entfernt das Konzentrationslager Buchenwald. Nirgendwo in Deutschland liegen Kultur und Barbarei, Gut und Böse so dicht beieinander wie in der Kulturstadt.

Infobox

Reisekarte: ▶ Karte 1, B–C 1–3 &
▶ Karte 3, A–E, 1–2

Rundgang
Die Besichtigungsobjekte nördlich des Zentrums liegen teilweise weit auseinander. Der erste Teil, der beim Stadtmuseum nahe dem Goetheplatz beginnt und bis in die Gegend des Bahnhofs führt, lässt sich gut zu Fuß zurücklegen.

Verkehrsmittel
Vom Bahnhof kann man mit dem Bus – Linie 6 (den Fahrtrichtungsanzeiger beachten) – nach Ettersburg und Buchenwald fahren, beide im Nordwesten der Stadt gelegen, sowie mit der Buslinie 3 nach Tiefurt. Die Region nördlich des Weimarer Zentrums bietet sich auch für Entdeckungen per Rad an. Wer weder Bus noch Fahrrad mag, der setzt sich in sein Auto. Parkplätze sind in Ettersburg, Buchenwald und Tiefurt vorhanden.

Vom Weimarhallenpark zum Bahnhof

Das einstige Wohnhaus von Bertuch und der heutige Weimarhallenpark, den der »Allerweltskerl« Bertuch gestalten ließ, lagen zu Goethes und Schillers Zeiten »vor dem Tore«. Erst als das heutige Neue Museum erbaut war, entstand beiderseits der Carl-August-Allee das Bahnhofsviertel. Es wird von Hitlers Größenwahnprojekt, dem nicht vollendeten Gauforum, begrenzt und im Norden vom Bahnhof mit dem Herzogspavillon.

Stadtmuseum/Bertuchhaus [1]
Karl-Liebknecht-Str. 5–9, Tel. 03643 826 00, Di–So 10–17 Uhr, Eintritt 3 €, erm. 1,50 €
Rund **100 000 Exponate zur Geschichte und Kulturgeschichte Weimars** umfasst die Sammlung des Stadtmuseums. Überregionale Bedeutung hat die umfangreiche **Textilsammlung** des 19. und 20. Jh., die an das »Journal des Luxus und der Moden« anknüpft, der ersten bedeutenden illustrierten Modezeitschrift Deutschlands, die von 1786 bis 1827 in Weimar erschien.

Die Ausstellung widmet sich der Geschichte Weimars von den ersten erdgeschichtlichen Zeugnissen bis zum Jahr 1990, dem Ende der DDR. Schwerpunkte bilden die Tagungen der Nationalversammlung 1919 in Weimar und die Weimarer Republik. Eigene Ausstellungsbereiche haben Johann Sebastian Bach und der Hoffotograf Louis Held (1851–1927) bekommen, dem wir viele Dokumentarfotos vom Leben in Weimar zu verdanken haben. Originalgetreu rekonstruierte man das Maleratelier von Alexander Olbricht. Olbricht (1876–1942) hatte in Weimar studiert, ab 1921 lehrte er dort an der Kunsthochschule. Die Nationalsozialisten entließen ihn aus dem Hochschuldienst. In Weimar trägt eine Straße den Namen des Künstlers und an seinem Wohnhaus Merketalstraße 23 erinnert eine Gedenktafel an ihn.

2003 lieferte das Weimarer Stadtmuseum den Medien Schlagzeilen, weil die Stadtverwaltung aus Geldnot das Licht ausknipste. Proteste von Museumsexperten aus dem In- und Ausland, von Einwohnern, Parteien und Verbänden konnten die Schließung des Museums nicht verhindern, das kurz zuvor für rund drei Millionen Euro saniert worden war. 2007 erfolgte die Wiedereröffnung.

Hervorgegangen ist das Museum aus privaten Sammlungen des 19. Jh., die 1903 in städtische Verwaltung kamen. Damit hatte Thüringen sein erstes Stadtmuseum. 1954 war es in das Bertuchhaus gezogen, ein klassizistisches Wohn- und Geschäftshaus mit einer Straßenlänge von 90 m. Das Haus hatte sich Friedrich Justin Bertuch (1747–1822) zwischen 1780 und 1802 in zwei Abschnitten erbauen lassen. Er war Schriftsteller, Verleger und Unternehmer, Geheimsekretär, danach Legationsrat, und von seinem Wohlstand zeugt noch heute das große Haus. Das Landes-Industrie-Comptoir von Bertuch war Verlag, Papier- und Farbenproduktionsstätte sowie Handelsunternehmen für künstliche Blumen, Spielwaren, Kachelöfen und vielem mehr. Es ernährte etwa ein Zehntel der Einwohner von Weimar. Das von Bertuch begründete »Journal des Luxus und der Moden« kann als ein Vorläufer heutiger Lifestyle-Magazine angesehen werden. Friedrich Schiller schrieb über seinen Besuch 1787: »Bertuchen habe ich kürzlich besucht. Er wohnt vor dem Tore und hat ohnstreitig in ganz Weimar das schönste Haus. Es ist mit Geschmack gebaut und recht vortrefflich möbliert.«

Weimarhalle [2]

UNESCO-Platz heißt der kleine Freiraum vor der Weimarhalle, die im Kulturstadtjahr als modernes Kultur- und Kongresszentrum eingeweiht wurde. Bis zu 1200 Gästen bietet sie Platz. Als der Vorgängerbau 1930–32 saniert werden sollte, zeigten sich schwerwiegende statische Mängel, die zum kompletten Abriss zwangen. Nach dem Zweiten Weltkrieg war die Weimarhalle Ersatzspielort für das zerstörte Nationaltheater, von 1952 an diente sie zwölf Jahre lang der Roten Armee als »Haus der sowjetischen Offiziere«.

Weimarhallenpark [3]

Goethe war ein begeisterter Schlittschuhläufer und soll das Eislaufen in Weimar eingeführt haben. Zunächst gab es, wie meist bei Neuem, Ablehnung, doch recht bald auch viele Nachahmer. Sogar die herzogliche Familie fand Gefallen am Eislaufen. Zu einer beliebten Eisfläche avancierte der **Schwanseeteich** im öffentlich zugänglichen Garten des Anwesens von Bertuch, heute der Weimarhallenpark.

Am südwestlichen Ende seines ehemaligen Gartens fand der »Allerweltskerl von Weimar«, als den Goethe Bertuch bezeichnet hatte, 1822 im von Eiben umsäumten **Familiengrab** seine letzte Ruhestätte.

An der Schwanseestraße, direkt an der südlichen Mauer zum Park, plät-

Ein spannender Kontrast zum klassischen Weimar –
die moderne Architektur der Weimarhalle

Nördlich des Zentrums

schert der **Muschelbrunnen** 4 . Er gehört zu den sechs Brunnen, die Großherzogin Maria Pawlowna finanziert hat. Ab 1847 stand der sandsteinerne Brunnen am Haus der Frau von Stein, nach 1860 wurde er in den vorderen Bereich der Schwanseestraße umgesetzt, später an seinen heutigen Standort gebracht.

Neues Museum 5
Weimarplatz 4, Di–So April–Okt. 11–18, Nov.–März 11–16 Uhr, Eintritt 5,50 €, erm. 3,50 €, www.klassik-stiftung.de
Das erste Museum für zeitgenössische internationale Kunst in den neuen Bundesländern gibt in nächster Zeit in Sonderausstellungen Einblick in seine Bestände. Gezeigt werden auch Arbeiten aus der Sammlung von Paul Maenz, die als eine der bedeutendsten deutschen Privatsammlungen internationaler Avantgarde gilt. Das im Krieg zerstörte und zu DDR-Zeiten zur Ruine verkommene ehemalige Landesmuseum wurde nach aufwendiger Sanierung in der Silvesternacht 1998/99 als Neues Museum wiedereröffnet. Besuchermagnet ist die im Foyer präsentierte Installation »Das Zimmer« der Schweizer Künstlerin Pipilotti Rist. Ihre überdimensionale Möblierung, unter anderem ein rotes Sofa mit Sessel sowie ein Fernsehgerät, versetzt in eine veränderte Realitätswahrnehmung. Eine in das Kunstwerk integrierte Kamera filmt den Besucher und zeigt ihn auf dem Monitor als Teil des Kunstwerks.

Im ersten Obergeschoss ist wieder die **Prellergalerie** zu bewundern. Der 16-teilige Zyklus von Wandgemälden zu Homers Odyssee war nach der Kriegszerstörung im Depot des Schlossmuseums eingelagert worden. Das zum Obergeschoss führende weiträumige Treppenhaus hat Daniel Buren bei der Wiederherstellung des Museums als Gesamtkunstwerk gestaltet, Sol Le Witt entwarf eine sechsteilige geometrische Wandzeichnung für das Foyer.

Seit 2008 besteht im Souterrain des Museums eine 300 m² große **Universitätsgalerie,** in der künstlerische Arbeiten von Studenten der Bauhaus-Universität zu sehen sind. Doch der Ausstellungsbereich firmiert nicht unter dem berühmten Namen, sondern heißt »Galerie Marke 30773047.6«. Das ist das Bearbeitungszeichen, unter dem der Namensschutz Bauhaus beim

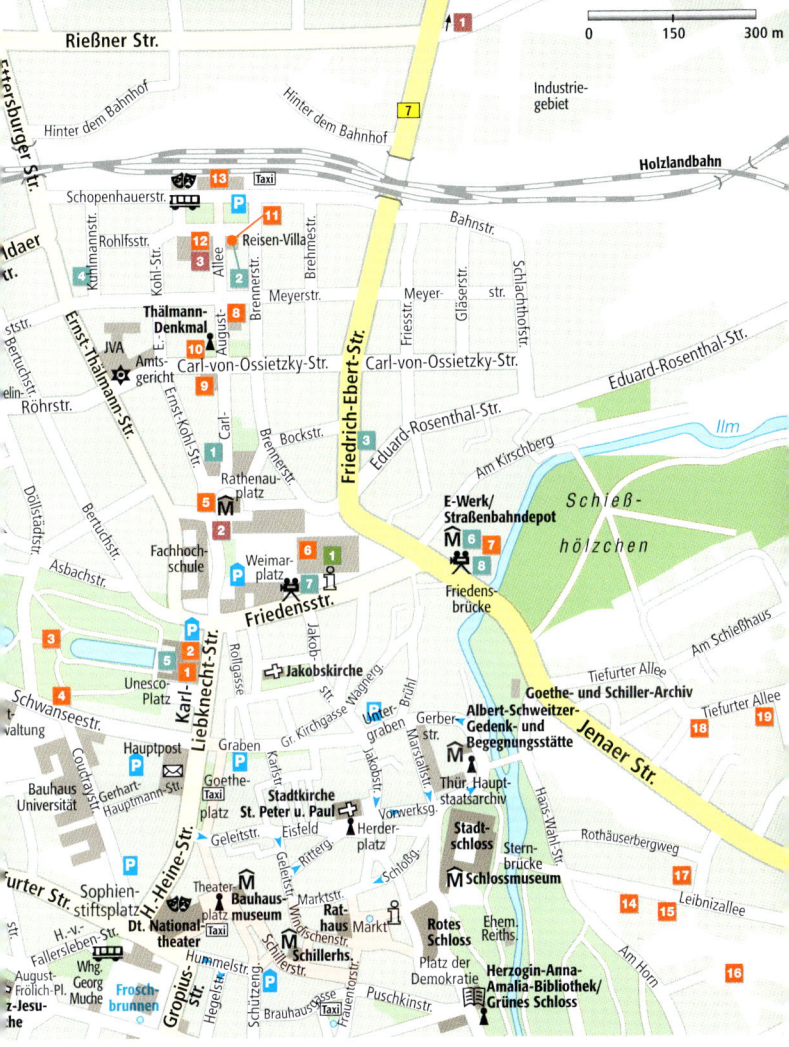

Deutschen Patent- und Markenamt registriert wurde. Die Galerie versteht sich als »Spielwiese für junge Kreative und junges Publikum, als Experimentierfeld«. Etwa vier Ausstellungen werden pro Jahr gezeigt.

Der Masterplan der Klassik Stiftung sieht vor, dem Neuen Museum in den kommenden Jahren wieder die Be-

stimmung zu geben, für die es einst gebaut worden war: Die Gemälde und Skulpturen der einst fürstlichen Sammlungen zu präsentieren, die sich seit Jahrzehnten im Residenzschloss befinden. Gegenwärtig ist man jedoch dabei, diese Festlegung zu überdenken. Vermutlich wird das Haus weiterhin Gegenwartskunst zeigen, um eine Verbindung zu dem in der Nähe entstehenden neuen Bauhaus-Museum herzustellen.

Das heutige Neue Museum empfing 1869 als Großherzogliches Museum die ersten Besucher, nach 1918 war es Landesmuseum. Es gehört zu den seltenen Neorenaissancebauten von Bedeutung in Deutschland. Großherzog Carl Alexander ließ das Museum bauen, um den Odyssee-Zyklus seines Hofmalers Friedrich Preller d. Ä. sowie die herzoglichen Kunstsammlungen zu präsentieren. Ab 1922 waren Werke der Avantgarde zu sehen, gegen die sich der Großherzog mit dem konservativen Weimar gesperrt hatte. Zu den unrühmlichen Seiten der Hauschronik gehört das Jahr 1939, als die Nationalsozialisten ihre Wanderausstellung »Entartete Kunst« und »Entartete Mu-

sik« zeigten. Die »Thüringische Landeszeitung« vom 23. März 1939 sprach im Nazijargon von »Mißgeburten und Fratzen«, die hier zu sehen seien, »von jüdischen Machwerken« und von »dargestellten Idioten«.

Gauforum/Atrium

Als steinerne Erblast aus der Zeit des Nationalsozialismus steht das Gauforum wie ein Fremdkörper in der Stadtlandschaft. Das Größenwahnprojekt Hitlers war der Prototyp für Gauforen in anderen Städten, die jedoch über die Planungsphase und erste kleinere Arbeiten nicht hinausgekommen sind. Hitler selbst war mehrfach in Weimar, um direkten Einfluss auf das protzige Projekt zu nehmen, dessen Ausführung in den Händen des jungen Architekten Hermann Giesler lag. Mit den Gauforen wollte der »Führer« die Machtansprüche seines Regimes verdeutlichen sowie dessen politische Erfolge dokumentieren.

Mit dem Bau des Gauforums begannen die Nazis 1937 fast zeitgleich mit der Errichtung des Konzentrationslagers Buchenwald. Der geplanten Regionalresidenz der Partei im Asbachtal mussten 139 Altstadthäuser weichen. Durch den Zweiten Weltkrieg blieb das Gauforum unvollendet, die danach vereinfacht fertiggestellten Bauten werden seit 1990 vom Thüringischen Landesverwaltungsamt genutzt. Von der »Halle der Volksgemeinschaft«, die für 15 000 Personen gedacht war, wurde nur die tragende Spannbeton-Konstruktion fertig, was ihr im Volksmund den Namen »Hitler-Rippe« eintrug. 1968 baute man den Torso zu einem Mehrzweckgebäude aus. Nach einigen Jahren Leerstand nach der Einheit nutzte im Sommer 2003 das Kunstfest die Halle für Aufführungen. Im Frühjahr 2006 wurde das Bauwerk als **modernes Einkaufszentrum Weimar**

Unser Tipp

Kino im Straßenbahndepot 8
Man lümmelt sich in Sessel und auf Sofas, wie sie einst bei Oma und Opa im Wohnzimmer standen. Im Hintergrund vernimmt man das Hantieren des Vorführers, besorgt sich rasch noch etwas zum Trinken von der Theke am Ende des Saals – und los geht es. Zu sehen sind in dem ehemaligen Straßenbahndepot anspruchsvolle Filme, die anderswo nicht aufgeführt werden, weil sie große Säle nicht füllen. Die also Seltenheitswert haben. Die Atmosphäre in dem denkmalgeschützten Backsteinbau ist einzigartig. »Im Winter« allerdings, so steht es im Internet, ist es »ein bisschen kalt an die Füße« (Lichthauskino, Am Kirschberg 4, Tel. 478 89 95, www.lichthaus.info, s. auch S. 39).

Atrium `1` auf drei Etagen mit Restaurants und **Kino** eröffnet (www.weimar-atrium.de). Im Eingangsfoyer des Turmgebäudes, Weimarplatz 4, ist die **Ausstellung** »Das Gauforum in Weimar – ein Erbe des Dritten Reiches« zu sehen (Mo–Fr 8–18 Uhr).

E-Werk `7`

Um vom Atrium zum E-Werk zu gelangen, überquert man die Friedensstraße. In dem mittlerweile weithin bekannten **Zentrum für unkonventionelle Kulturprojekte** hat das Deutsche Nationaltheater seine **zweite Spielstätte**. Die Aufführungen in dem Industriedenkmal finden im einstigen Maschinen- und Kesselsaal statt. Im ehemaligen Straßenbahndepot sorgt das **Lichthaus-Kino** `8` für Unterhaltung, im Sommer auch Open Air (s. Tipp S. 184)

Hinter der Kurzbezeichnung E-Werk verbirgt sich das einstige Straßenbahndepot, zu dem ein 1898 in Betrieb genommenes Elektrizitätswerk gehörte. Am 30. Juni 1937 fuhr in Weimar die letzte Straßenbahn; den Verkehr stellten die Nationalsozialisten ein, weil er nicht in ihr städtebauliches Konzept passte. Die Bahnen und Schienen wurden nach Jena verkauft.

Rauminstallation »Konzert für Buchenwald«

Mai–Okt. Sa, So 12–18 Uhr, Eintritt 1,50 €, erm. 1 €, freier Eintritt in Verbindung mit einer Eintrittskarte für das Neue Museum, www.klassikstiftung.de

Im E-Werk erinnert Rebecca Horn an die finsterste Zeit Deutschlands. Ihre Rauminstallation gehört zu den wichtigsten Beispielen für die Auseinandersetzung der zeitgenössischen Kunst mit dem Holocaust. Auf einem Schienenstrang liegen Geigen, Mandolinen und Gitarren, alle sind zerstört, gebro-

chen, ineinander verkeilt, verstummt. Die beschädigten Musikinstrumente stapeln sich in dem halbdunklen Raum auf einem Bahngleis als Ausdruck unerfüllter Hoffnungen. Links und rechts gibt es Begrenzungen durch hohe Glaswände, hinter denen sich Asche häuft, die an Unheil denken lässt. Die letzten Gleismeter sind nicht mit Instrumenten bedeckt, hier fährt »ein kleiner Transportwagen aus Buchenwald«, wie Rebecca Horn schreibt, »in Herzrhythmen gegen die hintere Wand, der Aufprall erzeugt Blitze, die wie Seelenstränge an der Stirnwand emporzüngeln. Die Landschaft der Asche erhellen.«

Carl-August-Allee

Das Neue Museum war der erste Bau eines neuen Stadtviertels, das zwischen der Jakobsvorstadt und der 1846 eröffneten Bahnstation entstanden ist. Von der planmäßigen Anlage dieses Viertels kündet heute noch die vom Rathenauplatz fast schnurgerade zum Bahnhof führende Carl-August-Allee. 1867 wurde die Allee als Mittelachse des bis zu Beginn des 20. Jh. entstandenen Bahnhofsviertels angelegt. Bis 1945 trug sie den Namen Sophienstraße und bis zum DDR-Ende 1990 hieß sie Leninstraße.

Auf der östlichen Straßenseite fällt das prachtvolle **Doppelhaus für Jenny von Pappenheim** mit der Hausnr. 8/10 `8` auf. Es ist ein Beispiel für die Wohnansprüche des gehobenen Bürgertums Ende des 19. Jh. Für das herrschaftliche Gebäude im Stil der italienischen Renaissance gab es zunächst keine Baugenehmigung, weil es nicht, wie für die beidseitige Bebauung dieser Straße festgelegt worden war, »dem Charakter von Landhäusern größerer Städte« entsprach. Architekt Georg Gutmann verwies auf ähnliche Bauten in der Berliner Straße Unter den Linden und

hatte mit seinem Einspruch Erfolg; heute wird das restaurierte Haus vom Landesamt für Geologie genutzt.

Im Haus Carl-August-Allee 9 wohnte der **Architekt Carl Stegmann** **9** (1832–95), der unter anderem die 1868–71 erbaute Rathenauschule entworfen hat, die an der westlichen Eingangsseite der Allee, am Rathenauplatz, steht. Das Stegmannhaus von 1864–66 war das erste Bauwerk an der heutigen Carl-August-Allee. Interessant ist an dem stadtbildenden Gebäude der an der Nord-, Ost- und Südseite umlaufende Terrakottafries von Hermann Wislicenus, der in humoristischer Weise vom Bau des heutigen Neuen Museums erzählt. Der Bauleiter dort hieß ebenfalls Carl Stegmann. Auf dem Fries an seinem eigenen Wohn- und Geschäftshaus ließ er ein Stück Stadtgeschichte künstlerisch für die Nachwelt dokumentieren.

Buchenwaldplatz **10**

In der Mitte wird die Carl-August-Allee durch den Buchenwaldplatz unterbrochen, der von 1873 bis 1945 den Namen Watzdorfplatz trug. Zum Gedenken der im KZ Buchenwald umgebrachten Häftlinge hieß er bis 1958 »Platz der 51 000«, danach bis 1991 »Platz der 56 000«.

1958 wurde auf ihm das überlebensgroße Denkmal für Ernst Thälmann von Walter Arnold enthüllt, gewidmet dem 1944 im KZ Buchenwald erschossenen Reichstagsabgeordneten und Vorsitzenden der Kommunistischen Partei Deutschlands. Unmittelbar nach dem DDR-Ende schleifte man vielerorts ähnliche Denkmäler, in Weimar hat man das offensichtlich gelassener gesehen. Die Häuser an der

Ein Zug zerstörter Instrumente erinnert in »Konzert für Buchenwald« an die Opfer der Nationalsozialisten (s. S. 185)

Nordseite des Platzes wurden im Zweiten Weltkrieg zerstört, die beiden heute hier stehenden Wohnblöcke von 1957/58 gehörten zu den ersten Häusern, die man nach dem Krieg in Weimar errichtete.

August-Baudert-Platz

Der Bahnhofsvorplatz trägt seit 1945 den Namen August-Baudert-Platz, benannt nach dem Sozialdemokraten (1860–1942), der am 8. November 1918 vor der Hauptwache in Weimar die Republik ausrief. Die **Villa** **11** rechter Hand, die mit ihrem vergoldeten Fassadenschmuck fasziniert, ließ sich 1888 ein Kaufmann namens Reisen erbauen, 1916 wurde sie mit dem Nebengebäude von 1850 zum Hotel Viktoria, zu DDR-Zeiten zur Poliklinik Nord.

Gegenüber liegt das **Hotel Kaiserin Augusta 12**, in dem Thomas Mann, Arnold Zweig und Martin Andersen Nexö logierten. Benannt ist es nach der Tochter des Großherzogs Carl Alexander und Maria Pawlowna, die später als Gemahlin von Wilhelm von Preußen zur Kaiserin gekrönt wurde. 1867 war in der damals noch dörflichen Idylle eine »Restauration« mit dazugehörigem Wohn- und Wirtschaftsgebäude entstanden. Jeder der mehrfachen Besitzer führte Erweiterungsbauten durch. 1927 warb das damals 100-Betten-Hotel mit der Kaiserkrone im Briefkopf und »Größtes Haus 1. Ranges am Platze«. Zur DDR-Zeit wurde 1951 aus dem Hotel Kaiserin Augusta das HO-Hotel International, nach kompletter Modernisierung firmierte es ab 1994 als Intercity-Hotel und seit Anfang 2005 trägt es wieder seinen früheren Namen Kaiserin Augusta.

Hauptbahnhof **13**

Der neoklassizistische Hauptbahnhof, der seine heutige Gestalt 1912–22 bekam, erhielt 1916 östlich des Hauptgebäudes einen kleinen **Pavillon** (heute Bankfiliale), der eigens für die großherzogliche Familie erbaut wurde. Der Bahnhof trägt offiziell den Beinamen »Kulturbahnhof«. Damit würdigen die Deutsche Bahn und die Stadt Weimar die vielfältigen kulturellen Aktivitäten der Händler und Mieter des Bahnhofs. Regelmäßig finden Ausstellungen und Installationen unterschiedlichster Art statt.

Nach Tiefurt, Kromsdorf, Oßmannstedt

Der Weg in das 1922 zu Weimar eingemeindete Tiefurt, einem Idyll am nordöstlichen Rand der Stadt, beginnt oberhalb des Ilmtals. In Tiefurt genoss die Herzogin »ohne Hofmarschall« die ländliche Stille. Im Tal der Ilm liegen auch Schloss und Park Kromsdorf, die jedoch stets im Schatten von Tiefurt standen.

Leibnizallee

Einst sind die Kutschen, wenn sie Tiefurt oder Kromsdorf zum Ziel hatten, vom Residenzschloss über die Sternbrücke gerollt. Heute ist sie nur noch für Fußgänger und Radfahrer zugelassen. Der Sternbrücke schließt sich die Leibnizallee an, die einstige Schlossallee. Das erste Haus rechts mit der Nr. 2, die **hochherrschaftliche Villa im Neobarockstil 14**, hat 1906/07 Rudolf Zapfe für den Regierungsrat a. D. Donop aus Berlin erbaut, der als Kammerherr nach Weimar gekommen war. 1920 zog Bauhausmeister Johannes Itten (1888–1967) in die Villa ein. 1923 folgte der universelle und experimentierfreudige ungarische Maler und Grafiker László Moholy-Nagy (1895–1946) einer Berufung ans Bauhaus und übernahm die Wohnung von Itten.

Im **Haus Nr. 4 15** wohnte der Professor für Germanistik **August Heinrich Hoffmann von Fallersleben** (1798–1874) mit seiner jungen Frau Ida. In ganz Deutschland bekannt geworden war er durch die Veröffentlichung seiner »Unpolitischen Lieder«. Er gehörte zum Kreis um Franz Liszt und gab die »Weimarische Zeitschrift für deutsche Sprache und Literatur« heraus. 1860 verließ er die Stadt mit den nicht gerade schmeichelhaften Worten, »froh …, von dieser Acker- und Dorfresidenz der Hof- und sonstigen Räte und Hungerleider erlöst« zu sein. Neben dem Deutschlandlied von 1841, dessen dritte Strophe nach der deutschen Wiedervereinigung 1990 zur offiziellen Nationalhymne wurde, stammen von ihm auch die bekannten Kinderlieder »Ein Männlein steht im Walde«, »Alle Vögel sind schon da«, »Summ, summ, summ, Bienchen summ herum …« und andere.

»Neues Bauen am Horn«

Rechter Hand der Leibnizallee, zwischen Carl-Alexander-Platz, Albrecht-Dürer-Straße und Otto-Bartning-Straße, wächst das architektonisch interessante Wohngebiet »**Neues Bauen am Horn**« 16. Das Viertel mit Häusern in einfachen geometrischen Formen, kurz Bauhausstil genannt, entsteht auf einem ehemaligen Kasernengelände, das nach 1945 die östliche Siegermacht des Zweiten Weltkriegs übernommen hatte. 1991 verließen die letzten Soldaten und Offiziere das Gelände. Der Rektor der Bauhaus-Universität regte an, auf diesem Terrain ein modernes Wohngebiet zu errichten. Und dachte dabei an die Anfang der 1920er-Jahre vorgesehene, aber letztlich gescheiterte Bauhaussiedlung. Lediglich das Haus »Am Horn« wurde damals erbaut. Die 1854–60 nach einem Entwurf von Carl-Ferdinand Streichhan errichtete Kaserne, die noch heute durch ihre Natursteinfassade auffällt, wurde nach der Sanierung von der Hochschule für Musik bezogen.

Jüdischer Friedhof 17

Gegenüber dem Hoffmann-von-Fallersleben-Haus, an der Ecke zur Musäusstraße, befindet sich der um 1775 angelegte Jüdische Friedhof, damals vor den Toren der Stadt gelegen. Dort ist noch der Grabstein des 1839 verstorbenen Bankiers Julius Elkan vorhanden, bei dem auch Goethe und die Familie Wieland Kunde waren. Das Bankhaus führte nach Elkans Tod sein Schwiegersohn Dr. Hermann Moritz weiter, der sich das Haus Marstallstraße 3 erbauen ließ. Das erste Begräbnis auf dem Friedhof fand 1775 statt, das letzte 1890. Der Jüdische Friedhof, jahrzehntelang ungepflegt, verfallen und als Obstgarten genutzt, wurde 1983 zum Gedenken an die Pogromnacht am 9. November 1938 wieder hergestellt. Ein Gedenkstein erinnert an die jüdischen Opfer des Nationalsozialismus.

Tiefurter Allee

Zum Sommersitz von Herzogin Anna Amalia führt die **Tiefurter Allee**. Über die wenig befahrene Straße hat Helene von Nostitz in ihren Memoiren »Aus dem alten Europa« geschrieben: »Wie gerne ging auch Rilke hier auf und ab ... Ich sehe uns dort langsam auf der Tiefurter Allee wandern, wo die liebliche Landschaft so verlockend hereinschaut, und dann weiter nach Tiefurt gehen.«

Das Ehepaar Nostitz-Wallwitz wohnte im **Haus Tiefurter Allee 4 18**, einem schlichten, schmucklosen, aus Travertinsteinquadern errichteten Gebäude, in dem die damalige geistige Elite Weimars die Klinke in die Hand gab: Rainer Maria Rilke, Gerhart Hauptmann, Hugo von Hofmannsthal, Henry van de Velde und viele andere.

Marie-Seebach-Stift 19

Tiefurter Allee 8 lautet die Anschrift des Marie-Seebach-Stifts, in dem Stars und Sternchen von gestern ihren Lebensabend verbringen. Es ist Deutschlands einziges Altenheim für Bühnenkünstler. Die Stiftung wurde von der im 19. Jh. berühmten und sehr wohlhabend gewordenen Schauspielerin Marie Seebach (1829–97) als Altersheim für alleinstehende Schauspielerinnen und Sängerinnen begründet. Vor der Villa von 1895, zu der 1937 noch etwa 100 m weiter auf der gegenüberliegenden Straßenseite das damalige Haus »Emmy-Göring-Stift« hinzukam, steht eine Büste der Seebach, geschaffen von Reinhold Begas (1831–1911), der an der Weimarer Kunstschule tätig war, bevor er für Jahrzehnte die Berliner Bildhauerkunst bestimmte. Die Seebachianer, die oft jahrzehntelang im Rampenlicht standen, die Shakespeare und Brecht spielten und damit berühmt wurden oder Verdi und Strauss sangen und rauschenden Beifall entgegennahmen, sehen auch im Alter Häkeln oder Kochen nicht als ihren Lebensinhalt. Freudig werden die Einladungen des Nationaltheaters zu den Generalproben angenommen und der Veranstaltungsplan des Hauses bietet Lesungen, Diskussionsrunden Theateraufführungen und Konzerte. Die sind öffentlich, denn die Seebachianer möchten auch im Alter unter Menschen sein.

Durch das Webicht geht es weiter nach Tiefurt. Das Webicht ist ein Laubwaldgebiet, das nördlich der Tiefurter Allee steil zum Ilmtal abfällt. Durchzogen wird es von einem sternförmigen Wegenetz. Goethe hat das stille Webicht, in dem Herzog Carl August einst eine Fasanerie unterhielt, in seinen letzten Lebensjahren gern in Begleitung seiner Schwiegertochter Ottilie besucht.

Schloss und Park Tiefurt !

1775 ließ die herzogliche Familie das Gutspächterhaus eines Kammerguts ausbauen. In dieses zog ein Jahr später der volljährig gewordene zweitgeborene Prinz Friedrich Ferdinand Constantin mit seinem Erzieher Karl Ludwig von Knebel. 1770 gab Herzogin Anna Amalia Ettersburg als Sommersitz auf und hielt sich stattdessen in der warmen Jahreszeit auf Schloss Tiefurt auf, das so gar nicht wie ein Schloss aussieht, wie wir es uns heutzutage vorstellen. Doch die Herzogin wünschte eine baulichen Veränderungen, sie mochte das ländliche, schlichte Ambiente, um hier »ohne Hofmarschall« das Leben einer Landfrau zu führen.

Schloss Tiefurt 20
April–Okt. Mi–Mo 10–18 Uhr,
Eintritt 5 €, erm. 4 €,
www.klassik-stiftung.de
Tiefurt entwickelte sich mit dem Einzug von Herzogin Anna Amalia buchstäblich über Nacht zum geistigen und kulturellen Mittelpunkt Weimars. Die Tafelrunde der Herzogin, der Treff von Adligen, Angehörigen des Hofes, Literaten und Künstlern, fand im Speisezimmer im ersten Stock statt.

Wie im Wittumspalais ging es auch im Schloss Tiefurt in den Gesprächen um Kunst und Literatur, es wurde vorgelesen, gemalt, musiziert. Goethe kam oft, Herder soll immer dabei gewesen sein, Wieland erhielt von der Herzogin sogar eine Wohnung zugewiesen, denn sie wollte den gebildeten, geistreichen und witzigen Mann so nah wie nur möglich bei sich haben.

Schiller schreibt über seinen ersten Besuch bei Anna Amalia am 28. Juli 1787 in Tiefurt: »Wir waren zwei Stunden dort, es wurde Tee gegeben und von allem Möglichen viel schales Zeug geschwatzt. Ich ging dann mit der Herzogin im Garten spazieren, wo ich sie schönstens unterhielt.«

Aus Tiefurt kam sogar eine eigene Zeitung, das »Tiefurter Journal«. Die Auflage betrug maximal elf Exemplare, die zwei professionelle Schreiber und vier Primaner des Gymnasiums handschriftlich fertigten. Herausgeberin war Anna Amalia, Chefredakteur Friedrich Hildebrand von Einsiedel (1750–1828), der Kammerherr und Übersetzer der Herzogin, und Sekretärin Louise von Göchhausen, die Hofdame. Von 1781–84 sind 47 Ausgaben erschienen.

Auch mancher Schabernack wurde in Tiefurt getrieben. Goethe und Herzog Carl August ließen, so ist überliefert, die Tür zum Stübchen der Hofdame Louise von Göchhausen zumauern und tapezieren. Als das Fräulein spät abends kam und beim Schein einer Kerze den Eingang nicht fand, begann sie verzweifelt zu schreien, was die beiden köstlich amüsierte. Louise von Göchhausen war klein und körperlich verwachsen und dadurch oft dem Spott des Herzogs und Goethes ausgesetzt, die sie als »Thusnelda« und »Gnomide« bezeichneten. Was man den beiden im Grunde doch nicht zugetraut hätte.

Das Schlösschen ist, wie Schiller meinte, zu Zeiten von Herzogin Anna Amalia »einfach und in gutem ländlichen Geschmack meubliert«. Heute vermittelt es einen Eindruck von der Wohnkultur Ende des 18. Jh. und im ersten Drittel des 19. Jh. Im Erdgeschoss blieb die mit originalen Gerätschaften des 18. Jh. ausgestattete Schlossküche erhalten.

Schloss und Park Tiefurt

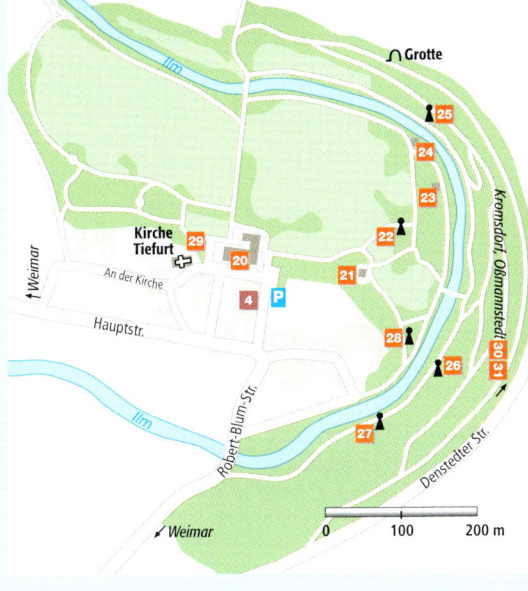

Park Tiefurt

ganzjährig frei zugänglich

Mit dem Park an der Ilm, dem Schlosspark Belvedere und den dazwischen
liegenden Auenbereichen bildet der
Park Tiefurt einen mehr als 7 km langen Grünzug. »Weimar ist eigentlich
ein Park, in welchem eine Stadt liegt«,
schrieb der Schriftsteller Adolf Stahr
bereits in seinem im Jahr 1852 veröffentlichten Tagebuch »Weimar und
Jena« – und daran hat sich bis heute
nichts geändert.

Die Anfänge des Parks, der sich in einem von Steilhängen begrenzten Bogen des Ilmflusses erstreckt, prägten
von 1775–1780 Carl Ludwig Knebel
und Adam Friedrich Oeser. Herzogin
Anna Amalia setzte das Werk – von
Goethe beraten – fort. Zu ihrer Zeit bekam die Anlage ihre heutige Größe

und wurde zu einem der bedeutendsten englischen Landschaftsparks in
Deutschland. 1805 entstand der **Teesalon 21**, ein reizvoller Fachwerkbau, in
dem der Weimarer Adel rauschende
Feste feierte.

Nach dem Tod von Anna Amalia
wurde es still in Schloss und Park Tiefurt. Eine Wiederbelebung gab es erst
durch Franz Liszt, der wiederholt nach
Tiefurt kam und auch auf der Orgel in
der **Tiefurter Kirche 29** spielte, die sich
heute innen in üppiger bäuerlich-ba-
rocker Farbigkeit zeigt. Die Orgel ist jedoch längst nicht mehr diejenige, auf
der Liszt persönlich gespielt hat; die
heutige stammt aus dem Jahr 1909.
Ganz in der Nähe öffnete das **Restaurant »Alte Remise im Kammergut Tiefurt« 4** mit weitläufigem Innen- und
Außenbereich.

Auf Entdeckungstour

Anna Amalias grüne Plätze – im Tiefurter Park

Den Park von Tiefurt hat sich Herzogin Anna Amalia ab 1781 ganz nach ihren Vorstellungen gestalten lassen. Hier hielt sie sich oft und gern auf. An den schönsten Stellen laden heute Bänke zum Verweilen ein, auf denen der Besucher wie einst die Herzogin seine Gedanken schweifen lassen kann.

Karte: S. 191

Zeit: 1,5 Stunden.

Planung: Der Park ist jederzeit und ohne Eintritt zugänglich.

Start: Am Schlösschen beginnend kann man den Park auf mehreren Wegen erkunden. Wer in östliche Richtung läuft, kommt – den Teesalon rechter Hand – als Erstes zum Gedenkstein für Herder.

Gern und oft ging Herzogin Anna Amalia vom Schloss aus im Park spazieren. Es war ihr Park! Hier, wo die Ilm einen von Steilhängen begrenzten Bogen macht, hatte sie sich ein Refugium mit Parkarchitekturen und Erinnerungsmonumenten geschaffen. Friedrich Schiller konnte die Herzogin bei vielen Begegnungen kennenlernen. 1788 charakterisierte er sie mit den Worten: »Die verwitwete Herzogin ist eine Dame von Sinn und Geist, in deren Gesellschaft man nicht gedrückt ist.« Auch Johann Gottfried Herder mochte es, mit Anna Amalia Gedanken auszutauschen. Oft war er in Tiefurt zu Gast. 1804, ein Jahr nach seinem Tod, ehrte die Herzogin ihren Vertrauten mit einem **Gedenkstein** 22. Anna Amalia (1739–1807), Herzogin von Sachsen-Weimar-Eisenach, geborene Prinzessin von Braunschweig-Wolfenbüttel, ging als Förderin der Künste in die Geschichte ein. 18-jährig Witwe geworden, regierte sie das Herzogtum bis zur Volljährigkeit ihres Sohnes Carl August. Übereinstimmend wird ihr bescheinigt, dies mit Geschick und Sachverstand getan zu haben. Oft zog sich Anna Amalia in der warmen Jahreszeit an ihre Lieblingsplätze im Grün des Tiefurter Parks zurück, um mit Freunden und Bekannten Gedanken auszutauschen oder um ihren künstlerischen Interessen nachzugehen.

Gleichheit im Liebhabertheater

Vom Herder-Stein führt der Weg vorbei am **Musentempel** 23 mit der Skulptur der Kalliope, der Muse der epischen Dichtung, der Wissenschaft und der Philosophie, zu einer platzartigen Erweiterung am Ilmufer, die zwei Postamente begrenzen. Das war **Anna Amalias Naturtheater** 24. Am 28. August 1781 fand anlässlich Goethes Geburtstags die erste Aufführung statt, so

steht es in den Chroniken. Vermerkt ist auch, dass das unter Mithilfe Goethes gegründete Liebhabertheater hier spielte, bei dem adlige und bürgerliche Laien die verschiedensten Stücke aufführten. Der Dichter war fast immer dabei, Anna Amalia und ihre Söhne Carl August und Friedrich Ferdinand Constantin spielten gelegentlich mit. 1782 erlebte am Ufer der Ilm Goethes Singspiel »Die Fischerin« seine Uraufführung. Bäume, Hecken und Wiesen bildeten die natürliche Kulisse der Stücke, mit denen Goethe das Liebhabertheater reichlich versorgte. Den Aufführungen in Tiefurt wohnten nicht nur geladene Gäste bei, hier war auch das gewöhnliche Volk zugegen. 1784, als es in Weimar wieder Berufsschauspieler gab, endete die Zeit des Liebhabertheaters.

Zum Gedenken an den Sohn

Auf dem gegenüberliegenden, rechten Ilmufer befindet sich ein mächtiger römischer Sarkophag – das 1795 aufgestellte **Denkmal für Prinz Friedrich Ferdinand Constantin** 25. Anna Amalia ließ es für ihren »zweiten und letzten zu früh abgeschiedenen Sohn« errichten. Constantin war 1793 im Alter von 35 Jahren im Krieg gegen Frankreich dem Typhus erlegen. Die Inschrift auf dem Denkmal stammt von Goethe. Auf der rechten Ilmseite wird auch der **Dichter Christoph Martin Wieland** 26 geehrt, den Anna Amalia 1772 als Prinzenerzieher nach Weimar geholt hatte. Dort, wo sich Wielands Lieblingsplatz befand, ließ die Herzogin 1782 eine Büste für ihn sowie Büsten für Goethe und Herder aufstellen. Oft soll sie an dieser Stelle mit Wieland gesessen haben, den die Herzogin sechs Jahre überlebte. Alle drei Büsten gingen bald verloren, Johann Gottfried Schadow, der Schöpfer der Quadriga auf dem Brandenburger Tor in Berlin, fertigte 1802 eine zweite Wieland-Büste an.

Nicht weit von Wielands Lieblingsplatz sieht man am Hang das 1786 aufgestellte **Denkmal für Prinz Maximilian Leopold** **27**, Herzog zu Braunschweig-Wolfenbüttel, den Bruder der Herzogin. Der in Preußens Diensten stehende General, am Monument auf einem Reliefbildnis dargestellt, war 1785 auf tragische Weise ums Leben gekommen. Die Oder führte Hochwasser, Menschenleben waren in Gefahr. Um zu helfen, stieg der Herzog am 27. April in einen Kahn, doch die reißenden Fluten brachten das Boot zum Kentern. Maximilian Leopold ertrank. Dass ein hoher Militär und noch dazu ein Adliger einfachen Menschen zu Hilfe eilte, sorgte seinerzeit für viel Aufsehen.

Ein Denkmal für die Musik

Kunst und Literatur, Musik und Theater gehören zum Leben eines gebildeten Menschen. Das hatte Anna Amalia von ihrer Mutter gelernt, einer Schwester Friedrich des Großen. Sie beherzigte den Rat, förderte die Kunst, dichtete und komponierte, spielte Harfe und Cembalo. Anna Amalia schuf die Grundlagen, dass die kleine Residenz Weimar zu einem geistigen und kulturellen Mittelpunkt Deutschlands aufsteigen konnte. Mit Recht trägt die berühmte Bibliothek ihren Namen, denn an deren Werden und Wachsen hat sie großen Anteil. Mit Interesse nahm Anna Amalia auch an Goethes Schaffen teil. Der würdigte sie nach ihrem Tod mit den Worten: »Sie gefiel sich im Umgang geistreicher Personen und freute sich, Verhältnisse dieser Art anzuknüpfen, zu erhalten und nützlich zu machen. Ja, es ist kein bedeutender Name von Weimar ausgegangen, der nicht in ihrem Kreis früher oder später gewirkt hätte.«

Anna Amalia mochte vor allem die Musik Wolfgang Amadeus Mozarts, der sich in Weimar großer Beliebtheit erfreute. In Tiefurt war, wenn man sich zur »academie de musique« zusammenfand, vornehmlich seine Musik zu hören. Angesichts dieser Begeisterung wundert es nicht, dass die Herzogin den Komponisten in Tiefurt besonders ehrte. 1799 ließ sie das Denkmal »Mozart und die Musen« aufstellen, geschaffen von Hofbildhauer Klauer. Es war das erste **Mozart-Denkmal** **28** außerhalb des Geburtslands des Komponisten. Das aus Ton gefertigte Kunstwerk hielt jedoch der Witterung nicht stand und so wurde bald eine Kopie aus Stein gefertigt.

Herzogin Anna Amalia von Sachsen-Weimar-Eisenach

Kromsdorf und Oßmannstedt

Wer noch genügend Kondition besitzt und Zeit hat, der wandert oder radelt von Tiefurt auf dem 1,7 km langen **Maria-Pawlowna-Promenadenweg** entlang der Ilm weiter nach Kromsdorf. Die Idee zu diesem Weg hatte die Großherzogin Maria Pawlowna, denn sie wollte trockenen Fußes von einem Schloss zum anderen kommen. Aber erst 20 Jahre nach ihrem Tod konnte die Anregung realisiert werden, denn so lange hatten sich die Bauern geweigert, Land für diesen Weg herzugeben.

Wer es bis Kromsdorf geschafft hat, sollte auch unbedingt noch die etwa 3 km bis zum Wieland-Museum in Oßmannstedt bewältigen.

Schloss und Park Kromsdorf 30

Mo–Fr 10–16, Sa, So 13–16 Uhr, www.maria-pawlowna.de
Ins Kromsdorfer Schloss lädt man zu kulturellen Veranstaltungen vielfältigster Art, hier hat auch die Maria-Pawlowna-Gesellschaft ihren Sitz. Das Schloss ließ Georg Albrecht von Kromsdorf vermutlich 1580 auf einem Vorgängerbau errichten. Ende des 17. Jh. gelangte es in den Besitz von Wilhelm Ernst von Sachsen-Weimar. Großherzogin Maria Pawlowna richtete in dem Renaissancebau, der stets im Schatten der übrigen Schlösser lag, ein Damenstift ein. Sein heutiges Aussehen bekam das Bauwerk Anfang des 20. Jh. Der umgebende **Renaissancegarten** besitzt eine Besonderheit: In 62 Nischen der Mauer stehen Sandsteinbüsten von Persönlichkeiten der lokalen und der Weltgeschichte, aber auch Indianerkönige und türkische Frauen. Der Tatarenfürst Tamerlan ist ebenso vertreten wie Schwedens König Gustav Adolph. Johann Theodor von Mortaigne, der als kaiserlicher Kommandant von Szeged fiel, hatte 1668 das Schloss erworben und die Sandsteinporträtbüsten in die Nischen stellen lassen.

Wieland-Museum Oßmannstedt 31

April–Okt. Di–So 10–18, Nov.–März Sa, So 10–16 Uhr, Eintritt 2 €, erm. 1,50 €, Tel. 036462 92 09 18, www.klassik-stiftung.de, www.wielandgut-ossmannstedt.de
Mit 63 Jahren erwarb Christoph Martin Wieland 1797 das Gut in dem vor den Toren Weimars liegenden **Dorf Oßmannstedt.** Sechs Jahre lebte er hier mit seiner Familie in dem lang gestreckten, zweistöckigen Gutshaus als »poetischer Landjunker«, wie er sich selbst bezeichnete. In Oßmannstedt schrieb Wieland unter anderem »Aristipp«, den ersten bedeutenden deutschen historischen Roman über die griechische Antike. Er war ein viel gelesener, populärer Autor, der erste deutsche Schriftsteller, dessen Werke während seines Lebens in einer Gesamtausgabe erschienen.

Im Museum treten die Besucher über ein audiovisuelles Leitsystem eine mediale Reise an. Sie erfahren auch, dass Wieland das Gutshaus zu einer gastfreundlichen Stätte gemacht hatte. Herder und seine Frau Caroline, Goethe, Jean Paul und Herzogin Anna Amalia kamen, der letzte Besucher war Heinrich von Kleist, der sich im Winter 1802/03 nahezu acht Wochen in Oßmannstedt aufhielt. Am Ufer der nahen Ilm fand Wieland neben seiner Frau Anna Dorothea die letzte Ruhestätte.

Das Gut in Oßmannstedt war 1757 auf den Resten eines niedergebrannten Wasserschlosses entstanden. Herzogin Anna Amalia hatte von 1762 bis 1775 mit ihren Söhnen als Sommersitz genutzt. Sanierungsarbeiten in den vergangenen Jahren konnten

Lieblingsort

Grünes Refugium
Wunderbar ist es, vom Park des
Hotels »Dorotheenhof« 4 (s. S.
22) auf Weimar, auf Tiefurt und in
Richtung Jena zu schauen. Es gibt
für uns nichts Schöneres, als nach
einem anstrengenden Tag in diesem Parkidyll am Rand von Weimar
zu sitzen, einen Tee oder Kaffee zu
trinken und dem Raunen der Natur
zu lauschen. Oder dem Küchenchef
bei der Ernte zuzuschauen. Denn
was in Park und Garten wächst –
Obst, Gemüse, Kräuter, auch Man-
gold und Erdbeerspinat – wird
frisch in der Küche des Hotels verwendet, das aus einem Gutshof
entstand. Und es ist keine Selten-
heit, ganz nah am Gartentisch
einen Feldhasen vorbeihoppeln zu
sehen oder in respektvollem
Abstand ein scheues und doch
neugieriges Reh zu beobachten.
Einfach ein perfektes Idyll.

durch eine Spende des Wielandforschers und Kunstmäzens Jan Philipp Reemtsma möglich gemacht werden. Der Park war eine der letzten barocken Parkschöpfungen in Deutschland; später wurde er zu einem **englischen Landschaftsgarten** umgestaltet.

Nach Ettersburg und Buchenwald

Sowohl vom Goetheplatz als auch vom Bahnhof kommt man mit der Buslinie 6 nach Ettersburg und Buchenwald. Schloss Ettersburg war viele Jahre der Musenhof von Herzogin Anna Amalia, fast in Rufweite davon errichteten die Nationalsozialisten das Konzentrationslager Buchenwald. Beide Orte verbindet die Zeitschneise und macht es möglich, auf engstem Raum Humanität und Grauen nachzuspüren.

Der Ettersberg ist mit 478 m über NN die höchste Erhebung im Stadtkreis. Am Hottelstedter Eck soll Goethe bei seiner Rast am 26. September 1827 »die weite Aussicht über das halbe Thüringen« gepriesen haben. Am Nordhang, an der Straße nach Ramsla, liegt der aus Einzel- und Doppelhäusern bestehende Weimarer Ortsteil Ettersbergsiedlung. Er entstand Ende der 1930er-Jahre mit dem Bau des Konzentrationslagers Buchenwald (s. S. 202). Nach dem Zweiten Weltkrieg bekam die Siedlung den Namen Ernst Thälmann, 1990 wurde sie rückbenannt.

Schloss und Park Ettersburg ▶ Karte 3, A 1

Schloss und Park Ettersburg stehen auf der UNESCO-Welterbeliste. Doch jahrelang wurden sie bei Besichtigungsreisen ausgeklammert, denn das

Schloss stand leer; mit Sicherungsarbeiten versuchte man den Verfall aufzuhalten. Seit 2008 strahlt das Ensemble nach umfassender Sanierung jedoch in neuer Pracht.

Schloss Ettersburg
Termine für Führungen durch Schloss und Park: Tel. 742 48 20,
www.schlossettersburg. de
Zu Füßen des Ettersbergs, am Nordrand eines ausgedehnten Waldgebie-

Als »poetischer Landjunker« lebte Wieland einst auf Gut Oßmannstedt

tes, ließ Herzog Wilhelm Ernst anstelle des Augustiner-Chorherrenstiftes von 1706–12 ein dreiflügeliges Jagdschloss in schlichten Barockformen errichten, in das Reste der **ehemaligen Stiftskirche** integriert wurden. 1722 kam das Neue Schloss als »Corps de logis« hinzu, das den sich bislang nach Süden hin öffnenden Ehrenhof begrenzte und wenige Jahre später bei einer Umgestaltung einen über beide Geschosse reichenden Festsaal mit rei-

chem Stuckdekor erhielt. Die junge, weltoffene Herzogin Anna Amalia, die das Schloss 1776–81 als **Sommersitz** nutzte, löste hier die Fesseln der starren Hofetikette. Schloss Ettersburg erlebte seine zweite Blütezeit. Literaten, Wissenschaftler, Philosophen sowie Mitglieder des Hofes kamen, man diskutierte und musizierte, spielte Theater und feierte Feste, an denen oft auch die Dorfbevölkerung teilnehmen durfte. Der Schlosskomplex Ettersburg war zu einem **Musenhof** geworden.

Als Schiller in seiner Stadtwohnung mit »Maria Stuart« nicht so recht zurande kam, fuhr er im Mai 1800 nach Ettersburg in der Hoffnung, hier die innere Ruhe zum Schreiben zu finden. Denn die Zeit drängte. Die ersten vier Akte wurden bereits geprobt, während der fünfte noch aus leeren Seiten bestand. Schillers Hoffnung erfüllte sich – am 14. Juni 1800 konnte »Maria Stuart« im Hoftheater uraufgeführt werden. Am 26. September 1826 war Goethe nochmals zum Schloss gefahren und sagte dort zu Eckermann: »Wir wollen künftig öfter hierher kommen.« So hat es jener aufgeschrieben.

In der nachklassischen Zeit erlebte das Schlossensemble ab 1842 seine dritte Blütezeit, nachdem Erbgroßherzog Carl Alexander und seine Frau Sophie, Prinzessin der Niederlande, es als Wohnsitz gewählt hatten. Zu ihren Gästen gehörten Franz Liszt, Friedrich Hebbel, Moritz von Schwind und viele andere.

Nach 1919 wechselte die Nutzung, was der Bausubstanz schadete. Zuletzt wohnten Senioren in der geschichtsträchtigen Anlage, ab 1979 stand sie leer, um seit 2008 als **Bauhaus-Akademie zur Weiterbildung von Architekten und Bauingenieuren** eine neue Blütezeit zu erleben. Im Schloss gibt es weiterhin ein Hotel mit 28 Zimmern sowie ein Restaurant, regelmäßig finden kulturelle Veranstaltungen statt. Der Wiedereröffnung waren umfangreiche und aufwendige Sanierungsarbeiten vorausgegangen, die der heutige Betrachter sich kaum vorstellen kann: 1700 m^2 Stuckdecken, 1300 laufende Meter Stuckprofile, 310 Türen aus den verschiedensten Bauepochen sowie 1475 m^2 Fenster- und Türgewände in Naturstein waren aufzuarbeiten, 2200 m^2 Fassadenfläche wurden erneuert.

Park Ettersburg

Ganzjährig frei zugänglich

Herzogin Anna Amalia schenkte der Umgebung des Schlosses viel Aufmerksamkeit. Sie ließ Wege anlegen und neue Gehölze pflanzen. Dazu gehört der mächtige Tulpenbaum am Westflügel des Alten Schlosses, der mit seinen Blüten erfreut. Die Umgestaltung des Schlossparks in einen Landschaftsgarten erfolgte nach 1844 unter Großherzog Carl Alexander. Der holte Carl Eduard Adolph Petzold nach Weimar, der später seinen Lehrmeister Hermann Fürst von Pückler-Muskau als Ratgeber nach Weimar bat. Pückler, der sich vor allem in Potsdam, Cottbus-Branitz und Bad Muskau als einer der genialsten Gartengestalter seiner Zeit ausgewiesen hat, besaß in Weimar einen hervorragenden Ruf. Beide Gartenkünstler begannen im Sommer 1845 mit dem sogenannten **»Pücklerschlag«**, eine in der Hauptachse des Schlosses durch Waldabholzung angelegte, lang gestreckte Wiese, die sich 900 m den Berghang hinaufzieht und von oben den Blick auf die Anlage freigibt. Wunderschön ist es, sich in der warmen Jahreszeit im Freien an einen der Tische des **Schlossrestaurants** zu setzen und die Natur zu genießen.

Die schnurgeraden **Schneisen**, die sich am **»Stern«** treffen, gab es damals bereits. Sie waren nicht als Spazier- oder Fahrwege in den Wald geschlagen worden, sondern für das höfische Jagdvergnügen. Durch diese Schneisen trieb man das Wild. Am 6. Oktober 1808, im Anschluss an den Erfurter Fürstenkongress, jagten auch Napoleon I. und Zar Alexander I. hier. Sie folgten, wie auch die Könige von Bayern, Württemberg und Sachsen, der Einladung von Herzog Carl August. »Wohl 4000 Menschen und 400 Wagen standen umher, es war ein Leben und Treiben ... «, vermerkten die Chronisten.

Die Zeitschneise

Der Buchenwald auf dem Ettersberg macht die beiden Orte, das Konzentrationslager und das Schloss, füreinander unsichtbar. Die Zeitschneise, ein Projekt des Berliner Architekten Walther Grundwald zum Kulturstadtjahr 1999, verbindet beide Orte miteinander: Park und Schloss Ettersburg als Stätte der Humanität und Buchenwald als Ort der Barbarei. Die 1,3 km lange Zeitschneise möchte die räumliche Nähe verdeutlichen, sie ist als ein Weg der Mahnung und Besinnung gedacht. Sie beginnt beim Schloss Ettersburg und führt über den Pücklerschlag hinauf zum Stern, wo man eine der **alten Jagdschneisen,** die Grünehausallee, begehbar machte. In ihrer Verlängerung verläuft sie direkt zum Eingang des Konzentrationslagers. Am Beginn und unterwegs sind Hinweisschilder angebracht – sofern sie nicht wieder sogenannte Souvenirjäger mitgenommen haben. Die Zeitschneise liegt abseits der touristischen Routen und scheint offensichtlich bei den dafür Verantwortlichen in Vergessenheit geraten zu sein, denn auch ein Waldweg bedarf der Pflege. Festes Schuhwerk ist zurzeit sehr angebracht.

Essen & Trinken

Feine Kräuterküche – **Le Goullon (im Hotel Dorotheenhof)** **1**: s. S. 26.
Essen wie in Frankreich – **Bistrot Français** **2**: s. S. 29.
Originell – **Die Glocke** **3**: Carl-August-Allee 17a, Tel. 20 28 75, www.glocke-weimar.de, Di–So 9–24, So 10–24 Uhr, Hauptgerichte 8–13 €. Nicht nur Thüringer Bratwurst, sondern auch gediegene Thüringer Küche gibt es in dem über 100 Jahre alten Gasthaus.
Gutshofambiente – **Alte Remise Tiefurt** **4**: Hauptstr. 14, Tel. 90 81 16, www.

alte-remise-tiefurt.de, tgl. 11–22 Uhr, Nov.–Febr. Di geschl., Hauptgerichte mittags 9–11 €, abends 9–16 €. Wo einst Fuhrwerke und Dreschmaschinen standen, laden die historischen Gasträume des ehemaligen Kammergutes von Schloss Tiefurt zum Verweilen ein. Vielfältige Küche mit regionalen Produkten.
Modern und historisch – **Restaurant Schloss Ettersburg** ▶ Karte 3, A 1: Am Schloss 1, Tel. 742 84 10, www.schloss ettersburg.de, tgl. 11–21 Uhr, Hauptgerichte 15–18 €. Zum sachlich-modernen Ambiente des Restaurants passt die moderne frische Küche, wo bevorzugt heimische Produkte verwendet werden. Die hauseigene Pâtisserie stellt, Kuchen, Torten und Feingebäck her, Kaffeespezialitäten, Eiskreationen und leichte Speisen komplettieren das Angebot.

Einkaufen

Mini-Shopping-Mall – **Atrium** **1**: s. S. 34.

Abends & Nachts

Spanisch – **El nino** **1**: s. S. 35.
Nochmal Spanisch – **Loft Tapas und Meer** **2**: s. S. 38.
Irisches Pub-Flair – **Smuggler's Irish Pub** **3**: s. S. 38.
Kneipenlounge – **Warm up** **4**: s. S. 40.
Hörgenuss – **congress centrum neue weimarhalle** **5**: s. S. 39.
Modernes Theater – **E-Werk und Kesselsaal im E-Werk** **6**: s. S. 39.
Mit Brille – **Cinemagnum 3-D-Kino** **7**: s. S. 39.
Programmkino – **Lichthaus-Kino (im Weimarer Straßenbahndepot)** **8**: s. S. 39.

Auf Entdeckungstour

Die Gedenkstätte Buchenwald

Große Teile des einstigen Konzentrationslagers Buchenwald wurden ab 1952 abgerissen, darunter alle Häftlingsbaracken. Doch das Verschwundene lässt sich aufspüren und zusammen mit den erhaltenen Teilen machen sie das Grauenhafte, das sich in Buchenwald abgespielt hat, deutlich.

Reisekarte: ▶ Karte 3, A 1

Zeit: ca. 60 Minuten.

Planung: Die Außenanlagen sind tgl. ohne Eintritt bis zum Einbruch der Dunkelheit zugänglich; Tel. 43 02 00, www.buchenwald.de. Vom Weimarer Goetheplatz fährt die Buslinie 6 in Richtung Buchenwald.

Start: Am Parkplatz und der Bushaltestelle, die sich an der Stelle des einstigen SS-Exerzierplatzes befinden. Hier ist auch die Besucherinformation.

Im Laufschritt wurden die neu ankommenden Häftlinge von der SS durch das **schmiedeeiserne Lagertor** getrieben. »Jedem das Seine« – diese verhöhnende Aufschrift mussten die Häftlinge dabei durchlaufen und später jeden Tag vom Appellplatz aus lesen. Das 1937 errichtete Torgebäude ist im Original erhalten geblieben. Im Westflügel befand sich das Lagergefängnis, von den Häftlingen **»Bunker«** genannt. Hier wurde grausam gefoltert und gemordet. Buchenwald war am Ende des Zweiten Weltkrieges das größte Konzentrationslager auf deutschem Boden. Die Nationalsozialisten hatten es für politische Gegner eingerichtet, von ihnen als Kriminelle und Asoziale bezeichnet, sowie Angehörige verfolgter Gruppen wie Juden, Sinti und Roma, Zeugen Jehovas und Homosexuelle, um sie aus der »deutschen Volksgemeinschaft« auszusondern.

Rund 250 000 Menschen haben die Nationalsozialisten im KZ Buchenwald im Nordwesten von Weimar inhaftiert, mehr als 56 000 von ihnen fanden den Tod. Bis in die Gegenwart sind am Ort des Schreckens sichtbare Spuren der Verbrechen vorhanden. Das ehemalige Konzentrationslager ist heute Gedenkstätte, ein Ort der Erinnerung und Mahnung an Barbarei und Unmenschlichkeit.

Auf dem Appellplatz

Jeden Morgen und Abend hatten die Häftlinge zu dem **asphaltierten Appellplatz** hinter dem Torgebäude zu eilen. Die Zählappelle waren Pflicht. Oftmals mussten sie stundenlang ausharren, je nach Laune der SS. Die im Asphalt eingelassenen **rechteckigen weißen Steine** sind die noch vorhandenen Markierungen für die Aufmärsche. Der 20 000 m² große Platz war

auch eine Stätte furchtbarer Quälerei. Auspeitschungen vor aller Augen auf dem sogenannten Prügelbock, stundenlanges Strafstehen und -singen gehörten zum Alltag. Um den Besuchern unserer Tage eine Vorstellung von den Torturen zu geben, sind **Nachbildungen eines Karrens mit Steinen und Geröll,** wie er im Steinbruch verwendet wurde, sowie ein sogenannter **Hängepfahl** zu sehen. An diesem hängte man Häftlinge mit rückwärts zusammengebundenen Händen auf. Anfang 1945 waren in Buchenwald insgesamt rund 110 000 Häftlinge inhaftiert.

Auf dem Appellplatz versammelten sich am 19. April 1945 auch all jene, die die Hölle von Buchenwald überlebt hatten. Zu ihnen gehörte der damals vierjährige polnisch-jüdische Junge Stefan Jerzy Zweig. Dreijährig brachte man ihn nach Buchenwald, und er überlebte nur, weil seine Mithäftlinge ihn monatelang vor der SS versteckten. Bruno Apitz, selbst Häftling von Buchenwald, beschreibt seine Geschichte in dem erstmals 1958 veröffentlichten Roman »Nackt unter Wölfen«, der in alle Weltsprachen übersetzt und 1963 in der DDR unter der Regie von Frank Beyer auch verfilmt wurde.

Das Sonderlager für sowjetische Kriegsgefangene

Links vom Appellplatz befand sich das **Sonderlager für sowjetische Kriegsgefangene.** Am 18. Oktober 1941 trieb man die ersten 2000 Armeeangehörigen in die von Stacheldraht umzäunten sechs Baracken. Im nahe gelegenen Kalksteinbruch hatten sie unter SS-Bewachung bis zu 16 Stunden am Tag zu schuften. Primitivste Arbeitsmittel, Misshandlungen durch die SS, Exekutionen … Ein Jahr nach ihrer Einlieferung waren nur noch 1200 der Männer am Leben. »Auf der Flucht erschossen« ist in den Unterlagen hinter den Namen der Umgebrachten fast immer zu lesen.

Die Strafkompanie

Prügelstrafe, Essensentzug und Baumhängen gehörten zu den gefürchteten Lagerstrafen. Wer jedoch in die **Strafkompanie** gesteckt wurde, dem stand noch Schlimmeres bevor. Vor allem Homosexuellen, Russen und Juden war der Weg dorthin vorgezeichnet und jedem, der sich den Befehlen der SS auch nur im Geringsten widersetzte. Die Strafkompanie, markiert als Block 36, war ein Lager im Lager, die zweistöckige Steinbaracke mit Stacheldraht eingezäunt. Den im Durchschnitt 400 Insassen war jeder Kontakt mit anderen Häftlingen wie auch das Rauchen untersagt, Strafexerzieren war an der Tagesordnung.

Die Grauen in Block 46

Hinter dem Sonderlager erinnert ein **Gedenkstein** und der **sichtbar gemachte Grundriss** an den Block 46, die einstige **Fleckfieber-Versuchsstation.** 1941 begann man in Buchenwald mit medizinischen Versuchen, Häftlinge bekamen Krankheitserreger injiziert. Im Block 50 hatte sich das **Fleckfieberserum-Institut** der Waffen-SS etabliert, in dem man entsprechende Präparate an den in Block 46 zuvor infizierten Häftlingen testete.

Viele Häftlinge fanden auch bei anderen medizinischen Versuchen den Tod, die meisten wurden jedoch planmäßig ermordet. Als Exekutionsstätte diente vor allem das erhalten gebliebene **Krematorium.** In dessen Keller wurden rund 1100 Menschen an Wandhaken erdrosselt, der achtjährige Iwan Belewzew aus Charkow ist das jüngste bekannte Opfer.

Im sogenannten **Rosengarten,** einem Käfig aus Brettern und Stacheldraht, ließ die SS allein 110 Polen verhungern und erfrieren. Besonderen Schikanen und härtester Zwangsarbeit waren dort auch die jüdischen Häftlinge ausgesetzt.

Rücksichtslos wurden die Häftlinge in der Rüstungsindustrie ausgebeutet, im Steinbruch auf dem Ettersberg mussten sie unter SS-Bewachung bis zu 16 Stunden am Tag schuften. Besonderen Schikanen und härtester Zwangsarbeit waren die jüdischen Häftlinge ausgesetzt.

Im Pferdestall

Der 55 m lange **Pferdestall** war ein massiv gebautes Gebäude, in dem auch »Puppe« stand, das Pferd von Ilse Koch. Die »Bestie von Buchenwald« genannte Ehefrau des berüchtigten SS-Lagerkommandanten Karl Koch ritt auf Puppe durchs Lager, schlug die Häftlinge mit der Peitsche oder ließ sie willkürlich ermorden. Später baute man den Pferdestall zur Erschießungsanlage für sowjetische Kriegsgefangene um. Mehr als 8000 Menschen wurden hier ermordet. Vor allem Offiziere, Politkommissare, Intellektuelle und Juden tötete man durch Genickschuss. Sie hatten sich vor eine Messlatte zu stellen, der Schuss kam aus dem Nebenraum durch einen Schlitz in der Messlatte. Opfer und Täter mussten sich nicht in die Augen schauen. Zur selben Zeit ritt in der **Reithalle** nebenan Ilse Koch auf Puppe – zur Militärmusik der SS-Kapelle.

Torgebäude

Die Uhr im Turm des **Torgebäudes** war die einzige öffentliche im Lager. Die Zeiger stehen auf 15.15 Uhr. Das ist die Stunde, als die Häftlinge am 9. April 1945 die Wachtürme besetzten, die weiße Fahne hissten und der Lager-

Gräber Speziallager 2
(sowj. Internierungslager 1945–50)

Kleines Lager

Häftlings-
krankenbau

Fleckfieber-
Versuchsstation

Fleckfieber-
serum-Institut

Sowjetisches
Speziallager

Kammer-
gebäude

Strafkompanie

Desinfektions-
gebäude

Sonderlager für
sowjetische Kriegsgefangene

Torgebäude

Pferdestall

Appellplatz

Krematorium

Reithalle

Häftlings-
kantine

»Rosengarten«

Waffen-
meisterei

Lagertor

Arrestbau

»Carachoweg«

»Zeitschneise«

SS-Kasernen

Kommandantur/
polit. Abt.

Besucherinformation

Steinbruch

Bahnhof

Truppenkasernen

Sonderlager Fichtenhain

Zentralbauleitung
der Waffen-SS

Sonderlager Fichtenhain

Gustloff-
Werke II

SS-Wohn-
gebäude

*Eingang, Schloss und Park Ettersburg,
Denkmalanlage, »Blutstraße«, Weimar, Erfurt ↓*

0   50   100 m

älteste über Lautsprecher eine erste Durchsage machte. Zwei Tage später erreichte die erste Panzerspitze der 3. US-Armee das Konzentrationslager, am 19. April versammelten sich die Überlebenden zum letzten Mal auf dem Appellplatz. In russischer, polnischer, tschechischer, englischer, französischer und deutscher Sprache wurde eine von den politischen Häftlingen verfasste »Deklaration der Überleben-den« verlesen, die als Schwur von Buchenwald um die Welt ging. Darin heißt es: »Die endgültige Zerschmetterung des Nazismus ist unsere Losung. Der Aufbau einer neuen Welt des Friedens und der Freiheit ist unser Ideal.« Den letzten Lagerkommandanten, Hermann Pister, verurteilte 1947 ein amerikanisches Militärgericht zum Tode, das Urteil wurde ein Jahr später vollstreckt.

Tausende von Eheringen der Ermordeten wurden nach der Befreiung Buchenwalds gefunden

Sowjetisches Speziallager

1995–97 entstand hinter dem einstigen Desinfektionsgebäude und dem Kammergebäude ein neues Ausstellungsgebäude. Darin wird über den zur DDR-Zeit verschwiegenen Teil der Lagergeschichte informiert. Im August 1945 richteten die Sowjets in Buchenwald ein **Speziallager** ein, das bis 1950 bestand. Mehr als 28 000 Menschen, schuldige und vermeintlich schuldige Nationalsozialisten, aber auch willkürlich Verhaftete, die Opfer von Denunzierungen geworden waren, kamen in das Lager. Die Bedingungen waren katastrophal, die Verpflegung kaum ausreichend, gearbeitet werden durfte nicht, Papier, Schreibgeräte, Schneid- und Schnitzwerkzeuge sowie Bücher durfte niemand besitzen, die einzelnen Baracken waren durch Stacheldraht voneinander abgetrennt. Die Angehörigen der meist in Nacht- und Nebelaktionen verhafteten Menschen erfuhren nichts über die Gründe, auch der Ort der Inhaftierung wurde nicht mitgeteilt. Die Lagerinsassen waren völlig von der Außenwelt isoliert, es gab keine Gerichtsverfahren und demzufolge auch kein Recht auf Verteidigung.

Über 7000 von ihnen überlebten die elenden Haftbedingungen nicht, sie wurden in Massengräbern anonym verscharrt, die Angehörigen nicht informiert. Erst in den 1990er-Jahren ermittelte man die Gräber am Nordhang des Ettersbergs und in der Nähe des ehemaligen Lagerbahnhofs und legte **Waldfriedhöfe** an.

Plünderungen nach dem Krieg

Von den Sowjets kam 1949 die Anregung, »in Buchenwald ein Nationalmuseum zu schaffen«. Die Vorstellung war, das gesamte Lager mit seinen Baracken zu erhalten und das Innere museal zu gestalten. Als die sowjetischen Behörden das ehemalige Lager offiziell dem Land Thüringen übergaben, war vieles schon nicht mehr vorhanden oder in einem desolaten Zustand. Die Bevölkerung hatte in dieser Zeit, in der jeder Ziegel, jedes Brett, jeder Nagel und jede Eisenstange dringend benötigt wurde, reichlich geplündert. 1950 beschloss die SED-Führung, nur einige Relikte von Buchenwald zu erhalten und das Gelände aufzuforsten. Ab 1952 begann die systematische Demontage der restlichen Baracken, man übergab sie Produktionsbetrieben für Lagerzwecke, die Ziegel verwendete man für den Wiederaufbau kriegszerstörter Gebäude. Die beabsichtigte Aufforstung unterblieb glücklicherweise.

Denkmal für die Getöteten und Gequälten

Zum Gedenken an die Toten und Gequälten von Buchenwald weihte man 1958 am Südhang des Ettersberges eine **monumentale Denkmalanlage** ein. Die Straße der Nationen verbindet drei große Ringgräber, in denen die Überreste von etwa 3000 Menschen ruhen. 18 mit Feuerschalen versehene Pylonen stehen stellvertretend für die Länder, aus denen Menschen kamen, die in Buchenwald litten und starben. Krönung der Anlage sind der 50 m hohe Glockenturm und die beeindruckende Figurengruppe der Gefangenen von dem Berliner Bildhauer Fritz Cremer, die sogenannte »Buchenwald-Gruppe«. Sie besteht aus elf Figuren, einem Jungen und zehn Männern, von denen jede eine andere Gruppierung

ehemaliger KZ-Häftlinge repräsentiert. Mit dieser gewaltigen Anlage wollte die DDR demonstrieren, den Schwur von Buchenwald eingelöst zu haben und sich gegenüber dem westlichen Teil Deutschlands als der moralisch bessere darstellen.

Verbrechen und Widerstand – Ausstellungen

Mehrere **Ausstellungen** informieren über die Verbrechen der SS-Schergen und den Widerstand der hier inhaftierten Menschen. So wird im einstigen **Kammergebäude** die **Dauerausstellung zur Geschichte des Konzentrationslagers** gezeigt, im benachbarten ehemaligen **Desinfektionsgebäude** die **Dauerausstellung »Überlebensmittel – Zeugnis – Kunstwerk – Bildgedächtnis«.** Zu sehen sind künstlerische Arbeiten aus dem Konzentrationslager und zum ehemaligen Konzentrationslager 1945–95. In der Nähe des Mahnmals erhält man Informationen über die »Erinnerungsbildung an das nationalsozialistische Konzentrationslager Buchenwald seit 1945«.

Von Buchenwald fährt man auf der Blutstraße und der Ettersburger Straße wieder ins Stadtzentrum zurück.

Gut zu wissen

Die **Besucherinformation** der Gedenkstätte Buchenwald hat Di–So April–Okt. 9–18, Nov.–März 9–16.30 Uhr geöffnet. Audiobegleiter liegen von 10 bis 15 Uhr zum Ausleihen bereit (3 €, mit Bildeinblendung 5 €). Mehrmals am Tag wird im Kino ein 30-minütiger Film über das Konzentrationslager gezeigt. Wann er beginnt, wird in der Besucherinformation angezeigt. Andere Dokumentarfilme, zum Beispiel über das sowjetische Speziallager nach 1945, sind nach vorheriger Absprache zu sehen.

Im Süden Weimars

Highlight !

Schloss und Park Belvedere: Das »Sanssouci der Herzöge von Weimar«, eine der Sommerresidenzen des Herrscherhauses Sachsen-Weimar-Eisenach südöstlich der Stadt. Vorbild für die repräsentative Anlage war Schloss Belvedere in Wien. Das Rokokomuseum im Schloss zeigt kostbares Kunsthandwerk. **59** S. 228

Auf Entdeckungstour

Promi-Gräber – ein Spaziergang über den Historischen Friedhof: Der Historische Friedhof ist so etwas wie das enzyklopädische Familienalbum des klassischen und nachklassischen Weimar. Hier fanden fast alle, die Rang und Namen haben, ihre letzte Ruhestätte. **26** S. 220

Ein Stück Russland – durch den Russischen Garten von Belvedere: Das waren damals noch Geschenke: Erbherzog Carl Friedrich überraschte seine Gemahlin Maria Pawlowna, Tochter von Zar Paul I., mit dem Russischen Garten beim Schloss Belvedere. Die Großfürstin von Russland sollte an die »kleinen Gärten« in Pawlowsk erinnert werden, in denen sie ihre Kindheit verbrachte. **67** S. 230

Kultur & Sehenswertes

Liszt-Haus: Erinnerung an den Komponisten, Klaviervirtuosen und Dirigenten, der Weimars Musikleben zu europäischer Bedeutung führte. **50** S. 224

Bauhausgebäude: Die Wiege der »modernsten Kunstschule der Welt im 20. Jh.«, die UNESCO nahm die Gebäude in die Welterbeliste auf. **53** S. 225

Parkhöhle: Rund 12 m unter dem Ilmpark spazieren und sich Interessantes über die Erd- und Menschengeschichte erzählen lassen. **51** S. 225

Aktiv & Kreativ

Joggen am Ilmufer: Die Parkwege sind ein Dorado für Jogger und Nordic Walker. Behinderungen gibt es kaum – Radeln ist nicht gestattet und Hunde müssen an der Leine geführt werden, denn der Park ist Weltkulturerbestätte. S. 239

Genießen & Atmosphäre

Café d'Este: Duftender Kaffee, frisch gebackener Kuchen und wechselnde Kunstausstellungen im stilvollen mediterranen Ambiente, dazu kostenlos ein wunderbarer Blick ins Grüne vom Osthang des Ilmparks. **10** S. 236

Hofladen im Bienenmuseum: Für jeden Geschmack dürfte ein Honig vorhanden sein, das Angebot reicht von herb bis süß, von Majoran- und Thymian- bis zu Löwenzahnhonig. **1** S. 245

Abends & Nachts

Bar Belle Epoque: Den Tag angenehm ausklingen lassen, bei großer Cocktailauswahl und am Wochenende mit Livemusik. **1** S. 245

Viel Grün und noble Villen

Weimar zeichnet sich durch viel Grün aus, das gut Betuchte anzog. Ende des 19. Jh., Anfang des 20. Jh. dehnte sich die Stadt in Richtung Süden aus. An der damaligen »Peripherie«, beiderseits des Parks an der Ilm, entstanden bevorzugte Wohngegenden. Fernab von der starren Enge des Hofes ließ man sich noble Villen errichten, viele in den geschwungenen, verspielten Formen des Jugendstils. Einige heben sich ihrer Architektur oder auch der Geschichte wegen hervor, wie das Haus

Hohe Pappeln, das Wohnhaus »des Alleskünstlers für alle«, Henry van de Velde, der sein Domizil logischerweise selbst entwarf. Wer Rang und Namen hatte, fand südlich des Zentrums, auf dem zum Welterbe gehörenden Historischen Friedhof, seine letzte Ruhestätte. Touristen zieht es in dieses Viertel Weimars aber auch wegen der ebenfalls zum Welterbe zählenden Bauhausbauten.

Durch das westliche Südviertel

Der »Platz vor dem Frauentor« bekam den Namen Wielands, weil Christoph Martin Wieland 1772–92, wie eine Gedenktafel mitteilt, im Vorgängergebäude an der Ecke zur Marienstraße, heute Hausnr. 1, wohnte. Diese Wohnung Wielands war eine von vielen. Die immer größer werdende Familie – seine Frau Sophie hatte ihm 13 Kinder geboren – war vermutlich der Grund für den häufigen Wohnungswechsel. Im Blickpunkt des Platzes erhebt sich das **Wieland-Denkmal** **1**. Aufgestellt wurde es nicht, wie allgemein üblich, anlässlich eines Jubiläums des Geehrten. Die Enthüllung erfolgte 1857 – übrigens am selben Tag wie das Goethe-Schiller-Denkmal – zum 100. Geburtstag von Großherzog Carl August. Alle waren damit einverstanden, denn hätte es Carl August nicht gegeben, wäre Weimar wohl weiter eine unbedeutende Residenzstadt geblieben und Wieland nicht zum »deutschen Voltaire« aufgestiegen. Anna Amalia war es, die Wieland 1772 als Prinzenerzieher nach Weimar geholt hatte. Durch Schriften zur Fürstenerziehung

Infobox

Reisekarte: ▶ Karte 1, A–E 4–7 &
▶ Karte 3, C/D 4

Rundgang
Vieles liegt südlich des Zentrums nicht so dicht beieinander wie in der Altstadt. Mit der Zeit sollte man deshalb nicht geizen. Beispielsweise sollten für den Park an der Ilm, sofern man die beiden musealen Einrichtungen Goethes Gartenhaus und Römisches Haus nur von außen betrachtet und nur die Monumente und Denkmale erwandert, etwa 3 Std. eingeplant werden. Fast so viel Zeit wird auch für den Besuch des Historischen Friedhofs benötigt.

Verkehrsmittel
Nach Belvedere fährt die Buslinie 1, unterwegs kann man an der Belvederer Allee eventuell die Fahrt für Besichtigungen unterbrechen. Das Fahrrad ist oft hinderlich, denn auf dem Historischen Friedhof und im Park an der Ilm darf nicht geradelt werden.

Am Wielandplatz kann man ob der Jugendstilpracht nur staunen

war die Herzogin auf ihn aufmerksam geworden. Wieland nahm starken Einfluss auf das geistige Leben der Stadt, er schrieb Romane, Gedichte und übersetzte die Werke griechischer und römischer Autoren ins Deutsche. Er bewunderte die Autoren der Antike, er verehrte aber auch Shakespeare und übersetzte 22 seiner Stücke. Seinen Ritter- und Elfenroman »Oberon« würde man heute als einen Bestseller bezeichnen, es gibt ihn in fast allen europäischen Kultursprachen. Carl Maria von Weber regte er zu seiner gleichnamigen berühmten Oper an.

Vor dem Wieland-Denkmal plätschert heute wieder der 1857 eingeweihte **Wielandbrunnen.** 1969 musste er dem Straßenbau weichen, er wurde abgebaut und eingelagert. Erhalten blieben das Granitbecken und der Beckensockel, den Wasserspeier mit Löwenkopf hat man 1995 rekonstruiert.

Die Steubenstraße

Bevor man die noblen Villenviertel erreicht, führt der Weg zunächst die stark befahrene Steubenstraße entlang, die einmal Brauhausstraße, dann Kaiserin-Augusta-Straße und Straße der SA hieß. Ihren heutigen Namen gaben ihr die US-Amerikaner während ihrer nur wenige Monate dauernden Besatzungszeit im Sommer 1945. Der Preuße Friedrich Wilhelm von Steuben (1730–94) war 1777 in die Armee von

211

Trierer Str.

Abraham-Lincoln-Str.

Abraham-Lincoln-Str.

August-Frölich-Platz

Steubenstr.

Gropius-Str.

Hegelstr.

Schützeng.

Brauhausgasse

Puschkinstr.

Taxi

Goethe-brunnen

Seifengasse

Frauentorstr.

Haus Frau von St

Goethehaus

Ackerwand

Steubenstr.

Wielandpl.

Schubert-str.

R.-Wagner-Str.

August-Bebel-Platz

William-Shakespeare-Str.

Jahnstr.

Schubertstr.

Lisztstr.

Preller-str.

Hegelstr.

Humboldtstr.

Amalienstr.

Beethoven

Amm.-str.

Marienstr.

Trierer Str.

85

Henßstr.

Am Poseckschen Garten

R.-Breitscheid-Str.

H.-v.-Kleist-Str.

Böhlaustr.

Schwabestr.

Cranachstr.

Zöllnerstr.

Thomas-

Müntzer-

Str.

Amalienstr.

Geschw.-Scholl-Str.

Bauhausstr.

Gutenbergstr.

Richard-Wagner-Str.

Lisztstr.

Cranachstr.

Dr.-Salvador-Allende-Str.

Zöllnerstr.

Am Schönblick

Gutenbergstr.

Humboldt-

Str.

Theodor-Hagen-Weg

Fürstengruft

Karl-Haußknecht-Str.

Berkaer Str.

Windmühlenstr.

Windmühlenstr.

Humboldt-

Wilhelm-Külz-Str.

Hufelandstr.

Theodor-Körner-Str.

Haus Humboldtstr. 59

Silberblick

Hufelandstr.

Atelierhaus

Ludwig-Feuerbach-Str.

Ratstannenweg

Rainer-Maria-Rilke-Str.

Freiherr-vom-

Wilhelm-Bode-Str.

Neuer Weg

Humboldtstr.

Krematorium

Berkaer Str.

An der Lehne

Zum Wilden Graben

Rosen-

Ratstannenweg

Tusl

Helmholtzstr.

Kleingärten

Neuer Friedhof

Hoher Weg

Steinhügelweg

Sonnenweg

Ratstannenweg

Villa Ortlepp

Hermann-Lön

Paul-Klee-Str.

Paul-Klee-Str.

Lessingstr.

Gustav-Freytag-Str.

Tulpen-weg

Rainer-Maria-Rilke-Str.

85

Wilder Graben

Berkaer Str.

Zum Hospitalgraben

Lyonel-Feininger-Str.

M. Brandt-Str.

A.-Ahner-Str.

Henry-van-de-Velde-Str.

Sophien- und Hufeland-Klinikum

Rainer-Maria-Rilke-Str.

Bergweg

Am Gehähric

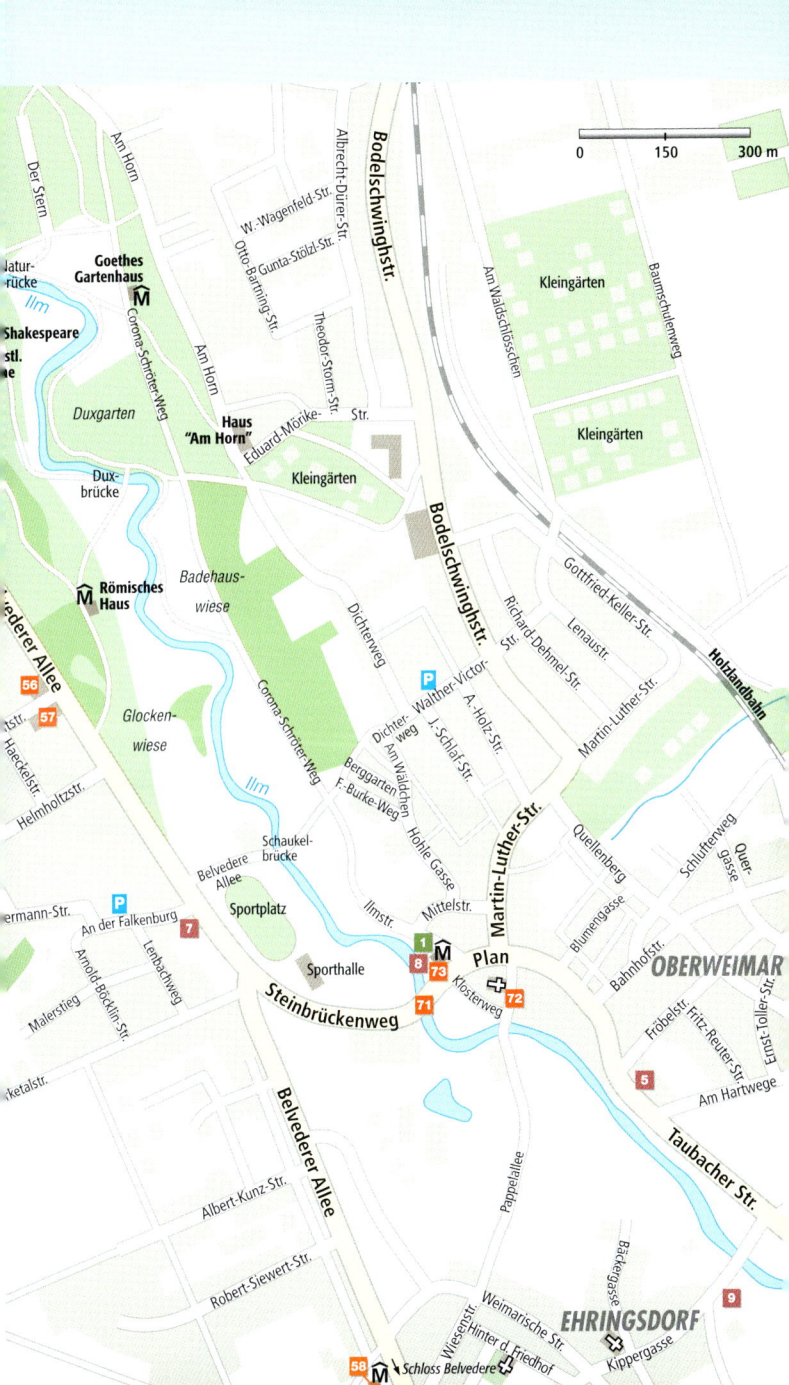

Südlich des Zentrums mit Park an der Ilm

George Washington eingetreten und hatte im amerikanischen Unabhängigkeitskrieg zum Sieg beigetragen.

In das einstige Messhaus (1836) mit der Nr. 1 zog die **Stadtbücherei** **2**. Das Erdgeschoss entstand stützenfrei, hier hatte die Stadtwaage ihren Platz, mit der amtliche Messungen vorgenommen wurden. Wer wenige Meter links in die Humboldtstraße hineinschaut, sieht »**Sommers Weinstuben**« **4**, die zum Essen und Trinken einladen. 1868 als Delikatess- und Weinhandlung gegründet, öffnete das Restaurant nach mehr als drei Jahrzehnten Fremdnutzung zu DDR-Zeiten 1991 wieder.

Im Haus Steubenstraße 32 befand sich die Wohnung von Bauhaus-Direktor **Walter Gropius** **3**, der nach der Schließung des Bauhauses durch die Nationalsozialisten 1934 nach London und drei Jahre später nach Cambridge/USA emigrierte, wo er als Leiter der Architekturabteilung der Harvard-Universität große Erfolge feierte. Hat man die Gropiusstraße überquert, kommt man am **Froschbrunnen** **4** vorbei, der ursprünglich unterhalb des heutigen Neuen Museums stand. 1936 war er dem Bau des sogenannten Gauforums im Weg und man versetzte ihn kurzerhand an seine jetzige Stelle. Im ersten Obergeschoss des Neorenaissance-Doppelhauses Steubenstraße 38/40 wohnte der Gropius-Kollege **Georg Muche** **5**, von dem das Musterhaus »Am Horn« stammt. Nach dem Zweiten Weltkrieg kam Muche wie derholt nach Weimar. 1979 verlieh ihm die damalige Hochschule für Architektur und Bauwesen die Ehrendoktorwürde. Die Klassik Stiftung erhielt von dem abstrakten Maler mehrere Gemälde und Grafiken als Geschenk.

Schräg gegenüber, an der Ecke zur Prellerstraße, erinnert an dem neoklassizistischen Haus eine Gedenktafel an **Rudolf Steiner** (1861–1925) **6** . Der Begründer der Anthroposophie und der Waldorfschulen hatte hier sein Zuhause, als er Mitarbeiter des Goethe- und Schiller-Archivs war. Seit 1910 befindet sich im Erdgeschoss des Hauses das **Restaurant Alt-Weimar** **1** .

Einige Schritte rechts in der Lisztstraße, an der Ecke Schubertstraße, ist die wunderschön restaurierte **Villa Alvary** **7** mit der Hausnr. 4 zu sehen. In dem Neorenaissance-Haus wohnte Ende des 19. Jh. der Geheime Legationsrat Ludwig Raschau, der Gesandte Preußens am Weimarischen Hof. In dieser Zeit war das Haus Mittelpunkt ausgesuchter Gesellichkeit, zu den ständigen Gästen gehörte Großherzog Carl Alexander. Namensgeber der grandiosen Villa war der Wagnersänger Max Alvary (1857–98), der 1879 als 22-Jähriger nach Weimar gekommen war und den Entwurf für sein Wohnhaus selbst anfertigte. 1885 zog Alvary ein, doch ein Jahr später verkaufte er die im italienischen Palazzostil errichtete Villa wieder, weil er in die USA ging.

Herz-Jesu-Kirche **8**

Wieder zurück auf der Steubenstraße, geht man weiter zum August-Frölich-Platz mit der Herz-Jesu-Kirche. Geweiht wurde sie 1891 vom Bischof von Fulda. Der Frankfurter Architekt Maximilian Meckel entsprach dem Wunsch von Großherzog Carl Friedrich und schuf eine Nachahmung des berühmten Doms von Florenz, in dem sich Spätgotik und Frührenaissance

vereinen. Die Orgel, von der Firma Metzler gebaut, kam 1991 als Geschenk des Schweizer Klosters Wettingen/Aargau nach Weimar. Das benachbarte Pfarrhaus befindet sich in einem 1776 errichteten ehemaligen Mühlengebäude. Der Platz mit viel Grün ist benannt nach dem Politiker August Frölich (1877–1966), der nach dem Zweiten Weltkrieg bis 1952 Präsident des Thüringer Landtags und danach Abgeordneter des Bezirkstages Erfurt war.

Kreuzkirche **9**

Das Gotteshaus William-Shakespeare-/Ecke Böhlaustraße trägt den Namen Kreuzkirche erst seit 1927. Die Weimarer kennen es fast nur als »Englische Kirche«, denn erbaut wurde es 1899 für die anglikanische Gemeinde. Großherzog Carl Alexander hatte das Bauland kostenfrei bereitgestellt, den Entwurf lieferte Rudolf Zapfe (1860–1934). Was verblüfft: Weimars Jugendstilarchitekt gestaltete die Kirche in den Formen der Neogotik. Nach Beschädigungen und Plünderungen im Ersten Weltkrieg erwarb die evangelische Kirchgemeinde das Gotteshaus. Der Glockenturm mit einem Geläut der bekannten Apoldaer Glockengießerei Schilling ist eine Zugabe von 1962. Zu dem 1972–74 völlig neu gestalteten Innenraum gehört die Orgel der renommierten Potsdamer Orgelbaufirma Schuke.

Cranachstraße

Die Cranachstraße entlangzugehen lohnt sich, denn hier befinden sich kunstgeschichtlich interessante Häuser. Das **Palais Dürckheim** **10** mit der Hausnr. 47 entstand nach einem Entwurf von Henry van de Velde. Graf Friedrich von Dürckheim-Montmarin ließ es sich 1912/13 erbauen. Als 1918 die Monarchie endete, verließen zahlreiche adlige Familien Weimar, darunter auch der Graf. In den folgenden

Jahrzehnten nutzte man die hochherrschaftliche Villa als Bürohaus, ab 1945 war sie Sitz des Sowjetischen Geheimdienstes und von 1968 bis zum DDR-Ende hatte sich »Horch und Guck« hier einquartiert, im DDR-Sprachgebrauch die volkstümlich übliche Bezeichnung für das Ministerium für Staatssicherheit, die Stasi. Heute dient das Palais als Wohn- und Bürohaus. Schräg gegenüber mit der Nr. 42 liegt die **Villa Ducké** 11. Der Schuhfabrikant Georg Ludwig Ducké (gest. 1943) ließ sie 1912 errichten. Am Ende des Zweiten Weltkriegs gefiel sie dem sowjetischen Stadtkommandanten so sehr, dass er die Bewohner verjagte und sich selbst darin einquartierte.

In der zweiten Etage des **Hauses Cranachstraße 15** 12 wohnte zwischen 1905 und 1935 Harry Graf Kessler, der Weimar zu einem europäischen Zentrum der künstlerischen Avantgarde machen wollte. Die Inneneinrichtung der luxuriösen Wohnung war eine der ersten Auftragsarbeiten, die Henry van de Velde in Weimar bekam. Helene von Nostitz (1878–1944), die mit ihrem Mann, dem Kammerherrn Alfred von Nostitz-Wallwitz, dem Kreis »Neues Weimar« angehörte, schrieb: »Etwas von dieser Weltluft, die bei aller Bescheidenheit Goethe und die Fürsten seiner Zeit umgab und Weimar diesen eigenen Zauber verleiht, der in die dumpfige Enge der Kleinstadt nicht aufkommen läßt, weht auch in den Bauten und Räumen, die van de Velde geschaffen hat.«

Zu den angesehensten Architekten der Stadt zählte der 1934 in Weimar verstorbene Rudolf Zapfe. Im östlichen Abschnitt der Cranachstraße hat er zwischen 1903 und 1906 insgesamt sieben Villen erbaut, darunter die imposante Stadtvilla **Cranachstraße 9** 13. Die florale Jugendstilornamentik der Fassade geht vermutlich auf einen Wunsch des Bauherrn zurück, des Naturwissenschaftlers Josef Friedrich Nicolaus Bornmüller (1862–1948), bis heute der namhafteste Orientbotaniker. Ebenfalls von Zapfe stammt auf der gegenüberliegenden Straßenseite die **Villa Cranachstraße 10** 14 mit einer Jugendstilfassade und aufwendigen Stuckaturen, die zu den prächtigsten Villen Weimars gehört. Bauherr war der Großherzogliche Hoflieferant Gustav Raumer (1857–1945), der die Drogerie am Markt 9 besaß.

Von der Gutenberg- zur Windmühlenstraße

Das Haus Gutenbergstraße 1a kennt man als **Palais Henneberg** 15. Freiherr Alfred von Henneberg ließ das zweigeschossige Gebäude von Henry van de Velde 1913/14 entwerfen; heute befindet sich darin ein Waldorfkindergarten. Das Gebäude ist eine der drei Villen, die van de Velde in Weimar errichten konnte. Großherzog Wilhelm Ernst hatte den Belgier, von etwa 1895 bis zum Ausbruch des Ersten Weltkriegs europaweit eine der populärsten Gestalten des Kunstgeschehens, 1902 nach Weimar geholt. Die Straßenfassade der Henneberg-Villa gehört wegen ihrer Unaufdringlichkeit – im Gegensatz zur dominanten Gartenseite – zu den qualitätsvollsten Arbeiten des Belgiers.

Den ersten und zweiten Stock des an der Wende vom 19. zum 20. Jh. errichteten **Hauses Gutenbergstraße 16** 16 bewohnte 1919–25 der Bauhauskünstler Lyonel Feininger. »Daß wir dieses Haus bekommen, ist mir wie ein Traum«, schrieb er am 9. Juli 1919 an seine Frau Julia, »wir haben elektrisch und Gas im Hause ...« Die Nationalsozialisten erklärten auch Feiningers Arbeiten zur »entarteten Kunst« und entfernten sie aus Museen und Sammlungen. Deshalb verließ der Künstler mit 66 Jahren das faschistische Deutschland und kehrte in seine amerikanische Heimat zurück.

Von der Gutenbergstraße erreicht man über die Richard-Wagner-Straße die Windmühlenstraße. Die **Villa an der Windmühle** 🟧17, Hausnr. 19, hat sich der nationalsozialistische Reichsstatthalter Fritz Sauckel errichten lassen. Den Entwurf lieferte Hermann Giesler, auch Architekt des Weimarer Gauforums, der den Rest einer aus Feldsteinen erbauten Windmühle als Endpunkt des süd-lichen Seitenflügels einbezog. Sauckel, der beste Beziehungen zu Hitler unterhielt, erließ noch am 1. April 1945 einen Aufruf, das »nationalsozialistische Großdeutschland durch Kampf zum Sieg« zu führen. Etwa zwei Wochen später saß in seinem Arbeitszimmer General George S. Patton, denn der Befehlshaber der einmarschierenden US-Armee hatte Sauckels Villa zu seinem Dienstsitz gemacht. Der namhafte Nazi wurde 1946 in Nürnberg als Kriegsverbrecher hingerichtet. Chefankläger Jackson hatte ihn als den »größten und grausamsten Sklavenhalter seit den ägyptischen Pharaonen« bezeichnet. Heute befindet sich in dem Haus eine Verwaltungsschule.

Die **Villa Windmühlenstraße 16** 🟧18 entstand nach Plänen von Rudolf Zapfe für Robert Deinhardt (1867–1937), den Inhaber des Stadtbrauhauses. Als das Haus 1906/07 weit von der Stadt und dem Hof entfernt errichtet wurde, stand es völlig frei und von der Terrasse bot sich ein ungehinderter Blick über die Stadt bis zum Ettersberg. 1945 beschlagnahmten die Amerikaner als Besatzungsmacht das Haus mit der trutzigen Architektur, danach übernahmen es die Sowjets.

In der Windmühlenstraße, in den 1. Stock der **Villa mit der Nr. 1** 🟧19, zog 1924 die Schauspielerin Emmy Sonnemann-Köstlin (1893–1973), nachdem

sie am Nationaltheater engagiert worden war. Fast zehn Jahre lang gehörte sie zu den meistbeschäftigten Mitgliedern des Schauspielensembles, spielte das Gretchen in Goethes »Faust« und die Beatrice in Schillers »Die Braut von Messina«, bis sie Hermann Göring heiratete, einen der mächtigsten und berüchtigtsten Männer des Dritten Reiches. Auf ihre Veranlassung wurde das Marie-Seebach-Stift um einen Neubau erweitert.

Nietzsche-Archiv 🟧20
Humboldtstr. 36, April–Okt.
Di–So 13–18 Uhr, Nov.–März geschl.,
Eintritt 2,50 €, erm. 2 €,
www.klassik-stiftung.de
Villa Silberblick nennt sich das Haus, in dem der große, umstrittene Philosoph Friedrich Nietzsche (1844–1900) die letzten drei Jahre seines Lebens verbrachte. Als Nietzsche-Archiv ist es für Besucher geöffnet. Leider konnte man sich noch nicht von dem Namen »Archiv« trennen, der gewiss manchen vom Besuch abhält. Zutreffend ist er ohnehin nicht mehr, denn die Manuskripte von Nietzsche werden schon lange im Goethe-Schiller-Archiv aufbewahrt.

Bei Beginn von Nietzsches geistiger Umnachtung wählte seine umtriebige Schwester Elisabeth Förster-Nietzsche Weimar als Wohnsitz, denn ihr Bruder sollte »in der Goethe-Stadt als neuer Klassiker erstrahlen«. 1897 bezog sie mit ihm die backsteinerne Villa Silberblick. Die Erdgeschossräume, beginnend mit der Eingangstür, gestaltete Henry van de Velde im Jugendstil. Das Raumensemble, das als ein Meisterstück van de Veldes gilt, blieb fast vollständig erhalten. Bewusst hat der schwer kranke Nietzsche die Weimarer Jahre nicht mehr erlebt. Im Kaiserreich mit seiner geistigen Enge war Friedrich Nietzsche für viele Intellektuelle Wegweiser in eine bessere Zukunft. Harry

Graf Kessler notierte am 28. Januar 1895 in sein Tagebuch: »Es gibt wohl heute in Deutschland keinen leidlich gescheiten studierten oder gebildeten Mann von zwanzig bis dreißig Jahren, der nicht Nietzsche einen Teil seiner Weltanschauung verdankt.« Bis zum Beginn des Ersten Weltkriegs war die Villa Silberblick Treff der intellektuellen Elite Europas; hier gingen Hugo von Hofmannsthal, Thomas Mann, Romain Rolland und viele andere ein und aus. Im Dritten Reich vereinnahmten die Nationalsozialisten den Philosophen, Benito Mussolini und Adolf Hitler besuchten das Nietzsche-Archiv sogar persönlich. Nietzsche war deshalb in der DDR eine Persona non grata, erst 1990 öffnete das Haus wieder.

Abstecher in die Wilhelm-Külz-Straße

Von der Humboldtstraße biegt man in die Wilhelm-Külz-Straße ein, wo in der vornehmen, 1910 erbauten **Villa Nr. 7** 21 1947–51 der Komponist Ottmar Gerster (1897–1969) wohnte, wie eine Gedenktafel mitteilt. Von 1948 bis 1951 war er Rektor der Musikhochschule, die städtische Musikschule trägt heute seinen Namen. Im **Haus Nr. 3** 22 wohnte ab Herbst 1923 der aus Russland stammende Maler und Grafiker Wassili Kandinsky (1866–1944), der zu den namhaftesten Bauhausmeistern gehört. »Weimar war damals eine charmante, ja beinahe idyllische Stadt, ein verträumter Ort mit Parks und Alleen, der eine jedem Künstler so wohltuende Ruhe ausstrahlte«, schrieb Nina Kandinsky später. Die meisten Arbeiten ihres Mannes wurden 1937 als »entartete Kunst« aus den Museen entfernt, in den Kunstsammlungen Weimar haben jedoch einige Grafiken das Dritte Reich überstanden.

Von der Wilhelm-Külz-Straße geht man die Humboldtstraße weiter zum 1907 fertiggestellten **großen Doppelhaus Nr. 21** 23, dem Privathaus von Rudolf Zapfe. Er wohnte und arbeitete im Erdgeschoss, die oberen Etagen waren vermietet. Zapfe hat Weimar mit schönen Jugendstilbauten beschenkt, die heute noch Schmuckstücke im Stadtbild sind. Doch sein eigenes Wohnhaus weist neobarocke Formen auf. »Der Name Rudolf Zapfe ist aus der Baugeschichte Weimars nicht mehr wegzudenken«, heißt es im Nachruf der »Mitteldeutschen Weimarischen Zeitung« vom 14. Juli 1934 für den Architekten.

Die Humboldtstraße führt zu einer kleinen, parkähnlichen Anlage, **Am Poseckschen Garten** genannt. Hervorgegangen ist sie aus dem Hausgarten des palaisartigen Gebäudes an der Nordseite des Platzes, das 1800 Kammerherr von Poseck erworben hatte. In der Platzmitte steht seit 1995 wieder das 1976 entfernte **Wildenbruch-Denkmal** 24. Wenn die DDR-Machthaber etwas beseitigen ließen, dann hatte das fast immer politische Gründe. Und so war es auch bei diesem Ernst von Wildenbruch gewidmeten Denkmal und Brunnen. Der Dramatiker verherrlichte in seinen »Heldenliedern« und den damals viel gespielten Historiendramen das Kaiserreich. 1896 hatte sich Wildenbruch in Selbstüberschätzung sogar als Kultusminister beworben, um eine »ähnliche Rolle wie einst Goethe zu spielen«. Der Brunnen, von Richard Engelmann 1914 geschaffen, zeigt eine überlebensgroße Jünglingsplastik, die von einer kalksteinernen Brunneneinfassung umgeben ist.

Museum für Ur- und Frühgeschichte 25

Di 9–18, Mi–Fr 9–17, Sa, So 10–17 Uhr, Eingang Humboldtstraße, Eintritt 3,50 €, erm. 2,50 €, www.thueringen.de/denkmalpflege

In dem dominanten Gebäude an der Nordseite des Platzes Am Poseckschen Garten spaziert man durch reichlich 400 000 Jahre Thüringer Geschichte. Das Museum für Ur- und Frühgeschichte zeigt Funde, die seit 1908 aus dem Travertin-Steinbruch in Weimar-Ehringsdorf stammen. Weltweites Aufsehen erregte vor allem der Schädel einer 20- bis 30-jährigen Frau, die vor mindestens 70 000 Jahren gelebt hat. Nicht minder bedeutend ist der reiche Schmuck aus dem Grab einer ostgotischen Prinzessin bei Oßmannstedt aus der Blütezeit des Thüringer Königreiches im 5. und 6. Jh.

Historischer Friedhof 26

Am Poseckschen Garten, tgl. März–Sept. 8–21, Okt.–Febr. 8–18 Uhr
Der Historische Friedhof gehört zu den touristischen Anziehungspunkten Weimars, die UNESCO hat ihn zum Welterbe erklärt. Mit einem raschen Blick hinter das Eingangstor ist es nicht getan. Denn der Friedhof mit der Fürstengruft und der Russisch-orthodoxen Kapelle – einer der schönsten in Deutschland – besitzt kultur- und kunsthistorische Bedeutung.

Das Bauwerk linker Hand nach dem Eingang ist die 1880 geweihte Friedhofskapelle, die nach dem Ersten Weltkrieg zur **Gedächtnishalle** 27 für die im Ersten Weltkrieg Gefallenen umgestaltet wurde. Auf den Rasenflächen beiderseits des Hauptwegs ließ man einige verwitterte Gedenksteine und Eisenkreuze stehen, um die früheren Gräberreihen anzudeuten. Vor allem entlang der östlichen und der westlichen Friedhofsmauer fanden viele weit über Weimars Grenzen hinaus bekannte Persönlichkeiten ihre letzte Ruhestätte (s. Entdeckungstour S. 220).

Fürstengruft 31

Tgl. April–Sept. 10–18, Okt.–März 10–16 Uhr, Eintritt 3,50 €, erm. 3 €, www.klassik-stiftung.de
Den Friedhof durchzieht eine Lindenallee, die parallel zur westlichen und östlichen Umfassungsmauer zur Fürstengruft führt, wohl dem Herzstück der Anlage. Der Brand des Stadtschlosses 1774 hatte auch die Grablege des Weimarer Herzoghauses in der Gruft der Schlosskirche vernichtet. Herzog Carl August beschloss, auf dem neuen Friedhof von Clemens Wenzeslaus Coudray eine neue Grabanlage (1824/25) erbauen zu lassen: »Etwas sehr Einfaches, bloß ein dem Bedürfnis gewidmetes Totenmagazin zu errichten, das Gezierte wollen wir für die Wohnung der Lebenden sparen.« Ein besonderes Mausoleum für Goethe und Schiller lehnte Carl August mit der Begründung ab, er wolle auch im Tode mit den beiden großen Dichtern vereint sein.

Eine schmale Steintreppe führt hinunter in das von Pfeilern und Säulen getragene **Gruftgewölbe**. Im Vordergrund steht der große, stark ornamentierte, ordensverzierte Bronzesarkophag von Großherzog Carl August. Insgesamt sind von der herzoglichen Familie 31 Särge zu sehen; der älteste stammt von Wilhelm IV. aus dem Jahr 1662. Die letzte Beisetzung war die der 1905 verstorbenen Großherzogin Caroline.

Die **Eichensärge Goethes und Schillers** stehen nahe der Treppe an der Ostwand, zwei Särge, die bis in die jüngste Zeit für Aufregung sorgten. So wurden am 2. November 1970 die sterblichen Überreste Goethes exhumiert. Als 28 Jahre später die Unterlagen darüber an die Öffentlichkeit gelangten, war von »antihumanistischer Erbpflege« und sogar von »Leichenfledderei« die Rede. Doch was damals ▷ S. 223

Auf Entdeckungstour

Promi-Gräber – ein Spaziergang über den Historischen Friedhof

Der Historische Friedhof **26**, der älteste Teil des »Friedhofes vor dem Frauentor«, ist so etwas wie das enzyklopädische Familienalbum Weimars. Hier fanden fast alle, die Rang und Namen hatten, ihre letzte Ruhestätte: Schriftsteller und Musiker, Baumeister und Hofbedienstete. Viele von ihnen waren mehr oder weniger mit Weimars berühmtestem Sohn Goethe verbunden.

Zeit: 1–2 Stunden.

Planung: geöffnet tgl. März–Sept. 8–21, Okt.–Febr. 8–18 Uhr, kein Eintritt, www.klassik-stiftung.de.

Start: Am Poseckschen Garten, dort befindet sich der Haupteingang.

Kolossale Mausoleen ducken sich unter uralte Ulmen und Eichen, dazwischen stehen zierliche Engelskulpturen: 1818 bekam Weimar mit dem »Friedhof vor dem Frauentor« eine neue Begräbnisstätte, auf dem all jene im engen Beisammen liegen, die Weimars klassische und nachklassische Zeit prägten.

Im Tod sind alle Menschen gleich

Bei der Gedächtnishalle gleich hinter dem Haupteingang wurde die Medailleurin und Bildhauerin **Angelica Bellonata Facius (1806–87)** **28** bestattet. Großherzog Carl August hatte ihr einen Aufenthalt in Berlin bei Christian Daniel Rauch ermöglicht, den Goethe eingefädelt hatte. In Berlin arbeitete sie in Rauchs Werkstatt mit den später berühmt gewordenen Ernst Rietschel und Johann Friedrich Drake zusammen. Zurückgekehrt nach Weimar, hat sie vor allem Medaillen geschaffen und für die Malerin Louise Seidler das Grabmal auf diesem Friedhof.

Etwas weiter ruht der Maler und Kunstschriftsteller **Johann Heinrich Meyer (1759–1832)** **29**, Goethes »Kunschtmeyer«, den er 1786 in Rom kennengelernt hatte und nach Weimar holte. Etwas entfernt liegt **Friedrich Wilhelm Riemer (1774–1845)** **30** begraben, der Hauslehrer von Goethes Sohn. Zusammen mit Eckermann verwaltete er den literarischen Nachlass des Dichters. Goethe schätzte Riemer als Gesprächspartner sehr und nahm ihn viermal auf seine Reisen nach Karlsbad mit. Bei der Eheschließung mit Christiane 1806 war Riemer Trauzeuge.

An der Ostseite der **Fürstengruft** **31** ist auf einer schlichten Stele zu lesen »Hier ruht Eckermann, Göthe's Freund«. **Johann Peter Eckermann (1792–1854)** **32**, Vertrauter und Mitarbeiter Goethes, bekannt geworden durch seine »Gespräche mit Goethe in

den letzten Jahren seines Lebens«, ist selbst im Tod dem Dichterfürsten nahe.

Die Nachfahren des großen Dichters

Auf dem Weg zur westlichen Umfassungsmauer kommt man an der Grabstätte der **Hofmalerin Louise Seidler (1786–1866)** **37** vorbei, die mit Goethes Unterstützung einen Studienaufenthalt in Dresden erhielt, wo sie Caspar David Friedrich und Georg Friedrich Kersting kennenlernte. Im Weimarer Schlossmuseum hängt Kerstings berühmtes Bild »Die Stickerin«, für das Louise Seidler Modell gesessen hat. In der Nachbarschaft ruht **Johann Nepomuk Hummel (1778–1837)** **38**, viele Jahre der berühmteste Klaviervirtuose Europas. Goethe lud den »nicht genug zu preisenden Kapellmeister« ab und zu in sein Haus und bat ihn bei Gesellschaften, am Flügel zu spielen.

Den Weg an der Friedhofsmauer entlang wird die Grabstätte der **Familie Goethe** **39** erreicht, die im Tod nicht vereint ist. Der Dichter ruht in der Fürstengruft, Ehefrau Christiane auf dem Jakobsfriedhof und Sohn August (1789–1830) in Rom. Bestattet wurden hier die Schwiegertochter Ottilie, geborene von Pogwisch (1796–1872) und deren kinderlos gebliebene Söhne Walther (1818–85) und Wolfgang (1820–83). Die schlafende Marmorfigur verkörpert die mit 17 Jahren 1844 in Wien an Typhus gestorbene Enkelin Alma. Auch die langjährige Kinderfrau von Goethes Enkeln, Wilhelmine Bachstein, wurde hier beigesetzt.

Neben der Goethe-Grabstätte ist zu lesen: »Während Gott ihr sieben der eigenen Kinder nahm, war sie fremden Kindern eine Mutter.« Es ist das Grab von **Caroline und Johannes Daniel Falk (1780–1841/1768–1826)** **40**, die sich um elternlose Kinder sorgten und als Begründer der sozialen Fürsorge in Deutschland gelten. Daneben liegt Bürgermeister **Carl Leberecht Schwabe (1778–1851)** 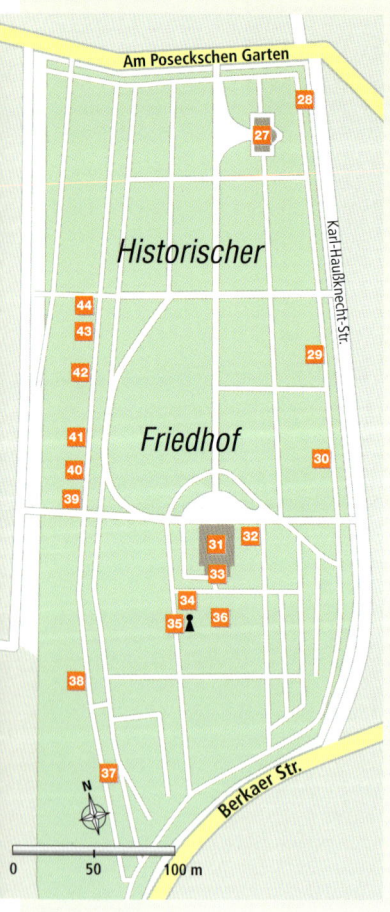 begraben, der 1826 Friedrich Schillers Schädel aus dem Kassengewölbe exhumieren ließ. Im Jahr 2008 war sein Name wieder in aller Munde, als man die Gebeine des Dichters untersuchte und ihr Geheimnis geklärt werden konnte (s. S. 71).

Blumen für Künstlerinnen, Kindermädchen und – Goethe

Viel zum klassizistischen Gesicht Weimars hat Oberbaudirektor **Clemens Wenzeslaus Coudray (1775–1845)** beigetragen, der seine Grabplatte selbst entworfen hat. Auch der Sarkophag von Schiller entstand nach einem Entwurf von Coudray. Irgendwie stehen alle hier zur letzten Ruhe Gebetteten miteinander in Beziehung, es ist ein richtiges Netzwerk, das man bei diesem Spaziergang kennenlernt. Etwas von Coudrays Grab entfernt befindet sich dasjenige von **Hofrat Franz Kirms (1750–1828)**, der durch das Kirms-Krackow-Haus weithin bekannt wurde. Kirms diente Goethe als rechte Hand bei der Leitung des Theaters. Sein Wohnhaus, heute Museum, bildete einen geselligen Mittelpunkt für Literaten und Theaterleute wie Kotzebue, Schiller und Iffland. Und dann ist endlich die Grabstelle von Goethes Vertrauter, **Charlotte von Stein (1742–1827)**, erreicht, jener Frau, die einen so starken Einfluss auf sein Leben und Werk ausübte. Das Reliefporträt hat Adolf von Donndorf nach einem Selbstporträt gefertigt. »Wie freut mich«, schrieb ihr Goethe, »dass Dich alles interessiert und dass ich in Dir eine liebe Gefährtin finde ...«

Die herrliche Parkanlage mit stattlichen Eichen, Linden, Eiben und Robinien lockt auch manchen Weimarer zum Spaziergang. Die Worte »Wir waren bei Goethe« bedeuten nicht, man habe das Wohn- oder Gartenhaus des Dichters besucht, sondern man war auf dem Historischen Friedhof. Oft schmücken Blumen die Gräber, auch von jenen, die keine Nachfahren haben – wie bei Goethe beispielsweise. Es bestätigt sich: Gräber sind als Erinnerungsstätten oftmals beliebter als öffentliche Denkmäler.

vorgenommen wurde, so die Wissenschaftler der Klassik Stiftung, diente dazu, das Skelett des Dichterfürsten zu konservieren, um es für die Nachwelt zu erhalten. Den Aufzeichnungen zufolge fand man Goethe weitgehend so vor, wie ihn Friedrich Preller d. Ä. auf dem Sterbebett gezeichnet hat. 2008 machte eine groß angelegte Studie publik, dass im Schiller-Sarg kein Friedrich Schiller liegt. Seitdem erinnert er als sogenanntes Kenotaph an den großen deutschen Dichter.

Russisch-Orthodoxe Kapelle 33

Tgl. April–Okt. 10–18, Nov.–März 10–16 Uhr, www.rok-weimar.gmx home.de

Durch das Grün der Bäume leuchten die fünf vergoldeten Zwiebeltürme der Russisch-Orthodoxen Kapelle (1860–62), deren Zwiebelhauben einen schönen, architektonischen Kontrast zu den schlichten klassizistischen Formen der Fürstengruft mit ihrer oktogonalen Kuppel bilden. Großfürstin Maria Pawlowna, Tochter des russischen Zaren Paul I., hatte in ihrem Testament bestimmt, dass sie in einer russisch-orthodoxen Kapelle in heimatlicher Erde ruhen wolle. Wunschgemäß verbindet ein Wanddurchbruch das Grabgewölbe der Fürstengruft mit der angebauten Kapelle. In einem Bericht des Hofmarschallamtes liest sich das so: »... mittels Durchbauung der Mauer der Großherzogl. Fürstengruft der Sarg Ihrer Kaiserl. Hoheit dicht neben dem Sarg des höchstseligen Großherzogs Carl Friedrich zu stehen kam«. Der Entwurf für die Kirche stammt aus Moskau.

Hinter der Russisch-Orthodoxen- Kapelle befindet sich der **Urnenhain des Marie-Seebach-Stifts 34**. Sieben sandsteinerne Stelen nennen die teils verwitterten Namen, mehr als 150 Seebachianer – verdiente Bühnenangehö-

rige, die im Stift von Weimar ihren Lebensabend verbrachten – wurden hier bestattet.

Am Westrand des Hains steht das sandsteinerne **Euphrosyne-Denkmal 35**, das an die 1797 mit 18 Jahren verstorbene Schauspielerin Christiane Becker-Neumann erinnert, deren Grab sich auf dem Jakobsfriedhof befindet. Goethe verewigte sie in seiner Elegie »Euphrosyne« (Frohsinn) und regte auch den Bau eines Denkmals an.

Links neben den Seebachianern und westlich der Kapelle befinden sich die **Ehrengräberfelder 36** der Stadt. Unter alten Bäumen ruhen vor allem Persönlichkeiten, die sich um die deutsche Dichtung und Musik besonders verdient gemacht haben, unter ihnen der Verleger Gustav Kiepenheuer (1880–1949) und der Schriftsteller Louis Fürnberg (1909–57).

Der Hauptfriedhof 45

Dort, wo die ab 1835 erbaute Umfassungsmauer des Historischen Friedhofes spitzwinklig zusammenläuft, erreicht man den neuen Teil der Begräbnisstätte, den 1862 eingeweihten Hauptfriedhof, auch Neuer Friedhof genannt.

Hier ist das **Denkmal für die Märzgefallenen** von Walter Gropius ein interessantes Ziel: »Gefrorene Blitze« sagt der Volksmund dazu. Gropius sprach von einem »Blitzstrahl aus dem Grabesboden als Wahrzeichen des lebendigen Geistes«. Gewidmet ist das Denkmal den Weimarer Opfern des Kapp-Putsches von 1920, die Arbeiter Weimars haben den Bau durch Spenden ermöglicht. An der Einweihung am 1. Mai 1922 nehmen mehr als 4000 Personen teil. Die Nationalsozialisten diffamierten das Denkmal als »entartete Kunst« und zerstörten es 1935. Nach dem Zweiten Weltkrieg wurde es etwas verändert wieder aufgebaut.

Vom Beethoven-platz zum Bauhaus

Am Beethovenplatz

Auf dem Weg vom **Wielandplatz** zu den Gebäuden des Bauhauses lohnt sich ein kleiner Umweg durch die Ackerwand genannte Gasse zum grünen Beethovenplatz, dem früheren Welschen Garten, wie der herzogliche Nutz- und Lustgarten vor der Stadtmauer hieß. Die Bauten am Rande des Platzes entstanden im 19. Jh., begonnen wurde an der Nordseite mit den Häusern der Ackerwand.

Im Juli 2000 enthüllten der iranische Präsident und der deutsche Bundespräsident im östlichen Teil des Platzes das **Hafis-Goethe-Denkmal** 46. Unter dem Eindruck der Werke des persischen Dichters Hafis (um 1324–90), der heute als der größte Lyriker der persischen Sprache gilt, schrieb Goethe zwischen 1814 und 1819 den »West-Östlichen Diwan«; das Manuskript wird im Goethe- und Schiller-Archiv aufbewahrt. Die beiden Stühle des Denkmals sind aus einem Granitblock herausgeschnitten, also Teil eines Ganzen und somit Symbol für fruchtbare Dialoge, Toleranz und Völkerfreundschaft.

Die westliche Seite des Beethovenplatzes begrenzt das Dorint-Hotel, zu dem die frühere **Russische Gesandtschaft** 47 und die **Dingelstedt-Villa** 48 gehören, die ein Neubau verbindet. Die Villa mit den beiden achteckigen Türmen ist nach Franz von Dingelstedt benannt, der 1857–67 Generalintendant des Hoftheaters war. Die Südseite beherrscht das im Stil eines italienischen Palazzos erbaute **Archivgebäude** 49 von 1882–84, seinerzeit eines der modernsten seiner Art. Darin bewahrt das Staatsarchiv Weimar wichtige und wertvolle Dokumente aus über tausend Jahren deutscher Geschichte auf.

Liszt-Haus 50

Marienstr. 17, April–Okt. Di–So 10–18 Uhr, Nov.–März geschl., Eintritt 4 €, erm. 3 €, www.klassik-stiftung.de

Vom Archivgebäude geht es zur Marienstraße, in die man links einbiegt. Nach wenigen Schritten ist das Liszt-Haus erreicht. In dem einstigen schlichten Hofgärtnerhaus (1798/99) verbrachte der aus Ungarn stammende Franz Liszt (1811–86) meist die Sommermonate, die kalten Winter verlebte er in Rom, den Frühling in Budapest.

Liszt verhalf dem Musikleben von Weimar zu europäischer Geltung. Von 1848 bis 1858 war der berühmte Komponist, Klaviervirtuose und Dirigent musikalischer Oberleiter der Hofkapelle und des Musiktheaters, 1869 kehrte er aus Rom kommend in die Thüringer Residenz zurück, einem Ruf Großherzog Carl Alexanders folgend. In dem zweigeschossigen Haus in der Marienstraße, das Clemens Wenzeslaus Coudray 1819 gründlich umgestaltet hatte, unterrichtete der Meister. Am Sonntag fanden oft Matineen statt, bei denen die besten Schüler von Liszt auftreten durften, darunter der später zu Weltruhm gelangte Pianist Hans von Bülow.

In dem heutigen Museum geben Bilder, Briefe, Manuskripte und Kompositionen Auskunft über Leben und Wirken des Künstlers. Zu den kostbaren Exponaten gehören der ungarische Reisepass von Liszt, ausgestellt am 20. März 1872, und ein »stummes Klavier«, das er auf seinen Reisen zu Fingerübungen nutzte. Nach dem Tod des Künstlers wünschte Großherzog Carl Alexander, dass die Wohnung mit einem großen Teil des Nachlasses unverändert bliebe und Erinnerungsstätte werden sollte. Die Erbin übergab den Nachlass im Hofgärtnerhaus dem großherzoglichen Haus – so konnte bereits 1887 das Liszt-Haus eröffnet werden, das parkseitig über den Hof betreten wird.

Parkhöhle 51

Ein- und Ausgang beim Liszt-Haus nahe der Mensa der Bauhaus-Universität, Di–So April–Okt. 10–12, 13–18, Nov.–März bis 16 Uhr, Eintritt 3,50/ erm. 2,50 €, Führungen zu jeder vollen Stunde, www.klassik-stiftung.de
1794 begann man unter dem Ilmpark zu wühlen, um für eine geplante Brauerei Stollen für Abwässer und die Bierlagerung anzulegen. Später wurden die Stollen durch Sand- und Kiesabbau wesentlich erweitert. Seit 1997 ist die Parkhöhle öffentlich zugänglich.

Die etwa halbstündige Führung durch das einzigartige geologische Denkmal aus der Goethezeit bei konstanten 9 °C ist ein Streifzug durch 200 000 Jahre Erd- und Menschengeschichte. In rund 12 m Tiefe ist viel über die geologischen Besonderheiten des Labyrinths zu erfahren, das im Zweiten Weltkrieg teilweise als Luftschutzbunker genutzt wurde. Aus dieser Zeit stammt die Große Parkhöhle. Darin wird Wissenswertes über die Entstehung, Nutzung und Neuerschließung der Höhle vermittelt.

Bauhausgebäude

Die berühmten Bauhausgebäude stehen gegenüber dem Liszt-Haus. Rechts der kleine **Van-de-Velde-Bau** 52, 1905–06 für die Kunstgewerbeschule errichtet, und links das heute als **Hauptgebäude** 53 bezeichnete Bauwerk mit dem zur Belvederer Allee gerichteten Ostflügel, 1904–11 für die Großherzogliche Kunstschule erbaut. Beide dem Jugendstil verpflichteten Gebäude, die nach Entwürfen von Henry van de Velde entstanden und auf der UNESCO-Welterbeliste stehen, beherbergten von 1919 bis zum Umzug nach Dessau 1925 das Staatliche Bauhaus. Heute ist die Bauhaus-Universität – mit ca. 30 Studiengängen und rund 4000 Studenten nach Jena und Ilmenau die drittgrößte Hochschule in Thüringen – hier untergebracht.

An der Vorder- und der Rückseite des Hauptgebäudes bekamen die **Plastiken »Zwei sitzende Frauen«** und **»Ruhende Frau«** des Bildhauers Richard Engelmann (1886–1966) ihren Platz. Engelmann hatte an der 1921 gegründeten Weimarer Hochschule für bil-

Unser Tipp

Vorträge unter Tage

Unter Tage Vorträge hören? Weimar macht's möglich. Zu den Bergbaustollen unter dem Park an der Ilm gehört auch ein Vortragsraum. Jährlich finden hier im Frühjahr und Herbst zum Veranstaltungsort passende Vorträge statt. Beispielsweise geht es um Erdsenkungen oder es werden Phänomene wie vom Erdboden verschluckte Teiche erläutert. Veranstalter der Vortragsreihe »Dialoge mit der Erde« sind die Klassik Stiftung Weimar und die Thüringer Landesanstalt für Umwelt und Geologie. Nicht vergessen werden sollte, dass die Temperatur in der Parkhöhle ganzjährig bei etwa 9 °C liegt (Tel. 51 19 19, www.klassik-stiftung. de).

dende Kunst die Leitung der Bildhauerabteilung inne. 1930 wurde er vom Dienst suspendiert, als die Nationalsozialisten den ihnen genehmen Paul Schultze-Naumburg als Direktor einsetzten. Im Vestibül des Hauptgebäudes, heute Sitz des Rektorats sowie der Fakultät Architektur, bildet die 1912 erworbene **Plastik »Eva«** von Auguste Rodin den Blickfang. Links davon zeigt eine Porträtbüste Walter Gropius, diejenige rechts Henry van de Velde (beide 1955).

Unser Tipp

Bauhaus-Spaziergang

Mit Studenten der Bauhaus-Universität 90 Minuten lang auf den Spuren des frühen Bauhauses durch Weimar spazieren: Man lernt die Bauhausgebäude mit dem nachgestalteten Arbeitszimmer von Walter Gropius kennen. Wem der Spaziergang gefallen hat, der kann sich unkonventionell entscheiden, aus dem »kleinen« einen »großen« zu machen. Nahtlos geht es weiter zum Tempelherrenhaus im Park an der Ilm, das seit dem Zweiten Weltkrieg Ruine ist und in dem der Bauhaus-Künstler Johannes Itten gearbeitet hat. Von hier führt der Rundgang noch zum Haus am Horn am anderen Ilmufer, dem Muster- und Experimentalbau für die Bauhaus-Ausstellung 1923 (April–Nov. Di, Do–So 13.30 Uhr ab Bauhaus-Museum oder 14 Uhr ab Bauhaus. Atelier, Geschwister-Scholl-Str. 8, Dez.–März Fr, Sa 13.30 Uhr ab Bauhaus-Museum oder 14 Uhr ab Bauhaus. Atelier, Tel. 58 30 00, www.uni-weimar.de/bauhaus spaziergang, Preis 5 € kleiner Spaziergang, 8 € großer Spaziergang).

Die anlässlich der Bauhaus-Ausstellung 1923 von Herbert Bayer geschaffenen Wandbilder und Joost Schmidts geometrische Reliefs aus Stuck, Putz und Glas wurden später zerstört, in den 1970er-Jahren jedoch teilweise rekonstruiert. Das Zimmer 112 im ersten Obergeschoss war das Direktorenzimmer von Walter Gropius. Das Interieur hatte Gropius 1923 selbst entworfen, es gilt als erstes realisiertes Gesamtkunstwerk des Bauhauses. 1998/99 rekonstruierte man die Einrichtung mit dem Ziel, dass das Zimmer nicht Museum wird, sondern einem Professor als Büro dienen soll. Auch im Van-de-

Schon das Treppenhaus der Bauhaus-Universität beeindruckt mit seinen ungewöhnlichen Formen

Velde-Bau waren zur Bauhaus-Ausstellung Ausgestaltungen entstanden, beispielsweise von Oskar Schlemmer im Foyer und Treppenhaus. Diese ebenfalls entfernten Kunstwerke hat man inzwischen teilweise rekonstruiert. Die heutige Bauhaus-Universität ist aber nicht nur architektonisch hochinteressant, sie gilt auch als eine der wichtigsten Lehranstalten Thüringens.

2008 konnte das in der Nachbarschaft der beiden Bauhausgebäude stehende **Prellerhaus** 54 nach jahrelangem Leerstand und gründlicher Sanierung von der Fakultät Architektur der Universität in Besitz genommen werden. Das um 1870 errichtete schlanke Bauwerk diente zur Zeit der Weimarer Kunstschule dem Maler Louis K. A. Preller (1822–1901) als Atelier. Als Henry van de Velde 1902 nach Weimar kam, richtete er sein Atelier und Arbeitsräume in dem Haus ein, um die neuen Kunstschulbauten zu planen und auszuführen. In den wirtschaftlich schweren Jahren nach dem Ersten Weltkrieg war das Haus Professoren und Studenten des Bauhauses nicht nur Arbeitsstätte, sie wohnten und schliefen auch hier. Das Prellerhaus wird als Keimzelle des Bauhauses bezeichnet.

Schloss und Park Belvedere !

Die großherzogliche Familie mochte kein zeitaufwendiges Herumfahren; sie wollte möglichst rasch mit der Kutsche oder dem Pferd an ihr Ziel gelangen. Als man 1724 begann, das »Sanssouci von Weimar« zu errichten, wurde eine geradlinige Straße von der Stadt dorthin geplant. Doch der Aufwand war zu hoch, die Geldmittel wie fast immer knapp, deshalb blieb das Projekt eine Illusion. Rund drei Jahrzehnte später schienen bessere Zeiten zu herrschen, denn der Bau der heutigen Belvederer Allee als Verlängerung der heutigen Marienstraße begann. Die Häuser auf der rechten Seite nach dem Leonardo-Hotel entstanden im Wesentlichen zu Beginn des 20. Jh.

An der Belvederer Allee

Am Haus Belvederer Allee 8 **55** (s. Karte S. 212) muss man ziemlich weit nach oben schauen, um die Gedenktafel zu entdecken, die an Hofmaler Friedrich Preller d. Ä. erinnert. Preller war 1834 Direktor der Freien Zeichenschule geworden, an der er einst selbst gelernt hatte. Die letzten neun Jahre vor seinem Tod 1878 wohnte Preller in dem aufwendigen Neorenaissancehaus. Goethe hatte bei Carl August ein Stipendium für das junge Talent erwirkt, das diesem einen Studienaufenthalt in Antwerpen und eine Reise nach Italien ermöglichte. Überregional bekannt wurde Preller durch die 16 Monumentalbilder zu Homers »Odyssee«, die der Ehrenbürger Weimars für das heutige Neue Museum schuf.

An der **Ecke Belvederer Allee 18/Kantstraße 7 56** ließ sich Paul von Bojanowski (1834–1915) eine Villa im italienischen Stil errichten. Bojanowski war Leiter der amtlichen »Weimarischen Zeitung«, ab 1893 leitete er die Großherzogliche Bibliothek. In dem schmucken Haus verkehrten damals alle bedeutenden Bewohner Weimars und ihre Gäste, auch Großherzog Carl Alexander weilte wiederholt hier. Der trutzige Travertinsteinbau gegenüber, **Belvederer Allee 19 57**, war 1881–83 und 1885–89 das Heim von Friedrich Gerhard Rohlfs (1831–96), einem der Pioniere der Afrikaforschung. Das Grundstück hatte ihm Großherzog Carl Alexander geschenkt. In der Villa waren der Trojaentdecker Heinrich Schliemann, der Komponist Franz Liszt sowie Tiervater Alfred Brehm zu Gast. 1934 erwarb Paul Schultze-Naumburg, der Direktor der Hochschule für Baukunst und bildende Künste und einer der Fachberater für die berüchtigte Aktion »entartete Kunst« der Nationalsozialisten, die Gründerzeitvilla.

Haus Hohe Pappeln **58**
Belvederer Allee 58, April–Okt.
Di–So 13–18 Uhr, Nov.–März geschl.,
Eintritt 2,50 €, erm. 2 €,
www.klassik-stiftung.de
Unter hohen Pappeln baute sich Henry van de Velde, »der Alleskünstler für alle«, 1908 das Haus Belvederer Allee 58, weshalb seine Villa heute Haus Hohe Pappeln genannt wird. Van de Velde galt als Gestalter für beinahe alle Lebensbereiche, er war Maler und Typograf, Architekt und Innenarchitekt, er entwarf Möbel, Keramik, Porzellan und Schmuck, aber auch Damengarderobe.

Mit dem für seine siebenköpfige Familie errichteten Haus setzte der belgische Jugendstilkünstler ganz neue Maßstäbe für die Innen- und Außenarchitektur, über dessen »ungewohnte architektonische Form« sich häufig, wie van de Velde schrieb, »erstaunte und oft auch schockierte Spaziergänger« aufregten. Neben dem Haus »Am Horn« von Georg Muche und den Bauhausbauten stellt das Haus Hohe Pappeln eine überregional bedeutende Ikone der Moderne dar.

Als Belgier war van de Velde vor dem Ersten Weltkrieg immer häufiger nationalistischen Anfeindungen ausgesetzt, sodass er noch vor Kriegsausbruch seine Direktorenstelle an der Kunstgewerbeschule, die 1915 schließen musste, kündigte. Nach schikanöser Behandlung durch die deutschen Behörden durfte er 1917 Deutschland endlich verlassen.

Im Erdgeschoss zeigt die Klassik Stiftung die Einrichtung, die van de Velde 1904 für die Weimarer Familie von Münchhausen entworfen hat. Das nahezu komplett erhaltene Mobiliar gilt als Rarität, da nur noch wenige Interieurs aus dem Frühwerk des Künstlers existieren.

Östlich der Allee, in der Ilmaue gelegen, befindet sich der letzte Ortsteil vor Belvedere, das 1922 eingemeindete **Ehringsdorf.** Um 1880 begann hier in größerem Umfang der Abbau von Travertingestein, das in Weimar beim Bau des Nietzsche-Archivs, der Bauhausbauten, dem Deutschen Nationaltheater und dem Hotel Elephant Verwendung fand. Weltweit bekannt wurde das kleine Ehringsdorf durch die im Steinbruch entdeckten Funde von eiszeitlichen Menschen, Steingerät und Fossilien.

Schloss Belvedere 59

Belvedere, schöne Aussicht – Herzog Ernst August hat nicht übertrieben, als er dem Schloss im 18. Jh. diesen Namen gab: Vom Belvedere bietet sich ein herrlicher Blick hinunter auf Weimar.

Schloss Belvedere – »das Sanssouci der Weimarer Herzöge« – wurde Bestandteil des gesellschaftlichen Lebens, als es Carl Friedrich und seine Gemahlin Maria Pawlowna als Sommerresidenz nutzten.1811 hatte Herzog Carl August bestimmt: »Ich habe meinem Sohn ganz Belvedere, nur mit Ausnahme des Gasthauses, der Orangerie, der Treibhäuser und des Küchengartens, zur freien Disposition gegeben, deswegen kann er von allen übrigen Gebäuden und Grundstücken machen, was, und benutzen, wie er will.«

Rokokomuseum

April–Okt. Di–So 10–18 Uhr, Nov.–März geschl., Eintritt 5 €, erm. 4 €, www.klassik-stiftung.de
Als Vorbild für die repräsentative Sommerresidenz im Süden Weimars diente das barocke Schloss Belvedere in Wien. Das Palais, seine beiden Seitenflügel, die vier Kavalierhäuser, die Orangerie und weitere Nebengebäude entstanden nach Entwürfen des Weimarer Baumeisters Gottfried Heinrich Krohne 1729–39. Den bis heute üblichen gelben Anstrich erhielt das barocke Bauwerk zu Zeiten von Herzog Carl August. Seit 1923 ist das Schloss Museum, das heutige Rokokomuseum zeigt kostbare kunsthandwerkliche Gegenstände des 17. und 18. Jh., darunter Porzellane und Fayencen aus Europa und Ostasien sowie Möbel aus dem 18. Jh. Manche der ausgestellten Stücke waren für Maria Pawlowna, die Enkelin von Katharina der Großen, Erinnerung an ihre russische Heimat, so zahlreiche Porzellane.

Schlosspark

Orangerie: Langes Haus, Eingang Roter Turm Mitte Dez.–Febr. Mi–So 11–16, März, April bis 17 ▷ S. 232

Auf Entdeckungstour

Ein Stück Russland – durch den Russischen Garten des Belvedere

Das waren damals noch Geschenke: Erbherzog Carl Friedrich überraschte seine Gemahlin Maria Pawlowna, Tochter von Zar Paul I., mit dem Russischen Garten beim Schloss Belvedere. Die Großfürstin von Russland sollte an die »kleinen Gärten« in Pawlowsk erinnert werden, in denen sie einen Großteil ihrer Kindheit verbracht hatte.

Zeit: 30 Minuten, sofern man sich im Irrgarten nicht verläuft.

Planung: Der Park ist jederzeit und ohne Eintritt zugänglich.

Start: Los geht es am Parkplatz links der Belvederer Allee, wo sich die Bushaltestelle befindet. Von hier sind es keine 5 Minuten.

Mit der originalgetreuen Nachbildung des Privatgartens der Zarenfamilie – im Park von Pawlowsk – ließ Erbgroßherzog Carl Friedrich westlich von Schloss Belvedere ein Stück Russland entstehen. Seine Gemahlin, die geborene Großfürstin von Russland, Maria Pawlowna, sollte sich in Weimar schließlich wohlfühlen. 1804 hatte Carl Friedrich die Tochter des Zaren Paul I., Enkelin von Katharina der Großen, Schwester der Zaren Alexander und Nikolaus, geheiratet, sieben Jahre später überraschte er seine Gemahlin mit dem ungewöhnlichen Geschenk. Im Sommer 1811 konnte sie erstmals die Wege des Gartens entlangspazieren.

Eine versteckte Idylle

Der **Russische Garten** **67**, kulturhistorisch wie gärtnerisch bedeutend, versteckt sich hinter Bäumen und Sträuchern. Deshalb gehen viele, die Schloss Belvedere besuchen, achtlos an ihm vorbei. Man betritt den Garten hinter dem westlichen **Kavalierhaus** und gelangt zunächst in den Blumengarten. Dem schließen sich zwei rechteckige Anlagen an, die ein Laubengang umgrenzt. Der linke Teil wird Amorgarten genannt, weil darin die kleine **Skulptur Amors** steht, der eine Nachtigall füttert. Der rechte Teil bekam seinen Namen von den Linden. Doch die heutigen Linden sind nicht mehr jene, unter die sich Maria Pawlowna mit ihrer Familie gerne zurückzog. Vor allem nach dem Mittagessen hielt sie sich gern in der gestalteten Natur auf. Die dicht beieinanderstehenden Bäume und Sträucher schützten vor Sonne, Wind und neugierigen Blicken. Wie das Original in Pawlowsk ist auch die Weimarer Kopie umzäunt. Denn im Gegensatz zum schon seinerzeit öffentlich zugänglichen Belvederer Schlosspark war der Russische Garten der großherzog-

lichen Familie vorbehalten. In einem unterscheiden sich jedoch Original und Kopie: Im Skulpturenschmuck zeigt sich die Weimarer Anlage wesentlich bescheidener.

Grüner Rahmen höfischer Feste

Am Ende der Hauptachse, die beide Gartenteile verbindet, wurde wie in Pawlowsk eine kleine Laube errichtet, in der Flora, die römische Göttin des Frühlings, steht. Wer weitergeht, kommt zum **Heckentheater** **68**, das dem Adel und seinen Gästen vorbehalten war. Das Heckentheater ist ein runder bis ovaler, von Hecken begrenzter Raum. Bei höfischen Festen konnte im Sommer mehr Abwechslung geboten werden. 1824 soll die erste Aufführung auf der etwa 15 m langen Bühne stattgefunden haben. Was auf dem Programm stand, konnte man bis heute nicht ermitteln. Gespielt wurden, das weiß man zumindest, französische Komödien und italienische Opern.

Im herzoglichen Labyrinth

1843/44 pflanzte man einen **Irrgarten** **69** mit hohen, blickdichten Hecken. Betreten wird der Garten rechts neben dem Eingang zum Russischen Garten. Solche Gärten zum Verirren waren zunächst in Italien in der Zeit zwischen Renaissance und Barock entstanden. Im 19. Jh. wurden sie erneut als neckische Spielerei an den Höfen beliebt. Damals wie heute kann man lange in dem Labyrinth umherirren, denn nur ein einziger Weg führt zur Mitte. Nicht gleich geblieben sind die Besucher des Gartens: Einst waren es Prinzen und Prinzessinnen, die hier mit ihren Freunden Suchen und Verstecken spielten. Heute hingegen sind es Kindergartengruppen oder Familien aus Weimar, die sich in der Anlage mit dem verwirrenden Wegesystem amüsieren.

Im Süden Weimars

Uhr, Eintritt 2,50 €, erm. 2 €, der Park ist jederzeit frei zugänglich, www.klassik-stiftung.de

Unter Großherzog Carl Friedrich und seiner Gemahlin Maria Pawlowna bekam der bis dahin verwilderte Schlosspark sein heutiges Aussehen mit den sich schlängelnden Wegen, Gartenarchitekturen und Schmuckplätzen. Umfassungsmauern gibt es nicht mehr, der Park geht unmerklich in die angrenzende Natur über. Vom Schloss führt der Weg zu den um 1740 erbauten **Orangeriebauten** 60 mit dem Gärtnerhaus in der Mitte.

In den Sommermonaten zieren Palmen und Agaven, Feigen und Zypressen sowie andere exotische Gewächse in großen Pflanzkübeln diesen Bereich des Parks. Die exotischen Pflanzen überwintern in der Orangerie und sind dort in der kalten Jahreszeit zu besichtigen. Der Botanische Garten von Belvedere, wie der Park vor rund 200 Jahren genannt wurde, besaß im 19. Jh. einen europaweiten Ruf, im Jahr 1826 zählte er rund 6000 exotische Gewächse.

Der an die Orangerie angrenzende **Rote Turm** diente Goethe und Großherzog Carl August als botanisches Kabinett. Bis zum Jahr 1818 stand der Turm im Garten des Wittumspalais, dort war er als »Chinesischer Pavillon« auf den Grundmauern eines Wehrturms der einstigen Stadtbefestigung erbaut worden.

Den **Gelehrtenplatz** 61 schmücken seit 1978 Kopien von Büsten des Klassikerquartetts Goethe, Schiller, Herder und Wieland. Für das anschließende, von berankten Holzbögen umfasste **Rosenberceau** 62 diente der berühmte Rosengarten der Herzöge von Leeds in Ashridge Park in der Grafschaft Hertfordshire als Vorbild.

Vorbei an der **Rosenlaube** 63 gehend erreicht man die **Große Fontäne**

Schloss und Park Belvedere

Sehenswert

1 – 26	s. Karte S. 212	62	Rosenberceau
27 – 44	s. Karte S. 222	63	Rosenlaube
45 – 58	s. Karte S. 212	64	Große Fontäne
		65	Große Grotte
		66	Kleine Grotte
59	Schloss und Park Belvedere/Rokoko- museum	67	Russischer Garten
		68	Heckentheater
		69	Irrgarten
60	Orangeriebauten	70	Musikgymnasium
61	Gelehrtenplatz		

64 und die künstliche Ruine, heute **Große Grotte** 65 genannt. Hier lohnt es sich, die Stufen nach oben zum Altan zu gehen, denn von da hat man einen schönen Blick. Vorbei an der **Kleinen Grotte** 66 geht man zu dem wie eine kleine Kapelle aussehenden Eishaus, das einst der Eiskeller für die Schlossküche war. Westlich des Schlosses befinden sich der **Russische Garten** 67, der **Irrgarten** sowie das **Heckentheater** 68 (s. S. 231).

Musikgymnasium 70

Das Spezialgymnasium für Musik »Schloss Belvedere« erhielt 1995/96 unter Einbeziehung älterer Bauten ein neues, modernes, funktionales Gebäude mit einem zum Teil in den Hang hineingebauten Erdgeschoss. Der Musiksaal ist einem antiken Theater nachempfunden, ein Teil davon, durch eine Glaswand abtrennbar, befindet sich als Freilichtbühne im Freien.

An diesem staatlichen Spezialgymnasium leben und lernen rund 120 musikalisch besonders begabte Schülerinnen und Schüler ab der 5. Klasse. Sie erhalten neben der normalen schulischen Ausbildung eine umfassende musikalische Förderung durch die Hochschule für Musik »Franz Liszt« Weimar und werden gezielt auf das spätere Musikstudium vorbereitet.

Oberweimar (s. Karte S. 212)

Auf der Belvederer Allee geht es wieder zurück, vorbei an Ehringsdorf, zunächst zum 1922 eingemeindeten Oberweimar. Der alte Ortskern liegt unmittelbar an der Ilm, ihn erreicht man über die 1720 errichtete, **vierbogige Steinbrücke** 71 . Die war ein beliebtes Motiv des Deutsch-Amerikaners Lyonel Feininger, der sie auf mehreren Kreidezeichnungen und einem Ölgemälde verewigte. Feininger weilte seit 1906 wiederholt in Weimar, denn seine spätere Frau Julia Berg studierte an der Großherzoglichen Kunstschule. Die beiden waren viel in der Umgebung Weimars unterwegs, entweder zu Fuß oder mit dem Fahrrad. Feininger 1915: »Die Dörfer, wohl über hundert, in der Umgebung sind prachtvoll! Die Architektur ... ist mir gerade recht, so anregend, so ungeheuer monumental! Es gibt Kirchtürme in gottverlassenen Nestern, die mir das Mystischste sind, was ich von den sogenannten Kulturmenschen kenne!«

In Oberweimar steht mit der **St.-Peter-und-Paul-Kirche** 72 Weimars ältestes Gotteshaus. Im 14. Jh. war die Kirche für ein Zisterzienserinnenkloster erbaut worden, mehrere Umbauten in den folgenden Jahrhunderten veränderten jedoch sein Aussehen.

Deutsches Bienenmuseum 73

Ilmstr. 3, Mi–So April–Okt. 10–18, Nov.–März 10–17 Uhr, Eintritt 2,50 € erm. 2 €, http://dbm.lvti.de
Weimar besitzt das älteste Bienenmuseum Deutschlands! Eröffnet wurde es 1910 als »Deutsches Reichsbienenzuchtmuseum« im Poseckschen Haus (heute Museum für Ur- und Frühgeschichte), seit 1957 befindet es sich in Oberweimar im ehemaligen Landgasthof »Zum goldenen Schwan«, einem Ausspannhof für Pferd und Kutsche

vor den Toren der Stadt. Das Museum führt in die Welt der Bienen ein. In der warmen Jahreszeit summt es im hinteren Teil des Bienenweidegartens, denn da sind mehrere Bienenvölker zu Hause. Im Schleuderraum wird zur Honigernte aus den Waben der flüssige Honig herausgeschleudert und im **Hofladen** **1** verkauft. Besonders hübsch anzuschauen sind die menschengroßen Figurenbeuten. Das sind holzgeschnitzte, bemalte Bienenstöcke in Gestalt von Soldat, Edeldame oder Goethe. Der Dichter steht am Eingang, von der Bildschnitzerin Birgit Jönsson 1999 aus einem Eichenstamm gearbeitet. Dahinter lädt eine kleine **Gaststätte** **8** ein, in der es am Nachmittag was gibt? Natürlich frischen Bienenstich!

Häuser am Horn

Für den Rückweg zum Stadtzentrum empfiehlt sich der Horn genannte Bergrücken auf dem rechten Ilmufer, denn hier lassen sich noch einige geschichtsträchtige Häuser anschauen. Die im 16. Jh. vorhandenen Obstwiesen und Weinberge verwandelte man ab dem 17. Jh. nach und nach in Obst- und Gemüsegärten. Die wiederum verschwanden zu Beginn des 20. Jh., als sich die Gegend zum bevorzugten Wohnviertel von Künstlern, Literaten Musikern und Fabrikanten entwickelte. Heute ist es eines von Weimars Nobelvierteln. »Weimars Riviera« war sogar schon – etwas übertrieben allerdings – zu lesen.

Georg Muche entwarf das »Haus Am Horn« – ein Paradebeispiel für die neuen Techniken des Bauhauses

Villa Haar 74

Dichterweg 2, So 13–18 Uhr,
www.villahaar.de

Die herrschaftliche Villa Haar (1886) versteckt sich am Ilmhang hinter Bäumen. Mit ihrer 5 ha großen Gartenanlage gehört sie zu den schönsten Bau- und Gartendenkmalen Weimars, ihr Aussehen erinnert an die prunkvollen italienische Bauten der Renaissance. Der Garten mit seinen Treppen, Stützmauern und Wasserbecken ist nach dem Vorbild der Villa d'Este in Tivoli bei Rom angelegt worden. Im Jahr 2003 öffnete das restaurierte Haus, das den Namen seines langjährigen Besitzers, des Weimarer Kaufmanns und Kommerzienrats Otto Haar, trägt, als Veranstaltungs- und Ausstellungsort.

Haus Am Horn 75

Am Horn 6, Mitte März–Okt. Mi, Sa,
So 11–17 Uhr, Eintritt 3 €, erm. 1,50 €,
www.hausamhorn.de

Das Haus Am Horn besitzt internationale Berühmtheit: Es gehört zu den Bauhausbauten, die auf der UNESCO-Welterbeliste stehen. Das bungalowähnliche quadratische Gebäude wurde als Musterhaus für die von der Landesregierung geforderte Bauhaus-Leistungsschau 1923 errichtet. Das Haus sollte, laut einem Werbeblatt, »neue Wohnprobleme« lösen und »neue Techniken« vorstellen. Es war ein Experimentalbau für neue Wohnformen, neue Bauweisen und neue Baumaterialien. Der Entwurf stammte von dem damals jüngsten Bauhausmitarbeiter,

Leckerer Kuchen im Café d'Este 10

Wer sich in Weimar nach dem Café d'Este erkundigt, wird sicherlich Schulterzucken als Antwort erhalten. Fragt man nach der Villa Haar, weiß wohl ein jeder den Weg. Das Café in der Villa am Osthang des Ilmparks hat nur sonntags geöffnet. Duftender Kaffee, verschiedene Teesorten und frischgebackener Kuchen sowie das stilvolle mediterrane Ambiente locken. Im Sommer wird auch auf der Terrasse serviert (Dichterweg 2, So 13–18 Uhr, Tel. 77 98 80, www.villahaar.de).

Georg Muche. Das Haus, das einzige gebaute Zeugnis des Bauhauses in Weimar, sollte die Keimzelle für eine Bauhaussiedlung bilden, die vor allem an den wirtschaftlichen Verhältnissen der Inflationszeit scheiterte. Teile des Vorhabens realisierte man jedoch später in der Elbestadt Dessau.

Paul-Klee-Wohnung 76

Im schlichten Haus Am Horn 53 hatte der Schweizer Maler und Grafiker Paul Klee (1879–1940) 1921–25, als er am Bauhaus tätig war, im ersten Stock eine Vier-Zimmer-Wohnung. Bevor Klee einzog, schwärmte er von ihr in einem Brief an seine Frau: »Der reine Landaufenthalt, auf der Höhe über dem Park. Der Weg ins Atelier führt durch diesen. Quer durch, an Goethes Gartenhaus vorbei, über die Ilm zur Ruine hinauf.« In dem Haus wurde, vor allem wenn Gäste da waren, musiziert. Im Wohnzimmer stand ein Flügel, denn Klees Frau Lily war Pianistin, er selbst spielte Geige. Hatten die Gäste Kinder mitgebracht, unterhielt sie der Klee-Sohn Felix mit Kasperletheater. 1937 ließen die Nationalsozialisten 102 Werke Klees aus Museen und Sammlungen entfernen und als »entartete Kunst« vernichten. Was den Tyrannen entging, befindet sich heute in München, einiges auch in Weimar, New York, London und Bern.

Haus Pogwisch 77

Nicht direkt an der Straße am Horn, sondern am Hang zum Ilmpark findet man das Haus Pogwisch. Es ist ein würfelförmiges, einstöckiges Gebäude mit flachem Walmdach, dem man eigentlich kaum Beachtung schenkt. Wer ahnt beim Betrachten schon die Geschichte, die die Chronik dieses schlichten Hauses im hellen Ockerton verzeichnet. 1806 hat es Gräfin Ottilie Henckel von Donnersmarck bezogen, die Oberhofmeisterin Maria Pawlownas und Urgroßmutter von Goethes Enkeln. Die verarmte Witwe eines preußischen Generalleutnants war 1804 mit der Zarentochter Maria Pawlowna nach Weimar gekommen. Ihr Grundstück grenzte an das von Goethes Gartenhaus und so lernte ihre Enkelin Ottilie von Pogwisch (1796–1872) Goethes einzigen Sohn August kennen und gab dessen Werben 1817 nach, was ihr ein Leben als Hofdame ersparte. Wie alt das Gebäude ist und wer es erbauen ließ, das konnte die Bauforschung bis heute nicht herausfinden. Es gibt jedoch ein Aquarell von Georg Melchior Kraus, dem Direktor der Weimarer Freien Zeichenschule, das auf 1776 datiert ist. Dadurch weiß man: Das Haus muss mindestens über 230 Jahre alt sein.

Als prominentester Bewohner gilt Goethes Enkel Walther, der das Haus liebevoll »Villeta« nannte. In den Sommermonaten zwischen 1927 und 1936 wohnte in ihm Ex-Fürstin Sophie von Albanien mit einer Freundin und Haushälterin. Sie war die Gemahlin des Prinzen Wilhelm zu Wied, der für kurze Zeit Fürst von Albanien geworden war. Bei der Ex-Fürstin trafen sich führende Weimarer Intellektuelle, die nach dem Vorbild der Tafelrunde von Herzogin Anna Amalia als »Gesellschaft der Bäume« heitere Geselligkeit pflegten. Danach war das Haus an den Besitzer des Leipziger Inselverlags und Präsidenten der Goethe-Gesellschaft, Anton Kippenberg, vermietet. Eine der letzten Mieterinnen war die Malerin Ilse Englberger, die von 1954 bis 1988 in Weimar wohnte und mit dem Kunstpreis der Stadt geehrt wurde. Das idyllisch gelegene Haus regte sie zu zahlreichen Bildern mit Bäumen, Blüten und Alleen an. Seit 1991 gehört das Pogwisch-Haus der heutigen Klassik Stiftung, die es nach aufwendiger Restaurierung durch die Stiftung Denkmalschutz unter anderem als Gästehaus nutzt.

Villa Ithaka 78

Die pompöse Villa Ithaka, Am Horn 25, hat sich der damals bekannte Dramatiker Ernst von Wildenbruch (1845–1909) im neobarocken Stil erbauen lassen. Wildenbruch verfasste patriotische Historiendramen, in deren Mittelpunkt Könige und Fürsten standen und die das Theaterpublikum seinerzeit liebte. Die Villa steht am Ende des Grundstücks und wird durch die modernen Neubauten, die man nach der Einheit errichtete, oft übersehen. Anfang des 20. Jh. gehörte sie zu den modernsten Bauten Weimars, denn sie besaß Toiletten mit Wasserspülung und eine zentrale Dampfheizung. Den Entwurf für das Haus lieferte der stockkonservative Paul Schultze-Naumburg (1869–1949), der zu den entschiedensten Gegnern der Moderne gehörte,

aber seinerzeit einer der meistbeschäftigten Architekten Deutschlands war. Zum Beispiel stammt von ihm das weithin bekannte Schloss Cecilienhof in Potsdam.

Park an der Ilm

Wegen seiner günstigen Lage am Rand der Altstadt wird der wunderschöne Park an der Ilm gern besucht. Architekturen, Monumente und Denkmäler schmücken ihn, vielfach verstecken sie sich hinter Bäumen und Sträuchern. Die grüne Anlage ist die lebendigste, weil sich jährlich erneuernde Schöpfung Weimars, sie ist eine Oase der Ruhe und Lieblichkeit.

Als Goethe nach Weimar kam, besaß Weimar drei nur dem Hof zugängliche Gärten. Ab 1778 begann man beiderseits der Ilm einen Park anzulegen, in den diese drei Gärten einbezogen wurden. Die Hinwendung zur Natur, von Jean-Jacques Rousseau, dem bekanntesten Verfechter der Aufklärung, propagiert und von Fürst Leopold III. Friedrich Franz von Anhalt-Dessau mit den Wörlitzer Anlagen umgesetzt, gaben die Impulse.

Der Park an der Ilm entstand nach keinem langfristigen Plan, sondern in Etappen. Lust und Laune und die vorhandenen Möglichkeiten waren ausschlaggebend und er war nicht nur für den Hof gedacht. Der Literaturhistoriker Adolf Stahr (1805–76) schrieb darüber in seinem Reisetagebuch »Weimar und Jena« (1852): »Keine Mauer umschließt, kein Gitter umgrenzt diese liebliche Schöpfung ... Carl August fühlte ebenso menschlich als künstlerisch, da er nach Vollendung seines Parks alle Eingänge, Brücken und Stege für jedermann öffnete.« Als Herzog Carl August 1828 starb, war die Parkgestaltung im Wesentlichen abge-

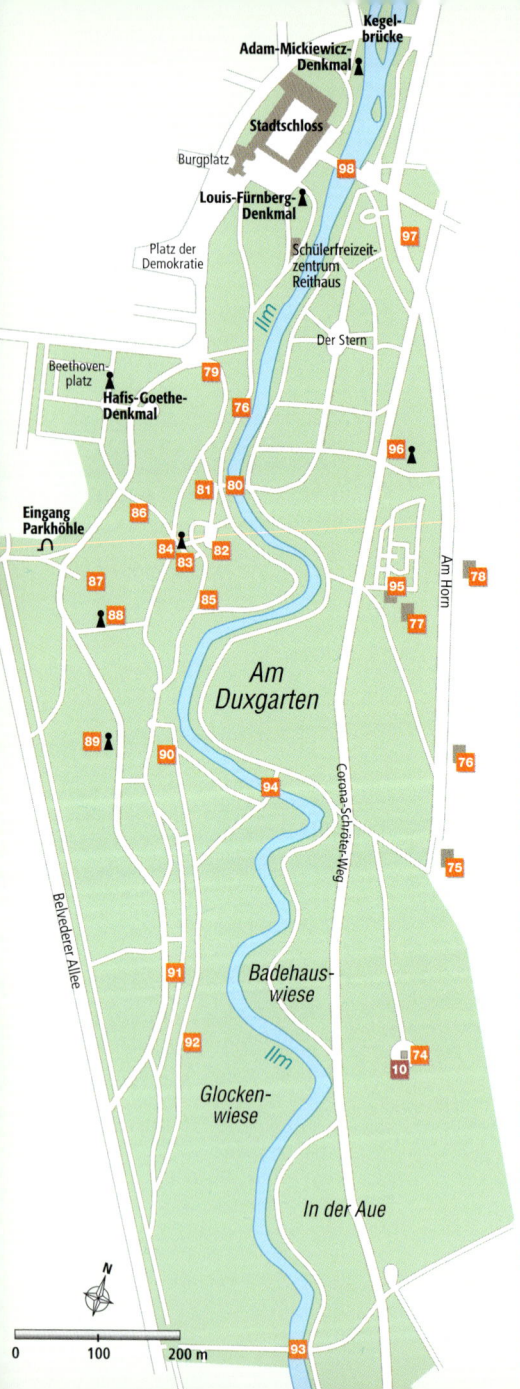

Park an der Ilm

Sehenswert

1 – **73** s. Karten S. 212/213, 222 und 233

74 Villa Haar
75 Haus Am Horn
76 Wohnung Paul Klee, Am Horn 53
77 Haus Pogwisch
78 Villa Ithaka
79 Pompejanische Rundbank
80 Naturbrücke
81 Felsentor/Felsentreppe
82 Borkenhäuschen
83 Künstliche Ruine
84 Shakespeare-Denkmal
85 Schlangenstein
86 Tempelherrenhaus
87 Sowjetischer Ehrenfriedhof
88 Franz-Liszt-Denkmal
89 Sándor-Petőfi-Denkmal
90 Dessauer Stein
91 Römisches Haus
92 Löwenkämpferportal
93 Schaukelbrücke
94 Duxbrücke
95 Goethes Gartenhaus
96 Euphrosyne-Denkmal
97 Sphinxgrotte
98 Sternbrücke

Essen & Trinken

10 Café d'Este (s. S. 236)

schlossen. Fürst Hermann von Pückler-Muskau, damals einer der bedeutendsten Gartengestalter, legte bis 1850 letzte Hand an.

Der Ilmpark gehört zu den schönsten Landschaftsgärten Deutschlands. Der fast 2 km lange Park, der mit rund 500 m seine größte Breite erreicht, beginnt im Norden bei der Kegelbrücke und zieht sich im Süden bis Oberweimar hin. Das Flüsschen Ilm schlängelt sich fast noch in seinem natürlichen Lauf durch den englischen Landschaftspark, der sich seit Goethes Zeit kaum verändert hat.

Der Gehölzbestand aus jener Zeit ist bis heute weitestgehend erhalten geblieben, neu ist, dass die Parkwege, vor allem wegen der Nähe zur Altstadt, zum **Dorado für Jogger und Nordic Walker** wurden. Behinderungen gibt es kaum – Fahrradfahren ist nicht gestattet und Hunde müssen an der Leine geführt werden, denn der Park gehört zum Welterbe.

Parkrundgang

Bei der **Pompejanischen Rundbank** `79` von 1799 beginnt der Rundgang. Den Hang hinuntergehend kommt man zur **Naturbrücke** `80`. Seit mehr als 200 Jahren ist sie auch ein Geschichtsdenkmal. Denn bei der Brücke begegnete Goethe im Juli 1788 zum ersten Mal seiner späteren Frau Christiane Vulpius. Sie wartete auf den Dichter, um ihm eine Bittschrift ihres Bruders zu überreichen. Zehn Jahre zuvor hatte sich an dieser Stelle eine 17-jährige Offizierstochter aus Liebeskummer in die Ilm gestürzt. Goethe war von dem tragischen Ereignis ergriffen, zumal die junge Frau angeblich seinen »Werther« bei sich trug. Ihr zum Gedenken entstanden nahe der Todesstelle die **Felsentreppe und das Felsentor** `81`.

Unser Tipp

Parkmusik

In der warmen Jahreszeit ist im Park an der Ilm häufig Musik zu hören. Die sich auf den Wiesen des Parks tummelnden jungen Menschen sind häufig Studenten der Musikhochschule »Franz Liszt«, die oft ihre Instrumente bei sich haben und im Freien üben oder miteinander musizieren. Am Parkeingang in der Nähe des Hauses der Frau von Stein werden manchmal sogar von ein oder zwei Studentinnen kleine Konzerte gegeben. Sie proben dort nicht nur, sondern bessern damit auch ihr Einkommen auf – es wird zum Dank für die kulturelle Einlage also ein kleiner Obulus erwartet.

»Man übersieht von da«, teilte er Charlotte von Stein mit, »in höchster Abgeschiedenheit, ihre letzten Pfade und den Ort ihres Tods.« Der schmale Gang, im Volksmund »Nadelöhr« genannt, wurde 1778 in den Fels geschlagen. Goethe hat eigenhändig mitgewirkt, »bis in die Nacht«, wie er Charlotte von Stein schrieb.

Borkenhäuschen und Ruine

Mit dem kleinen **Borkenhäuschen** `82` beginnt, zumindest meinte das Goethe einige Jahrzehnte später, die offizielle Geschichte des Ilmparks. Für eine scherzhafte Aufführung zum Namenstag der Herzogin Luise ließ der Dichter 1778 eine Einsiedelei errichten. Das war eine strohgedeckte Mooshütte, die als szenische Kulisse für ein launisch-allegorisches Spiel diente. Aus dieser Einsiedelei ist der heute mit Baumrinde umkleidete, mehrfach erneuerte Holz-

Lieblingsort

Ilmparkblick

Die Ilm schlängelt sich glucksend durch den Park, dahinter erscheint bald Goethes Gartenhaus. So dürfte es hier schon ausgesehen haben, als Goethe mit seiner Christiane den Weg entlangging. Dank an jene, die die Bank an diese Stelle im Ilmpark stellten: 100 m vom Schlangenstein entfernt in Richtung Dessauer Stein. Es ist ein zauberhaftes Fleckchen, Natur pur fast im Stadtzentrum von Weimar. Oft ziehen sich junge Leute hierher zurück – allein sein mit der Natur und dem lieben Menschen an der Seite. Da vergisst man rasch die Welt um sich – und auch das Wiederaufstehen. Deshalb bleibt die Bank manchmal stundenlang besetzt. Sofern ein warmer Wind weht und keine Mücken kommen.

bau hervorgegangen, lange Zeit »Luisenkloster« genannt. Herzog Carl August zog sich in den ersten Regierungsjahren gern in das schlichte Bauwerk zurück. Die **künstliche Ruine** 83, ein Werk der schöpferischen Fantasie, schmückt seit 1784 den Park.

Solche in vielen Parks vorhandenen Ruinen waren damals eine Modeerscheinung; sie sollten an die Vergänglichkeit alles Irdischen erinnern. Den Innenraum des romantischen Bauwerks nutzte der Hof oft als Picknickplatz. Nahe der künstlichen Ruine steht seit 1904 das marmorne **Shakespeare-Denkmal** 84. Es ist das einzige in Deutschland, das an den großen englischen Dramatiker erinnert, dessen Dramen vor allem im 19. Jh. in bedeutenden Inszenierungen am Weimarer Theater zu erleben waren. Südlich des Denkmals trifft man auf den **Schlangenstein** 85. Herzog Carl August ließ ihn 1787 von Martin Klauer nach antikem Vorbild anfertigen. Die Inschrift lautet: »Genio huius loci« (»dem Geist dieses Ortes«). Zu sehen ist eine Kopie, das Original aus rötlichgrauem Berkaer Sandstein befindet sich im Goethe-Nationalmuseum.

Tempelherrenhaus 86

Das **Tempelherrenhaus** (1786) nutzte der Hof für gesellige Zusammenkünfte. Der Turm kam 1816 hinzu, vermutlich entstand er nach Zeichnungen von Goethe. Seinen Namen erhielt das neogotische Bauwerk von vier hölzernen Tempelherren, die Martin Klauer geschnitzt hatte. 1821–23 erfolgte der Umbau zu einem Sommerhaus für die herzogliche Familie, später musizierten hier unter anderem Franz Liszt und der italienische Pianist Ferruccio Busoni. Im 20. Jh. nutzte das Bauhaus das Gebäude als Maleratelier, am Ende des Zweiten Weltkriegs stand nur noch der Turm. Als Ruine soll es an den

Kriegswahnsinn erinnern, ebenso wie der **Sowjetische Ehrenfriedhof** 87 (s. S. 223).

Von Denkmal zu Denkmal

Mit einem 1902 enthüllten **Denkmal** aus weißem Carraramarmor wird **Franz Liszt** 88 geehrt. Der Künstler war 1841 zum ersten Mal nach Weimar gekommen. 1848–58 führte Liszt als Operndirektor das Hoftheater zu einer in Europa viel beachteten Spielstätte. Zu den 35 Erstaufführungen in diesen zehn Jahren zählten neun Uraufführungen, darunter Wagners »Lohengrin«. Das bronzene **Sándor-Petöfi-Denkmal** 89 von dem Ungarn Támás Vigh steht erst seit 1976 im Park. Es erinnert an den ungarischen Schriftsteller (1823–49), der zu den Goethe-Verehrern gehörte. Etwas weiter südlich kommt man zum wuchtigen **Dessauer Stein** 90, einer etwa 5 m hohen Travertinplatte. Carl August ließ das Monument 1782 zur Erinnerung an den Fürsten von Anhalt-Dessau aufstellen. Dessen viel gerühmten Wörlitzer Park besuchten Carl August und Goethe 1776 und 1778 und erkoren ihn zum Vorbild für den Ilmpark.

Römisches Haus 91

Mi–Mo April–Okt. 10–18, Nov.–März 10–16 Uhr, Eintritt 3,50 €, erm. 3 €, www.klassik-stiftung.de

Das einem römischen Landhaus nachgebildete, tempelartige Bauwerk (1792–97) am westlichen Steilhang wurde zur Zierde des Ilmparks. »Den Bau des Gartenhauses übergebe ich Dir ganz ... Nimm Dich der Sache ernstlich an ... und tue, als wenn Du für Dich bautest; unsere Bedürfnisse waren einander immer ähnlich.« Mit diesen Worten beauftragte der Herzog Goethe, die Bauausführung und Innengestaltung zu überwachen. Der ließ baukünstlerische Elemente einfließen, die er von seiner Italienreise mitgebracht hatte.

An der Innenarchitektur waren mehrere Künstler beteiligt, darunter Martin Gottlieb Klauer und Georg Melchior Kraus. Zur Besichtigung offen stehen das Vestibül, der als Audienzraum genutzte Blaue Salon sowie das Arbeits- und das Schlafzimmer des Herzogs. Nach dem Tod Carl Augusts stand das Römische Haus fast immer leer, von der Ausstattung aus der Zeit um 1830 ist nichts mehr erhalten. Im Untergeschoss, wo sich einst Küche, Keller und die Räume für die Bediensteten befanden, lädt die Ausstellung »Wo sich Natur mit Kunst verbindet« zu einem Exkurs in die Geschichte des Parks an der Ilm ein.

Weiter geht es zum **Löwenkämpferportal** `92`, einem blind endenden Stollen, den 1816/17 Coudray eingefasst hat. Das südliche Parkende bildet die **Schaukelbrücke** `93`. Die 14 m lange, freitragende Hängebrücke ersetzte 1833 einen bis dahin vorhandenen, baufällig gewordenen Holzsteg. Dieser Rundgang führt jedoch über die **Duxbrücke** `94` nahe dem Römischen Haus. Den Ilmübergang errichtete man 1818, um eine direkte Verbindung zwischen dem Römischen Haus auf dem westlichen und Goethes Gartenhaus auf dem östlichen Ufer der Ilm herzustellen.

Goethes Gartenhaus `95`

Mi–Mo April–Okt. 10–18, Nov.–März 10–16 Uhr, Eintritt 4,50 €, erm. 3,50 €, www.klassik-stiftung.de

»Hab ein liebes Gärtgen vorm Tore an der Ilm schönen Wiesen in einem Tale. Ist ein altes Häusgen drinne, das ich mir repariren lasse«, schrieb Goethe im Mai 1776. Herzog Carl August hatte Goethe das »Häusgen« geschenkt, um ihn auch auf diese Weise an Weimar zu binden. Zu dieser Zeit war die Gegend um Goethes Gartenhaus noch verwildert, Wieland äußerte ironisch, ohne eine Abteilung Artillerie, die eine Schneise in die Hecken und Sträucher schießen müsse, könne man nicht zu Goethe gelangen. Sechs Jahre lang war das Haus an der Ilm Goethes ständiges Zuhause, hier begann seine Liebe zu Christiane Vulpius. Auch nach seinem Umzug in das repräsentative Haus am Frauenplan blieb das Gartenhaus für ihn ein Rückzugs- und Arbeitsort.

Das Haus ist sparsam mit Möbelstücken und Kupferstichen ausgestattet, die nachweisbar aus Goethes Einrichtung stammen. Sie vermitteln einen Eindruck von der einfachen Lebensführung des Dichters in seiner ersten Weimarer Zeit. Goethe hatte das Haus unmöbliert übernommen; alle Möbel fertigten die Hoftischler und der Herzog bezahlte, auch das Stehpult mit Sitzbock im Arbeitszimmer, an dem wesentliche Teile des »Wilhelm Meister«, der »Iphigenie«, Entwürfe zu »Egmont« und »Torquato Tasso« sowie später Teile der »Italienischen Reise« entstanden sind.

Den **Garten** des Hauses gestaltete Goethe mit viel Liebe um, er legte Gemüsebeete, Blumenrabatten und Rosenspaliere an, er pflanzte Obstbäume sowie Laub- und Nadelgewächse. Am Hang östlich vom Haus, am Lieblingsplatz Charlotte von Steins, ließ er 1782 eine Steintafel mit den Versen »Hier gedachte still ein Liebender seiner Geliebten ...« anbringen.

Das Haus und der Garten sind nahezu unverändert erhalten geblieben, weil Goethes letzter Nachkomme testamentarisch verfügt hat, der Besitz sei als eigenständiges Grundstück zu erhalten und nicht in den Ilmpark zu integrieren. In den letzten Jahren wurde der Zustand von 1820 wiederhergestellt, alle Ergänzungen der späteren

Jahre beseitigt und die Ausstattung auf das Authentische reduziert.

Hinter Goethes Gartenhaus führt ein Abstecher zur Kopie des **Euphrosyne-Denkmals** 96. Gestiftet hat das Monument mit Masken und tanzenden Nymphen 1912 der Dramatiker Ernst von Wildenbruch mit der Auflage, es in der Nähe von Goethes Gartenhaus aufzustellen. Das sandsteinerne Originaldenkmal von 1800 erhebt sich hinter der Fürstengruft auf dem Historischen Friedhof. Gewidmet ist es der früh verstorbenen Schauspielerin Christiane Becker-Neumann (1778–97), die schon als 14-jähriges Mädchen am Hoftheater spielte.

Sphinxgrotte 97

Der Weg führt weiter zu den drei Läutraquellen, die von der künstlichen Sphinxgrotte umrahmt werden. Die auf einem Sockel ruhende Sphinx hat Martin Klauer 1784 nach einem Entwurf von Georg Melchior geschaffen. Die Grotte, so erzählt die Legende, sei der Lieblingsplatz von Franz Liszt gewesen. Die Läutra ist ein kleiner Bach, der bereits nach wenigen Metern in die Ilm fließt. Eine weitere Quelle nennt sich Ochsenauge, da sie rund mit Steinen gefasst ist, die dritte heißt Sprudelquelle. Das Wasser der drei Quellen kommt aus großer Tiefe mit der stets gleichbleibenden Temperatur von 8,5 °C.

Über die steinerne **Sternbrücke** 98 erreicht man wieder das westliche Ufer der Ilm und beim Residenzschloss die Altstadt. Der Brückenname stammt vom Stern, dem einstigen barocken Schlossgarten, der sich an dieser Stelle befand. Die wuchtige Sternbrücke ist Weimars älteste erhalten gebliebene Brücke. Erbaut wurde sie als Schlossbrücke 1651–53, das Brückengeländer kam 1820 nach einem Entwurf von Coudray hinzu.

Essen & Trinken

Leicht und fein – **Alt-Weimar** 1 : s. S. 26.

Stilvoll elegant – **Bettina von Arnim** 2 : (im Dorint Hotel) : s. S. 26.

Urig rustikal – **Bierstube Consilium (im Dorint Hotel)** 3 : s. o., Hauptgerichte 8–14 €. Ländlich rustikal geht es in der Bierstube zu. Zu den regionalen Thüringer Klassikern wie beispielsweise Rinderroulade mit Klößen und Apfelrotkohl werden regionale Bier- und Weinsorten angeboten.

Familiär – **Sommers Weinstuben & Restaurant** 4 : s. S. 28.

Gemütlich und familiär – **Zum Ilmschlösschen** 5 : s. S. 30

Urig gemütlich – **Felsenkeller** 6 : Humboldtstr. 37, Tel. 41 47 41, www.felsenkeller-weimar.de, Di–Sa 11–24, So 11–22 Uhr, Hauptgerichte 8–14 €. Die ganze Palette traditioneller Thüringer Gerichte sowie hausgebrautes Bier werden offeriert. Zum Probieren gibt es Thüringer Klöße mit viel Soße. Viele Gerichte kosten unter 10 €. Eine urige Atmosphäre verbreiten die Braukessel, die sich mitten im Gastraum befinden.

Historisch und rustikal – **Falkenburg** 7 : An der Falkenburg 1, Tel. 51 04 18, www.restaurant-falkenburg.de, Mo, Mi–Fr 17.30–22, Sa, So 12–15, 17.30–22 Uhr, Hauptgerichte 10–16 €. Die dunkle Möblierung unterstreicht den historischen Charakter des Gasthauses, das bereits seit 1881 Gäste empfängt. Dazu passen die Klassiker der Thüringer Küche, ergänzt durch Pasta und Flammkuchen.

Bienen und noch mehr Bienen – **Gaststube im Bienenmuseum** 8 : Ilmstr. 3, Tel. 51 16 21, Di–So 11–21, So 11–18 Uhr, Hauptgerichte 7–12 €. Eine kleine Thüringer Karte und Essen wie die Bienen, nämlich vegetarisch, nachmittags Kaffee und Kuchen, unter den Kuchensorten immer vorhanden: hausgebackener Bienenstich.

Wie es in einem Bienenstock zugeht, erfährt man recht anschaulich im Deutschen Bienenmuseum in Weimar

Naturidyll – **Café Kipperquelle** : Kippergasse 20, Tel. 80 88 88, www.kipperquelle-weimar.de, Di–Fr 14–18, Sa, So 12–18 Uhr, Fr, Sa bei schönem Wetter auch länger geöffnet. Im blühenden Landschaftsgarten sitzt man unter hundertjährigen Linden und Kastanien und genießt die Kaffeespezialitäten und den hausgebackenen Kuchen. Auch ein preiswertes wechselndes Tagesgericht wird angeboten. Das Café liegt in der Ilmaue am Ilmradwanderweg.
Herrschaftlich – **Café d'Este** 10: s. S. 236.

Einkaufen

Große Honigauswahl – **Hofladen im Bienenmuseum** 1: Ilmstr. 3, Tel. 90 10 32, Mi–So April–Okt. 10–18, Nov.–März 10–17 Uhr. Große Auswahl an Honig in unterschiedlichen Geschmacksrichtungen, von süß bis herb, wie Lindenhonig, Robinienhonig und Löwenzahnhonig. Auch Kerzen aus Bienenwachs, Kosmetika und Heilmittel mit den Wirkstoffen aus dem Bienenvolk und vieles mehr.

Abends & Nachts

Angenehm entspannend – **Bar Belle Epoque** 1: Beethovenplatz 1–2 (im Dorint Hotel), Tel. 87 20, tgl. bis 1 Uhr. Cocktails, Drinks, angenehme Atmosphäre, genau das Richtige zum Entspannen.

Ausflüge in die Umgebung

Highlights !

Domberg Erfurt: Vom Domplatz führen 70 Stufen hinauf zum Wahrzeichen der Stadt, dem monumentalen Ensemble von Dom und Severikirche, einer der beeindruckendsten mittelalterlichen Baugruppen Europas. S. 265

Dornburger Schlösser: Hoch über dem Saaletal thronen drei Schlösser, von denen das Renaissance- und das Rokokoschloss eng mit Goethe verbunden sind. Die nach historischem Vorbild erneuerten Gärten, von denen sich ein weiter Blick in das mittlere Saaletal bietet, zeigen sich besonders zur Rosenblüte in farbenfroher Pracht. S. 280

Auf Entdeckungstour

Auf Goethes Spuren – Wanderung nach Stützerbach: Oft war Goethe in der Gegend um Ilmenau unterwegs, beruflich und privat. Vor allem nach Stützerbach ist er gern gewandert. Der Wanderweg verbindet Orte und Plätze, an denen der Dichter sich aufhielt. S. 254

Ein Ort der Ruhe und Harmonie – der japanische Garten in Erfurt: Felsen, Wasser, Pflanzen sowie Pavillons vereinen sich zu einem Gesamtkunstwerk fernöstlicher Kultur in Thüringen. Der Japanische Garten ist ein Ort zum Entspannen und Nachdenken, eine Art »Freilichtkirche«. S. 262

Kultur & Sehenswertes

Zitadelle Petersburg: Die einzige noch in großen Teilen erhaltene barocke Stadtbefestigung Mitteleuropas – ein Musterbeispiel der Festungsbaukunst des 17. bis 19. Jh. S. 267

Theaterhaus Jena: Die »kreativste Theaterruine« Deutschlands, die vorwiegend junges Publikum bevölkert, überrascht immer wieder mit frischen und modern inszenierten Stücken. S. 272

Aktiv & Kreativ

Auf Feiningers Spuren radeln: Der ausgeschilderte, 25 km lange Radwanderweg folgt den Spuren des Bauhauskünstlers Lyonel Feininger, der mit Fahrrad, Skizzenblock und Stift oft im Weimarer Land unterwegs war. S. 252

Genießen & Atmosphäre

Alboths Restaurant: Fundierte Kochkunst mit originellen Einfällen – wer richtig schlemmen möchte, lässt sich in Erfurt von Claus Alboth verwöhnen, einem der besten Köche Thüringens. S. 268

Goethe-Galerie: Auf dem alten Zeiss-Gelände in Jenas City entstand ein Einkaufstempel der Superlative mit Dutzenden von Geschäften. S. 271

Abends & Nachts

Wagnergasse: Kontrastreich und bunt geht es auf Jenas Kneipenmeile zu, dem Treff der Nachtschwärmer. Für manchen beginnt der Tag mit dem Frühstück am Mittag und endet weit nach Mitternacht bei einem Cocktail. S. 274

Auf Goethes Spuren reisen

Goethe war viel unterwegs. Kluge Leute haben errechnet, er habe 37 765 Kilometer in seinem Leben zurückgelegt – zu Fuß, zu Pferde und in der Kutsche. Allein in Thüringen, so sagt man, habe er rund 150 Städte und Dörfer durchstreift. Wie einst Goethe unternehmen heute zahlreiche Touristen von Weimar aus Ausflüge in umliegende Städte und Dörfer. Besonders oft wanderte oder ritt der Dichter nach Großkochberg zu seiner Vertrauten Charlotte von Stein. Aber auch Ilmenau, Jena, Dornburg und Erfurt waren Reiseziele.

In den Thüringer Wald

Goethe hat Weimar oft in südwestlicher Richtung verlassen, nach Bad Berka, der kleinen Kurstadt vor den Toren von Weimar, und nach Großkochberg (s. S. 250), um seine Vertraute Charlotte von Stein zu besuchen. Am 6. Dezember 1775 kam der gerade 26-jährige Goethe das erste Mal angeritten. Auf der hölzernen Schreibplatte eines schlichten Sekretärs im Schloss Kochberg hat der Dichter das Datum vermerkt: »Goethe, d. 6. Dec. 75«. Wie oft er in den Jahren bis 1788 die geistvolle Frau von Stein auf dem Schloss besuchte, ist nirgendwo festgehalten. In Ilmenau im Thüringer Wald, das wiederum ist statistisch genau erfasst, war er insgesamt 28 Mal, um als Minister den Bergbau vorwärts zu bringen oder um seinen Landesherrn und Freund Carl August bei der Jagd zu begleiten.

Bad Berka ▶ B 2

»Goethebad im Grünen« – der Werbespruch klingt sehr verheißungsvoll. Und die Erwartungen erfüllen sich durchaus. Der in einem Talkessel der Ilm eingebettete Ort wird von bewaldeten Bergen umrahmt, das herausgeputzte Zentrum strahlt einen gewissen

Die Idylle des Thüringer Walds lädt zum Wandern ein

Charme aus. 1813 eröffnete der Weimarer Herzog Carl August die erste Badesaison, wenig später kam Goethe mit seiner Frau Christiane zur Kur angereist. Zu einem zweiten Karlsbad, wie es dem Weimarer Herzog vorschwebte, brachte es das 12 km von Weimar entfernte Berka allerdings nicht. Bad darf sich das Städtchen (7700 Einw.) offiziell seit 1911 nennen, das sich zum Zentrum für Herz- und Lungenkrankheiten entwickelt hat. Beim Rundgang erstaunt das einheitliche klassizistische Ortsbild. Das hat Weimars Hofbaumeister Clemens Wenzeslaus Coudray nach dem Stadtbrand 1816 geschaffen.

Das **Rathaus am Marktplatz** konnte bereits 1817 als erstes Gebäude eingeweiht werden; als besonderen Schmuck bekam es eine Monduhr, die auf einer blauen und einer goldenen Halbkugel die jeweiligen Mondphasen anzeigt. In der Kirchstraße ist das etwas zurückversetzte heutige **Goethehaus** geschichtsträchtig. Mehr als 200 Jahre war es die Mädchenschule von Berka. Den Namen Goethes erhielt das Gebäude, weil der Dichter hier mehrfach bei Heinrich Friedrich Schütz zu Besuch war. Dieser war Lehrer an der Schule, Organist der Kirche und engagierte sich sehr für den Aufbau des Bades. In seinen Tagebuchaufzeichnungen hat Goethe den Mädchenschullehrer 125 Mal erwähnt!

Unweit vom Goethehaus steht die **Kirche** aus dem 18. Jh. Die Wetterfahne auf dem Turm zeigt einen goldenen Hirsch. Den hatte sich Großherzog Carl August ausbedungen, denn Berka war sein Lieblingsjagdrevier. Im Erdgeschoss des 59 m langen **Jagdhauses** (1739) westlich der B 85 standen

Lieblingsort

Kunst, Natur und Kultur

▶ Karte 4, C 3

Schloss, Landschaftspark und Liebhabertheater – **Großkochberg**,
rund 30 km von Weimar entfernt,
bietet ein Dreierensemble von erster Qualität. Der junge Goethe
eilte von Weimar zu Fuß oder hoch
zu Ross nach Großkochberg zur
charmanten Hausherrin Charlotte
von Stein. Auch Friedrich Schiller
war mit seiner Charlotte auf
Schloss Kochberg zu Gast sowie
Herzog Carl August mit Familie.
Seit Jahrzehnten kommen Touristen, denn wo sonst kann man in
Thüringen Kunst, Natur und Kultur
quasi auf einem Fleck erleben:
Schlossbesichtigung, Parkspazier-
gang, Theatergenuss und danach
den Tag im kleinen Restaurant ausklingen lassen. (Schlossbesichtigung April–Okt. Di–So 10–18 Uhr,
Eintritt 3 €, erm. 2 €, www.klassik-
stiftung.de, www.schlossrestaurant-
kochberg.de)

Unser Tipp

Auf Feiningers Spuren radeln

Der ausgeschilderte Radwanderweg folgt den Spuren des Bauhauskünstlers Lyonel Feininger, der mit Fahrrad, Skizzenblock und Stift oft im Weimarer Land unterwegs war. Der 25 km lange Weg ist als Rundkurs angelegt, man kann also starten, wo man möchte: an der Bauhaus-Universität in Weimar ebenso wie an der Autobahnkirche Gelmeroda, Feiningers Lieblingsgotteshaus. Er hielt es in Bleistiftzeichnungen, Holzschnitten, Lithografien und Ölgemälden fest. 1913 schrieb er an seine Frau: »Nachmittags krabbelte ich los mit ... einem Block nach Gelmeroda, ich habe dort 1,5 Stunden herumgezeichnet, immer an der Kirche, die wundervoll ist.« Der Maler und Grafiker Lyonel Feininger (1871–1956) war von 1919 bis 1925 in Weimar am Bauhaus tätig, dem er bis 1932 verbunden blieb. 1937 kehrte er nach New York zurück.

die Kutschen und Schlitten, im Obergeschoss lagerten die Jagdgeräte. Nach umfangreicher Sanierung ist das Zeughaus heute Bürgerhaus mit Kegelbahn, Bibliothek, Stadtarchiv und einem großen Saal.

Der kleine Kurbereich

Nach dem Überqueren der Ilm kommt man zum **Edelhof** (1786). In das Barockgebäude, heute Sitz des Forstamtes, quartierte man im 18. Jh. die Jagdgäste der Weimarer Herzöge ein, die »Edlen von Weimar«. 1814 wohnte Goethe mit seiner Frau Christiane in diesem Haus, als sie sieben Wochen lang in Berka kurten. Lebenselixier ist

seit 1822 die Quelle des **Goethebrunnens,** erkennbar an dem Pavillon von 1909 am Südrand des Parks. Die **Brunnenfigur** stammt von 1950.

Durch den Kurpark führt eine 400 m lange **Allee,** für die Goethe die Pläne lieferte. Die damals gepflanzten Pappeln mussten 1905 wegen Überalterung den heutigen Linden weichen.

Coudray-Haus

Ausstellung Di–So 14–17 Uhr

Am Ende des Parks baute man an einem Berghang das 1825 eingeweihte Kur- und Gesellschaftshaus. Auftraggeber war Großherzog Carl August, Coudray lieferte den Entwurf für das klassizistische Bauwerk mit dem großen halbrunden Fenster unter dem Giebel. Für diesen »wohl gelungenen Bau« heimste der Baumeister viel Lob ein, so dass es heute offiziell Coudray-Haus heißt. Im Erdgeschoss spaziert man in einer **Ausstellung** durch die Geschichte des Bades und erfährt viel über die Besuche des Dichterfürsten, im Obergeschoss finden Konzerte, Lesungen und andere kulturelle Veranstaltungen statt

Östlich des Kurparks, auf dem 416 m hohen Adelsberg, erbaute man 1884 den **Paulinenturm.** Wer die 143 Stufen bis zur Aussichtsplattform hochsteigt, wird bei gutem Wetter mit einem Blick bis zum Glockenturm auf dem Ettersberg von Weimar belohnt. Die Berkaer hatten den Turm nach der Erbgroßherzogin Pauline (1852–1904) benannt, weil sie sich dadurch Unterstützung durch den Hof erhofften. Doch diese Hoffnung habe sich nicht erfüllt, behaupten die Bad Berkaer.

Übernachten

Ländlich modern – **Hubertushof:** Tannrodaerstr. 3, Tel. 036458 350, Fax 351

50, www.hotel-hubertushof.de, DZ/F ab 85 €. Schönes, neues Haus im Landhausstil mit 30 behaglich eingerichteten Zimmern, Sauna, Solarium und Restaurant.

Essen & Trinken

Waldidylle – **Waldgasthaus Balsamine:** Am Schlossberg 50, in Buchfart, Tel. 036458 49 64 19, www.waldgasthaus-balsamine.de, Mo geschl., Hauptgerichte 8–15 €. Nach langer Schließzeit ist das traditionelle Ausflugslokal zwischen Bad Berka und Weimar gelegen, wieder eröffnet worden. Mitten im Wald, mit einem tollen Blick auf den kleinen Ort Buchfart, lockt eine frische und einfallsreiche Küche, die sich neben den traditionellen Thüringer Gerichten gut ausmacht.

Infos & Termine

Information
Kurverwaltung: Goetheallee 3, 99438 Bad Berka, Tel. 036458 57 90, Fax 0364 58 579 99, info@bad-berka.de, www.bad-berka.de

Anreise
Per Bahn: ab Weimar.
Per Bus: ab Weimar Hauptbahnhof mit den Linien 237 und 240.
Per Pkw: von Weimar 11 km nach Süden.

Feste
Brunnenfest: Am zweiten Wochenende im Juni feiern die Bad Berkaer seit mehr als 100 Jahren ihr Brunnenfest im Kurpark. Höhepunkt ist der Festumzug bzw. das Bildhauersymposium im jährlichen Wechsel.
Schützenfest: Anf. Aug., Schützenkönigin und -könig werden gekürt, ge-

sellig feiert man miteinander, Schausteller, Gastvereine und Kapellen bereichern das Programm, www.sg-bad berka.de.

Ilmenau ▶ A 4

»Anmutig Tal, du immergrüner Hain«, so hat Goethe 1783 die Lage von Ilmenau (27 000 Ew.) poetisch beschrieben. Und daran hat sich bis heute nichts geändert. Goethe kam in das rund 50 km von Weimar entfernte Ilmenau meist als Minister und war gewiss von manchem nicht gern gesehen. Denn er bereitete der Korruption in den Behörden ein Ende und setzte eine gerechtere Steuerreform durch.

In der zweiten Hälfte des 19. Jh. veränderte die entstehende Porzellan- und Glasindustrie das Stadtbild wesentlich. Zu DDR-Zeiten war Ilmenau ein Zentrum der Produktion von technischem Glas und Porzellan. Ilmenau, in einer von bewaldeten Bergen umsäumten Öffnung des Ilmtales gelegen, ist auch Studentenstadt. An der einstigen Technischen Hochschule, die 1992 in den Rang einer Universität erhoben wurde, studieren rund 7000 junge Menschen.

Goethe-Stadt-Museum
Am Markt 1, tgl. 10–17, jeden 1. Do im Monat 10–20 Uhr, Eintritt 3 €, erm. 1,50 €, Tel. 03677 60 01 07
Während seiner Ilmenauer Besuche wohnte der Geheime Rat Goethe meist im herzoglichen Amtshaus am Markt (1756), dem heutigen Goethe-Stadt-Museum. Die Ilmenauer sagen meist noch »Schloss« zu dem Gebäude, weil sich im ersten Obergeschoss die Herzöge von Sachsen-Weimar-Eisenach einquartierten, wenn sie in der Stadt weilten. »Ich war immer gerne hier und bin es noch ...«, schrieb der ▷ S. 258

Auf Entdeckungstour

Auf Goethes Spuren – Wanderung nach Stützerbach

Oft war Goethe in der Gegend um Ilmenau unterwegs. Vor allem nach Stützerbach ist er gern gewandert. Der Wanderweg verbindet Orte, an denen der Dichter sich aufhielt und die Eingang in sein Schaffen fanden.

Reisekarte: ▶ Karte 4, A 4

Planung: Teilweise steile Anstiege, Markierung mit »G« auf ovalen Holz-scheiben. Goethehäuschen auf dem Kickelhahn jederzeit zugänglich; Jagdhaus Gabelbach, Di–So April–Okt. 10–17, Nov.–März 10–16 Uhr, Tel. 03677 20 26 26, www.ilmenau.de, Eintritt 2 €, erm.1 €; Rückfahrt nach Ilmenau: www.rennsteig-bus.de

Zeit: 20 km, mindestens 6 Std.

Start: Am Ilmenauer Markt.

»Anmutig Tal! Gu immergrüner Hain!« – auch wenn er Ilmenau nicht als Dichter besuchte, besungen hat Goethe das Städtchen und die Schönheit seiner Natur dennoch. 220 Tage, so haben Wissenschaftler ausgerechnet, weilte Goethe in Ilmenau. Weniger als Dichter, sondern vor allem im Auftrag seines Herzogs Carl August als Geheimer Rat im Ministerrang, um den einst ertragreichen Bergbau wieder zu beleben und dem Weimarer Hof dadurch volle Kassen und den »Ilmenauer Maulwürfen«, den Bergleuten, »Arbeit zu bringen«. Goethe stand von 1770 bis rund 1800 der Bergwerkskommission vor. Er mochte das Städtchen: »Ich glaube, es kommt von der Harmonie, in der hier alles steht: Gegend, Menschen, Klima, Tun und Lassen«, schrieb er 1795 an Schiller.

Fragment des Ilmenauer Bergbaus

Vom **Ilmenauer Markt** 1 führt der Weg durch die Obertorstraße zum Friedhof an der Erfurter Straße, auf dem in der Nähe des Eingangs die von Goethe verehrte Schauspielerin und Sängerin Corona Schröter – die erste Darstellerin seiner »Iphigenie« – ihre letzte Ruhestätte fand. Die Erfurter Straße geht man weiter zum Ortsausgang. Dort erinnert ein Gedenkstein an die Wiedereröffnung des Schachts »Neuer Johannes« durch Goethe am 24. Februar 1784. Der Bergbau in Ilmenau war 1739 durch Wassereinbruch zum Erliegen gekommen, der Ort dadurch verarmt. Wenig später wird der **Mittlere Berggraben** 2 erreicht, den Goethe wieder instandsetzen ließ. Der Graben führte Wasser zum Johannesschacht, das die Wasserräder als Energieträger brauchten. Im Spätherbst 1785 waren die Arbeiten beendet, darüber erfreut schrieb Goethe am 8. November an Charlotte von Stein: »Ich habe heute einen großen Spaziergang gemacht, den ganzen Graben hinauf, wo mir die Wasser, die das Werk treiben sollen, entgegenkamen und zum erstenmal wieder seit vielen Jahren diesen Weg machten.« Der Graben wurde in der zweiten Hälfte des 19. Jh. aufgefüllt und ist Wanderweg geworden.

Goethes Inspirationsquellen

Der Weg führt steil weiter zum Oberen Berggraben, vorbei an der 1854 gefassten Berthaquelle zum **Schwalbenstein** 3, einem hohen Porphyrfelsen. Am 19. März 1779 verweilte Goethe an dieser Stelle, aber diesmal nicht als Staatsmann, sondern als Dichter, denn hier schrieb er an »einem heiteren Tag ruhigen Gemüts« in einem Zug den vierten Akts der »Iphigenie«. Über die Bornwiese mit der **Marienquelle** 4 erreicht man wenige Meter mit Eintritt in den Hochwald den **Emmastein** 5. Goethe interessierte die Geologie des Felsens. In der Ilmenauer Gegend begann er sich mit Mineralien zu beschäftigen, von denen er Hunderte sammelte. Im Alter gab er zwei naturwissenschaftliche Zeitschriften heraus, »Zur Morphologie« und »Zur Naturwissenschaft überhaupt«. Doch diese Leidenschaft Goethes war in Weimar nicht jedermanns Sache, Herder beispielsweise konnte das »dauernde Gerede über Steine« bald nicht mehr ertragen.

Auf ruhigen Gipfeln

Vom Emmasteinfelsen wandert man abwärts zum Dorf Manebach, wo Goethe mehrfach beim Kantor im **Haus Goethestr. 13** 6 wohnte. Im dahinterliegenden Garten, von ihm »Kantors Gärtgen« genannt, zeichnete er am 30. August 1777 den Manebacher Grund.

Weitergewandert wird zum Großen Hermannstein, »meinem geliebten Aufenthalt, wo ich möcht wohnen und bleiben«. Danach geht es aufwärts zum 861 m hohen Kickelhahn mit der »Goethehäuschen« genannten **Jagdhütte 7**. In die innere südliche Bretterwand im oberen Stockwerk ritzte Goethe am 6. September 1790 die berühmt gewordenen Verse »Über allen Gipfeln ist Ruh«, mit denen er den sich neigenden Septemberabend beschrieb. Die Hütte auf dem Kickelhahn brannte 1870 ab, auf den alten Grundmauern wurde sie 1874 originalgetreu wieder errichtet. Vom 24 m hohen **Aussichtsturm 8** auf dem Berg bietet sich ein herrlicher Rundblick.

In der fürstlichen Jagdhütte

Vom Gipfel des Kickelhahns erreicht man in 15 Minuten das **Jagdhaus Gabelbach 9**. Es wurde Goethe-Gedenkstätte, weil Herzog Carl August oft mit seinem Geheimen Legationsrat und späteren Staatsminister Goethe hier weilte. In dessen Tagebüchern ist das Jagdhaus oft erwähnt, wie »Abend Pir-

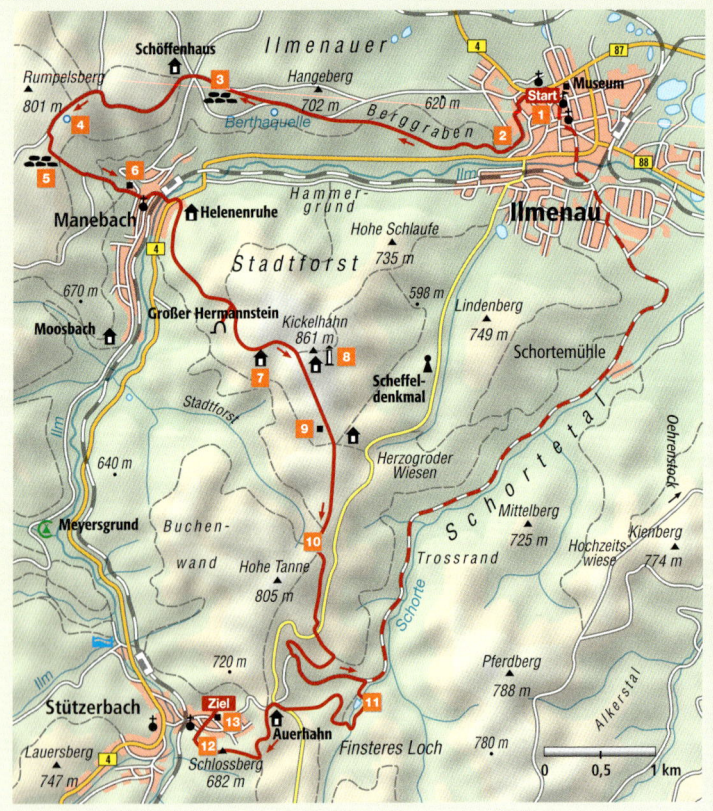

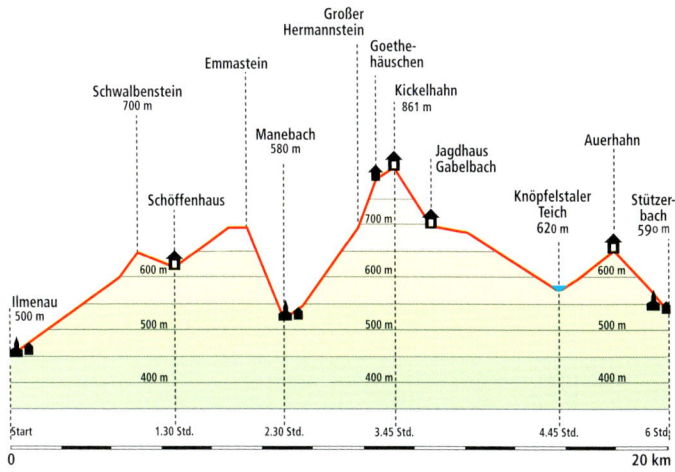

Großer
Hermannstein
Goethe-
häuschen
Emmastein
Schwalbenstein
700 m
Kickelhahn
861 m
Manebach
580 m
Jagdhaus
Gabelbach
Auerhahn
Schöffenhaus
Knöpfelstaler
Teich
620 m
Stützer-
bach
590 m
700 m
600 m
600 m
600 m
Ilmenau
500 m
500 m
500 m
500 m
400 m
400 m
400 m
Start
1.30 Std.
2.30 Std.
3.45 Std.
4.45 Std.
6 Std.
0
20 km

schen aufm Gabelbach« oder »aufm Gabelbach, wo gegessen wurde«. Der Weimarer Herzog hatte das Haus 1783 in Erwartung seines Gastes, des Herzogs von Kurland, in aller Eile errichten lassen. Betrachtet werden können die von Goethe bewohnten Räume sowie der Fest- und Speisesaal, die meisten der Einrichtungsgegenstände gehören zum originalen Inventar. Die Ausstellung informiert über Jagdwesen und Jagdgewohnheiten des Weimarer Hofes Ende des 18. Jh. und macht mit Goethes naturwissenschaftlichen Studien bekannt.

Zeichnungen eines unglücklichen Goethe

Vom Jagdhaus führt der Wanderweg über die **Hirtenwiese** 10 hinunter ins Schortetal zum von Wald umschlossenen **Knöpfelstaler Teich** 11, einem im 17. Jh. für den Bergbau angelegten Staubecken. Auf dem Stützerbacher 682 m hohen **Schlossberg** 12 saß Goe-

the am 8. August 1776 und zeichnete. In einem Brief teilte er Charlotte von Stein mit: »Ich habe heute den ganzen Tag für Dich gezeichnet, nicht immer glücklich, aber immer warm. Heute aber saß ich wieder hier auf dem Schloßberg und hatte einen guten Augenblick ...«.

Die Zeichnung »Stützerbacher Grund«, an diesem 8. August entstanden, hat im **Goethehaus Stützerbach** 13 einen besonderen Platz erhalten. Mindestens zehn Mal übernachtete Goethe als Geheimer Legationsrat in dem um 1700 erbauten Haus des Glashüttenbesitzers Gundelach, das deshalb Goethe-Museum wurde. Vieles ist noch so, wie es Goethe gesehen hat: die Gerätschaften in der »Schwarzen Küche«, der Schreibsekretär im Wohnzimmer sowie der prachtvolle bunt bemalte Barockschrank im Arbeitszimmer, in dem Goethe die in der Umgebung Stützerbachs gefundenen Mineralien aufbewahrt haben soll.

Dichter am 29. August 1795 an Friedrich Schiller. Goethe mochte Ilmenau: »Ich glaube, es kommt von der Harmonie, in der hier alles steht: Gegend, Menschen, Klima, Tun und Lassen.«

Am Markt befindet sich auch das **Rathaus** aus dem 17. Jh. mit einem schönen, original erhaltenen Renaissanceportal. 1752 war Ilmenau völlig abgebrannt, der folgende Wiederaufbau erfolgte im barocken Stil. Seitdem schmückt den Platz der **achteckige Brunnen** mit der Wasser speienden hennebergischen Henne.

Auf den Spuren des Geheimen Rates

Vom Markt geht man die Marktstraße hinunter zur gotischen **Stadtkirche St. Jakobus,** die nach dem Stadtbrand von 1752 mit barocker Innenausstattung neu errichtet wurde. Das **Denkmal** von 1894 vor der Kirche erinnert an die Einführung der Reformation im damaligen Henneberger Land.

Am ehemaligen Sächsischen Hof an der Straße des Friedens/Ecke Schwanitzstraße erinnert eine **Gedenktafel** an die Schauspielerin Corona Schröter (1751–1802), die in diesem Haus lebte und 1802 hier starb. Am Weimarer Liebhabertheater spielte sie viele Hauptrollen. Goethe war von der Schröter so fasziniert, dass er ihr Verse in dem Gedicht »Auf Miedings Tod« widmete. In dem Haus feierte der Dichter außerdem 1784 mit den Ilmenauer Bergleuten die Wiedereröffnung der Schächte, die seit 1739 brach gelegen hatten.

Weiter geht es zum **Wenzelschen Haus,** Lindenstr. 12, an dem eine Gedenktafel mitteilt: Hier wohnte von 1798 bis 1805 Goethes »Urfreund« Karl Ludwig von Knebel, der als Erzieher des zweiten Sohnes von Herzogin Anna Amalia nach Weimar gekommen war.

Von Ilmenau führen viele **Wanderwege** zu Plätzen in die Umgebung, von denen sich schöne Ausblicke auf die Stadt bieten. Besonders gern gewandert wird auf dem Goethe-Wanderweg in Richtung Kickelhahn und Stützerbach (s. S. 254).

Übernachten

Waldidyll – **Romantik Berg- und Jagdhotel Gabelbach:** Waldstr. 23a, Tel. 03677 86 00, Fax 03677 86 02 22, www.gabelbach.com, 91 Zi., DZ/F ab 110 €. Zimmer in ruhiger, abseitiger Waldlage, Hallenbad mit 30 °C warmem Wasser, Fitnessraum, Bowling, Sauna, Solarium.

Freundlich – **Tanne:** Lindenstr. 38, Tel. 03677 65 90, Fax 03677 65 95 03, www.hotel-tanne-thueringen.de, 111 Zi., DZ/F ab 79 €. Das Hotel am Ende der Fußgängerzone bietet großzügig geschnittene, freundlich eingerichtete, farbenfrohe Zimmer.

Essen & Trinken

Gourmet – **La Chemineé:** Waldstr. 23a (im Berg- und Jagdhotel Gabelbach), Tel. 03677 86 00, Fax 03677 86 02 22, mittags, So und Mo geschl. Kleiner, holzgetäfelter Raum im englischen Stil mit offenem Kamin und aufmerksamem Service. Vorbildlich zubereitete und angerichtete Speisen.

Einkaufen

Fundgrube mit Stil – **Arche:** Straße des Friedens 28, Tel. 03677 89 47 11, www.arche-ilmenau.de, tgl. geöffnet. Möbel, Terrakotta, Geschirr, Gläser, Textilien, Pflanzen und liebenswerte Accessoires aus aller Welt hat der aus

Westafrika stammende Inhaber Thierry Ahodi zusammengetragen. Man kann unter 340 Sorten Tee und 4–5 Sorten Spitzenkaffee wählen. Täglich wechselnd gibt es eine internationale Suppenspezialität.

Einkaufsvielfalt – **Goethe-Passage:** am Rathaus. Die vielen Geschäfte lassen hier auch bei schlechtem Wetter das Einkaufen zum Erlebnis werden.

Aktiv & Kreativ

Für Wasserratten – **Sport- & Freizeitbad:** im Hammergrund, Tel. 03677 89 42 27, Mai–Sept. geöffnet. Die beheizten Becken garantieren eine konstante Wassertemperatur von 24 °C. Die 73-m-Wasserrutsche, drei Sprungtürme, drei Röhrenrutschen sorgen für Spaß.

Rodelspaß – **Freizeit- und Rennschlittenbahn »Wolfram Fiedler«:** Steinstr. 61, Tel. 03677 20 27 26, Di–So geöffnet. Sommers wie winters bereitet die 460 m lange Rennschlittenbahn Vergnügen.

Infos & Termine

Information
Tourist-Information: Am Markt 1, 98693 Ilmenau, Tel. 03677 60 03 00, Fax 03677 60 03 30, www.ilmenau.de

Anreise
Per Bahn: ab Weimar mit Regional- und ICE-Zügen, in Erfurt umsteigen.
Per Bus: ab Weimar Hauptbahnhof mit der Linie 237.
Per Pkw: von Weimar 60 km auf der A 4 und der A 71.

Feste
Ein buntes Programm zieht sich durch das ganze Jahr, Informationen, auch zum Umland, erteilt die Tourist-Information oder www.ilmenau.de.

Internationale Jazztage: April, Jazz international an den verschiedensten Aufführungsorten wie Kirchen, Musikschule oder Hörsaal, www.jazzclub-ilmenau.de.
Stadtfest: erstes Wochenende im Juni, von Fr bis So steppt der Bär in der Ilmenauer Innenstadt. Musik und Tanz, Bastelstraße und Unterhaltung für Kinder und alles für das leibliche Wohlergehen.
Kickelhahnfest: Ende Aug., alle »Natur-, Berg-, Musik- und Wanderfreunde« treffen sich auf dem Ilmenauer Hausberg zum Fassbieranstich, zu Volksmusik und regionalem Essen. Von der Stadt bis zum Wanderparkplatz am Kickelhahn besteht ein kostenloser Bustransfer.

Erfurt und Jena

So wie einst Goethe und Schiller, so reisen heute viele Weimar-Besucher in die nahe Landeshauptstadt. Erfurt, auf der B 7 bequem zu erreichen, ist ein architektonisches Freilichtmuseum. Auch mit der Bahn ist man rasch in Erfurt: Die Züge benötigen von Weimar etwa 15 Min., der Hauptbahnhof befindet sich am Rand der Altstadt, fast alle Sehenswürdigkeiten sind also gut zu Fuß erreichbar.

Ebenso rasch kommt man auf der B 7 nach Jena, östlich von Weimar liegend. Goethe bezeichnete die Stadt und ihre Universität als einen »Stapelplatz des Wissens und der Wissenschaft«. Denn viele berühmte Menschen haben in der Stadt an der Saale gewirkt, die mit der durch Carl Zeiß und Ernst Abbe begründeten optischen Industrie Weltgeltung erlangte und in der heute auf jeden fünften Einwohner ein Student kommt. Ein »Pflichtausflug« von Jena aus sollte ein Besuch in Dornburg sein.

Erfurt

Erfurt ▶ A 1

Erfurt (199 000 Ew.) ist ein Bilderbuch deutscher Geschichte: das monumentale Ensemble von Dom und Severikirche, stimmungsvolle Gassen und Plätze mit prunkvollen Patrizier- und hübschen Fachwerkhäusern aus verschiedenen Jahrhunderten, die Krämerbrücke mit ihren pittoresken Häuschen sowie zahlreiche Kirchen. Zu Martin Luthers Zeiten sprach man überschwänglich vom »thüringischen Rom«, denn in Erfurt gab es 43 Kirchen und Kapellen sowie 36 Klöster. Die drei W – Wein, Waid und Wolle – begründeten zeitweise den städtischen Wohlstand. Den wollten die Erfurter Patrizier zeigen und bauten prachtvolle Bürgerhäuser und Kirchen. Seit jeher mischt Erfurt in der Politik mit. In der heutigen Landeshauptstadt des Freistaats Thüringen fanden Reichs- und Parteitage sowie Fürstenkongresse statt. Aus der jüngsten Vergangenheit ist die erste Begegnung der beiden deutschen Regierungschefs während der deutsch-deutschen Teilung in guter Erinnerung. 1970 drängten sich vor dem ehemaligen Hotel Erfurter Hof Tausende und riefen »Willy, Willy«.

Gemeint war damit aber nicht der DDR-Ministerpräsident Willi Stoph, sondern Bundeskanzler Willy Brandt. 1990 konnte sich Erfurt gegen Weimar als Landeshauptstadt durchsetzen.

Am Anger

Der Anger ist die Hauptgeschäftsstraße Erfurts. Hier bummelt man zum Einkaufen entlang, hier trifft man sich zum Plausch in einem der Cafés und Restaurants. Die Straße, durch die sich die Straßenbahn bimmelnd freie Fahrt verschafft, säumen Häuser mit reichem Fassadenschmuck. Besonders hübsch sind jene, die ornamentale Gestaltungen des Jugendstils zieren. Ältestes Gebäude am Anger ist der quadratische Turm der **ehemaligen Bartholomäuskirche** 1 aus dem 12. Jh., in dem seit 1979 ein 60-teiliges Glockenspiel erklingt. Der Monumentalbrunnen von 1889/90, meist **Angerbrunnen** 2 genannt, ist dem Gartenbau, dem Handwerk und der Industrie gewidmet. Schräg gegenüber, in dem heute als Kulturforum genutzten **Renaissancehaus Dacheröden** 3 mit seinem wunderschönen Portal, wohnte Caroline von Dacheröden, die 1791 Wilhelm von Humboldt heiratete. Das Haus des

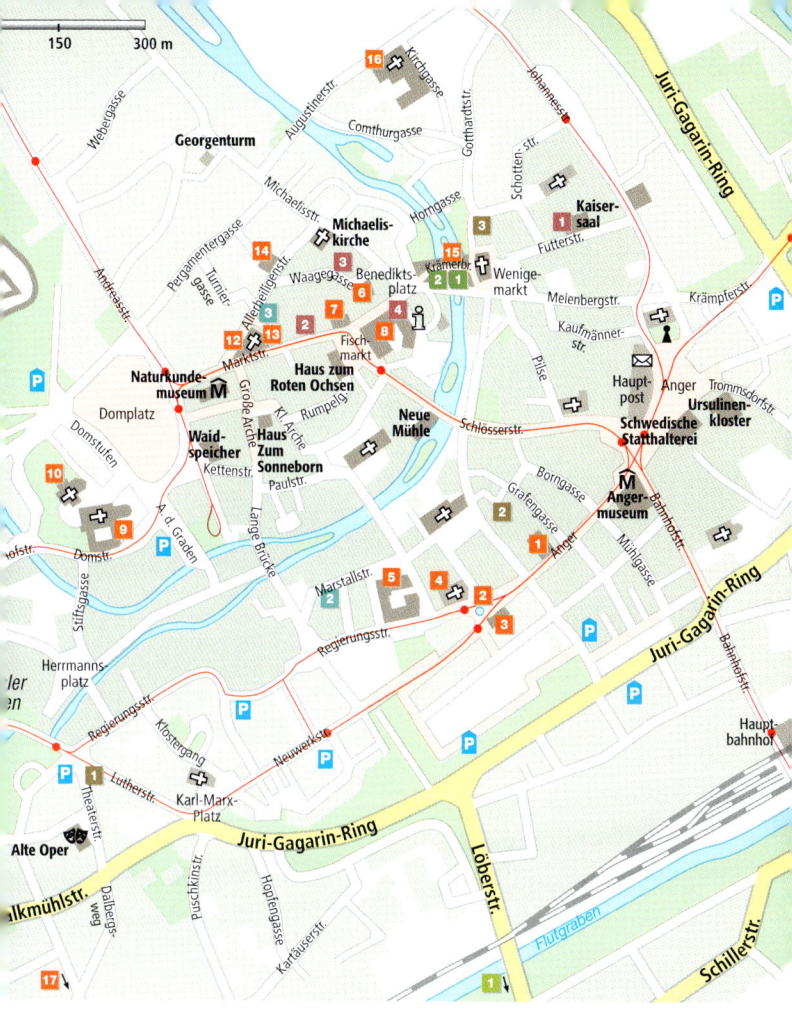

Kammerpräsidenten von Dacheröden, der nach seinem Rücktritt aus preußischen Diensten in Erfurt lebte, war seinerzeit ein Zentrum des geistigen Lebens. Davon zeugt auch die Gedenktafel mit dem Text »Schiller und Goethe gingen in diesem Hause ein und aus«.

Statthalterei

Vorbei an der **Wigbertikirche** 4 mit einer barocken Ausstattung kommt man zur Anfang des 18. Jh. erbauten ehemaligen **Kurmainzischen Statthalterei** 5, dem monumentalsten Profangebäude Erfurts. Hier fand am 2. Oktober 1808 die berühmte Begegnung Napoleons mit Goethe statt. »Ich will gerne gestehen«, erinnerte sich der Dichterfürst später, »dass mir in meinem Leben nichts Höheres und Erfreulicheres begegnen konnte ...« Das Gebäude diente insgesamt zwölf ▷ S. 265

Auf Entdeckungstour

Ein Ort der Harmonie – der Japanische Garten in Erfurt

Felsen, Wasser, Pflanzen sowie Pavillons vereinen sich zu einem Gesamtkunstwerk, zu einem Stück fernöstlicher Kultur in Thüringen. Der Japanische Fels- und Wassergarten **18** auf dem Erfurter Egapark-Gelände ist eine Stätte zum Schauen, vor allem aber ist er ein Ort zum Entspannen und Nachdenken, eine Art »Freilichtkirche«.

Zeit: reichlich 1 Stunde.

Planung: tgl. März/April, 16. Sept.–Okt. 9–18, Mai–15. Sept. 9–20, Winter 10–16 Uhr, www.egapark-erfurt.de, Eintritt 6 €, erm. 4,80, Familien 14 €

Start: Eingang Gothaer Platz, Haltepunkt der Straßenbahnlinie 4. Der Eingang zum Japanischen Garten liegt nahe der Volkssternwarte.

Irasshaimase – Herzlich Willkommen

Japan, in dem Tradition und Moderne besonders eng beieinanderliegen, übt auf viele einen großen Reiz aus. Doch Reisen in das fernöstliche Land gehören zu den teuersten, die Reiseveranstalter hierzulande anbieten. »Irasshaimase«, herzlich willkommen, heißt es in Erfurt. Der Japanische Garten im **Egapark Erfurt** machts möglich – ohne stundenlangen Flug und ohne tief in die Geldbörse greifen zu müssen, versetzt er uns in das Land der aufgehenden Sonne. Wenn man durch das rote stilisierte **Tor** – Tori genannt – tritt, wird man von einem **Magnolienhain** empfangen. Magnolien gelten in Japan als Symbol des Frühlings, als Zeichen der nach dem Winter wiedererwachenden Natur.

Der Egapark möchte sich als weltoffene Anlage präsentieren. Besucher, die sich für die Gartenkunst ferner Länder interessieren, sollen im Japanischen Garten auf ihre Kosten kommen und auch Anregungen für die heimische Gartengestaltung erhalten.

Am Magnolienhain bauten die Gartengestalter in einer Miniaturausgabe den **kosmischen Berg Shumi-sen** nach, in der buddhistischen Mythologie das Zentrum der Welt, die Achse des Universums. Bodendecker-Bambus bildet die grüne Fläche ringsherum, ein kleiner **Wasserfall** plätschert. Rechts der nach unten führenden **Felsentreppe** – weniger Park, mehr ein Wäldchen – wachsen Schirmtanne und Japanischer Ahorn, aber auch Rhododendron und Japanische Lavendelheide, ein Strauch, dessen rötlich gefärbte, junge Triebe im Frühjahr ein bizarres Bild bieten. Eine pralle Farbenpracht hält vor allem der Spätfrühling bereit, wenn Azaleen und Rhododendren in voller Blüte stehen.

Der Weg des Zen

Beim **zweiten Tori** heißt es für all jene umkehren und die soeben herabgestiegenen Felsentreppe wieder hochsteigen, die den »**mühevollen Weg des Zen**« beschreiten möchten. Zen ist eine Richtung innerhalb des japanischen Buddhismus, die »sitzende Versenkung« steht im Mittelpunkt. Der **Stein** linker Hand hinter dem Tor liegt dafür bereit. Man setzt sich aufrecht und entspannt darauf, die Beine verschränkt, die Hände ineinander gelegt, die Augen halb geöffnet zum Boden gesenkt. Man meditiert und versucht, die Alltagsgedanken zu vertreiben. Danach steigt man die Felsentreppe, die links und rechts **stilisierte Felsenquellen und Trockenbachläufe** säumen, hoch.

Den landschaftlichen Gegebenheiten ist es geschuldet, dass man für den weiteren Spaziergang durch den Garten erneut die Felsentreppe nach unten gehen muss. Vorbei an der Felsenquelle, lernt man rechts hinter dem Tori den »**Hain der Pflaumenblüte**« kennen. Auch die Pflaume gilt in Japan als Frühlingssymbol, sie steht aber auch für Vergänglichkeit. Die Anlage setzt sich auf der anderen Seite des südlichen Ega-Hauptwegs mit dem Teegarten fort.

Reinheit, Stille und Harmonie

Teetrinken wird in Japan zelebriert, es ist Kult. So, wie es heute erfolgt, hat es ein Zen-Mönch im 15. Jh. zum ersten Mal praktiziert. Der von Bambuszäunen eingegrenzte **Teegarten** mit Schöpfbecken, Wartepavillon und sparsamer Bepflanzung soll der körperlichen und geistigen Reinigung vor der Teezeremonie dienen.

Ein Japanischer Garten ist ein Ort der Harmonie, der in entspannte und angenehme Stimmung versetzt, der

Gedanken und Erinnerungen wachruft und das Wohlbefinden steigert. So jedenfalls sagen es die Schöpfer. Der **Pavillon der Dichtkunst** rechter Hand des Teegartens, von Pergolen umgeben, gilt als eine solche Stelle. Die Pergolen schmückt Chinesischer Blauregen (Glyzinie), eine der meistgeliebten Blütengehölze in Japan, dort Fuji genannt. Der bekannteste japanische Berg, der Fuji-San, hierzulande bekannt als Fudschijama, hat seinen Namen von den geliebten Blüten. Neben dem Teegarten erstreckt sich der **»Hain der Kirschblüte«**. Kirschen gelten wie die Pflaume als Frühlingsboten. Zur Kirschbaumblüte finden in Japan große Feste statt.

20 verschieden große **Steinlaternen** schmücken den Park. Sie haben als Zierwerk in die japanischen Gärten Einzug gehalten, in den chinesischen dagegen fehlen sie. Einst standen sie nur in buddhistischen Tempelgärten,

Im japanischen Felsengarten

wo sie aber selten angezündet werden, denn auch hier waren sie vor allem Schmuckelemente.

Der folgende **Trockenlandschaftsgarten** zeichnet sich durch abstrakte Formen aus, die Teil der Zen-Lehre sind und den Besucher bei seinen geistigen Übungen unterstützen sollen. Den weißen Kies hat man sich als Wasser vorzustellen, die geharkten Linien als Wellen, die Steine symbolisieren Berge, Inseln oder mythologische Wesen wie Kranich und Schildkröte. Insgesamt 2500 Tonnen Stein verarbeiteten die Landschaftsgärtner für den 2002 eröffneten, 7000 m^2 großen Garten in Erfurt, in dem man eine Welt der Ruhe und der Harmonie durchschreiten kann.

Eine Fülle von Naturschönheiten

Der Felsengarten soll an die vom Wind strapazierten Küsten Japans erinnern. Der folgende **Teichgarten** mit seinen Brücken ist ein Symbol des Paradieses, die Steine im Wasser symbolisieren Sitze der Götter, sie stellen aber auch ein verkleinertes Abbild des aus vielen Inseln bestehenden Japan dar. Mit dem **»Garten der skulpturalen Schönheit«**, den geschnittene Hecken aus japanischen Azaleen schmücken, endet der Rundgang.

Die Kunst der Gartengestaltung in Japan reicht weit über 1200 Jahre zurück. Die Japaner verstehen es fabelhaft, die Fülle der Naturschönheiten einzufangen und zu visualisieren. Die Harmonie und Schönheit der japanischen Gärten, das Ausbalancieren von natürlicher und künstlich gestalteter Natur ist auch in Erfurt gelungen. Ab und zu besuchen japanische Touristen den Park und gern hören die Egapark-Gestalter von ihnen die Worte: »Nonbiru suru« – »Wir fühlen uns wie zu Hause.«

kurmainzischen Statthaltern als Regierungs- und Wohngebäude, später residierten hier 16 preußische Regierungspräsidenten. Heute beherbergt es die Staatskanzlei des Freistaats Thüringen.

Alte Synagoge 6
Waagegasse 8, Tel. 0361 655 16 08, Di–So 10–18 Uhr, Eintritt 5 €, erm. 3 €, www.alte-synagoge.erfurt.de
Der ausgestellte Schatz von internationaler Bedeutung besteht aus 3141 Silbermünzen, 14 silbernen Barren und über 700 Einzelstücken gotischer Goldschmiedearbeiten. 1349 hat ihn ein unbekannter jüdischer Kaufmann unter der Mauer eines Kellerzugangs versteckt, 1998 wurde er entdeckt. Gezeigt wird er in der Alten Synagoge, deren älteste Bauteile aus dem 11. Jh. stammen. Somit gilt sie als die älteste bis zum Dach erhaltene Synagoge Mitteleuropas. Zu den ausgestellten Kostbarkeiten gehört auch der »Erfurter Judeneid« aus dem 12. Jh., das älteste erhaltene Zeugnis in deutscher Sprache für die rechtliche Stellung der Juden .

Fischmarkt
Die Schlösserstraße führt zum Fischmarkt, dem Zentrum des alten Erfurt mit schönen Bürgerhäusern, die sich reiche Waidhändler errichten ließen. Das 1584 erbaute **Haus zum Breiten Herd** 7 an der Nordseite des Markts gehört durch seine prächtige Renaissancefassade und einen Figurenfries, der im benachbarten Haus zum Stötzel, dem **Gildehaus,** fortgesetzt wird, zu den schönsten Gebäuden Erfurts. Aufmerksamkeit verdient auch das **Haus zum Roten Ochsen** mit der Jahreszahl 1562 im ersten Obergeschoss. Vor dem Haus zum Roten Ochsen steht das **Standbild des Römers,** das fälschlicherweise oft als Roland bezeichnet wird. Die Figur des Kriegers im römischen Gewand entstand 1591 in städtischem Auftrag. Beherrscht wird der Platz von dem 1869 errichteten **neogotischen Rathaus** 8 .

Domberg !
Dom St. Marien/St. Severi: Mai–Okt. Mo–Sa 9.30–18, So 13–18, Nov.–April jeweils bis 17 Uhr, Tel. 0361 646 12 65, www.dom-erfurt.de
Das Wahrzeichen der Stadt erhebt sich auf dem Domhügel: Dom und Severikirche – eine der beeindruckendsten mittelalterlichen Baugruppen Europas. Vom Domplatz, einem der größten Marktplätze Deutschlands, führt eine Freitreppe 70 Stufen hinauf zu den beiden Kirchen.

Unser Tipp

Schokoladenparadies
Umfragen in den USA haben ergeben, dass für jede zweite Frau ein Stück Schokolade wichtiger ist als Sex. Nur dort? Das möchte man angesichts der vielen Frauen fragen, die sich in der Schokoladenmanufaktur Goldhelm auf der Erfurter Krämerbrücke drängen. Schleckermäuler kommen an ihr nicht vorbei. Jeden Morgen gibt es frisch gerührte Schokolade, Pralinen, die einen anlachen und geradezu auffordern, gekauft und vernascht zu werden.

Aber es steht noch viel mehr bereit: heiße Schokolade mit Ingwer oder Chili, Schokolade mit Mohn, mit Pflaumen oder Aprikosen, Schokoladeneis und andere Köstlichkeiten. Manches ist gewiss gewöhnungsbedürftig, weil ungewohnt, wie etwa Schokolade mit Ziegenkäse (Krämerbrücke 12–14, Mo–Sa 10–19, So 10–18 Uhr, Tel. 0361 660 98 51, www.goldhelm-schokolade.de).

Ausflüge in die Umgebung

Am **Dom St. Marien**  wurde 311 Jahre lang, bis 1465, gebaut. Das Innere des gewaltigen Bauwerks ist reich mit Bildwerken ausgestattet. Die in der Mitte des 14. Jh. entstandenen Chorfenster zählen zu den besten Zeugnissen mittelalterlicher Glasbildkunst. Im mittleren Domturm hängt die Königin aller Glocken, die 2,50 m hohe und 11,45 t schwere **Gloriosa.** Acht Männer waren einst zum Läuten erforderlich. Die 1497 vom Holländer van Kampen gegossene Glocke ist eine der größten frei schwingenden Glocken der Welt, ihr dunkler und warmer Klang schallt zu besonderen Anlässen weit über die Stadt und ist bis nach Weimar zu hören.

Die **Severikirche** wurde um 1280 begonnen und um 1335 vollendet. Die fünfschiffige Hallenkirche birgt ebenfalls hervorragende Kunstwerke, so den Sarkophag des hl. Severus von etwa 1365.

Mit seinem spektakulären Farbenspiel besticht der Domberg in der Abenddämmerung

Zitadelle Petersberg 🔟

Jederzeit kostenlos zugänglich,
www.petersberg.info
Nordwestlich des Domplatzes, auf dem Petersberg, blieben die Reste der zwischen 1664 und 1707 erbauten Zitadelle erhalten. Die einzige barocke Stadtbefestigung Mitteleuropas, die in großen Teilen die Jahrhunderte überdauerte, gilt als ein Musterbeispiel europäischer Festungsbaukunst des 17. bis 19. Jh.

Allerheiligenstraße

An der Ecke Marktstraße/Allerheiligenstraße erhebt sich die **Allerheiligenkirche** 🔢, die sich mit ihrem unregelmäßigen Grundriss der Straßengabelung anpasst. Die Allerheiligenstraße gehört zu den romantischsten Winkeln Erfurts; vor allem an lauen Sommerabenden, wenn Tische und Stühle vor den Türen der Restaurants und Cafés stehen, strahlt sie eine besondere Atmosphäre aus. An die Kirche schließt sich das Haus Nr. 20/21 an, die **Engelsburg** 🔢, heute ein Studentenklub. Am Haus Nr. 6 aus dem 16. Jh. mit dem Namen **Zur Windmühle** 🔢 sollte man sich das Renaissanceportal näher anschauen: Die Seitenwände sind abgeschrägt, um einst den Fuhrwerken die Einfahrt zu den großen Speichergebäuden zu erleichtern. In die beiden Löcher über dem Portal wurden Strohbündel gesteckt. Sie waren das Zeichen, dass ein »gut neu Bier aufgetan« war. Solche Bierlöcher sind noch an vielen Häusern zu entdecken.

Krämerbrücke 🔢

Über die Michaelisstraße kommt man zum Benediktsplatz und somit direkt zur Krämerbrücke. Ein zauberhaftes Stück Mittelalter im 21. Jahrhundert eröffnet sich uns! Ihr heutiges Aussehen erhielt die 125 m lange und 18 m breite steinerne Brücke über die beiden Arme des Flüsschens Gera nach dem Stadtbrand 1472.

Das Pendant zum berühmten Ponte Vecchio von Florenz wird zu beiden Seiten von 32 bunten Fachwerkhäusern gesäumt. Ihren Namen bekam die gewölbte Brücke von den Krämer genannten Kleinhändlern, die einst in den winzigen Läden auf der Brücke ihre Waren anboten. Die Krämerbrücke ist die längste durchgehend mit Häusern bebaute und bewohnte Brücke nördlich der Alpen.

Augustinerkloster 16

Führungen Mo–Sa 10, 11, 12, 14, 15, 16, April–Okt. auch 17, So 11 und 12 Uhr, Tel. 0361 57 66 00, www.augus tinerkloster.de

Ein Abstecher lohnt sich zum ehemaligen gotischen Augustinerkloster auf dem gegenüberliegenden Gera-Ufer. Das Kloster ist eng mit Martin Luther verbunden. Als der Reformator, damals Student der Erfurter Universität, in ein heftiges Unwetter geriet, soll er in seiner Angst ausgerufen haben: »Hilf du, heilige Anna, ich will ein Mönch werden.« Am 17. Juli 1505 stand er deshalb vor der Pforte des Augustinerklosters und begehrte Einlass. Das evangelische Kloster, heute eine Tagungs- und Begegnungsstätte sowie ein Hotel, informiert in einer Ausstellung über den Aufenthalt Luthers.

Wer nach dem bisherigen Rundgang noch Kondition besitzt, dem sei der **Egapark** 17 empfohlen, einer der größten Blumen- und Gartenparks Deutschlands am südwestlichen Stadtrand. Zu den Sehenswürdigkeiten gehört das 6000 m² große, ornamental bepflanzte Blumenbeet, das als das größte in Europa gilt. Bei den Besuchern beliebt sind auch die tropischen Pflanzenschauhäuser und botanischen Themengärten (s. S. 262).

Übernachten

Übernachtungsmöglichkeiten gibt es für jeden Geldbeutel. Preiswerter als in der Innenstadt übernachtet man im Erfurter Umland. Erfurt erhebt eine »Kulturförderabgabe« von 5 % auf den Übernachtungspreis. Buchungen sind möglich über die Erfurter Tourismus GmbH: s. S. 270.

Grandios – **Pullmann Erfurt Am Dom** 1: Theaterplatz 2, Tel. 0361 644 50, Fax 0361 644 51 00, www.pullmann-hotels.com, DZ ab 109 €, exkl. Frühstück. 160 geschmackvoll eingerichtete Zimmer in warmen Farben sowie 8 Suiten erwarten die Gäste. Beeindruckend ist die imposante Lobby, die Platz für viel Kunst bietet. Dem kleinen, feinen Wellnessbereich fehlt leider ein Pool.

Historisch – **Zumnorde** 2: Anger 50/51 (Zufahrt über Weitergasse 26), Tel. 0361 568 00, Fax 0361 568 04 00, www. hotel-zumnorde.de, DZ/F ab 115 €. Mehrere Stadthäuser wurden miteinander verbunden und zu einem schönen Hotel umgebaut. Die geräumigen 50 Zimmer sind mit extragroßen Betten (2,20 m) und Bädern ausgestattet.

Schick – **IBB Hotel** 3: Gotthardstr. 27, Tel. 0361 674 00, Fax 0361 674 04 44, www.ibbhotels.com, 91 Zi., DZ/F ab 106 €. Aus einem mittelalterlichen Gasthof mitten in der Altstadt ist ein gestyltes, angenehmes Designerhotel geworden. Wer Ruhe und Beschaulichkeit dem alltäglichen Stadttrubel vorzieht, ist hier richtig. Die Zimmer sind modern und komfortabel eingerichtet.

Essen & Trinken

Erfurt ist keine Gourmet-Hochburg. Die meisten Restaurants bieten Thüringer Gerichte an. Auf kaum einer Speisekarte wird der Thüringer Kloß fehlen. Dennoch überzeugten in den letzten Jahren einige Restaurants die Tester der namhaften Gastronomie-Guides mit ihrer bodenständigen, einfallsreich neu interpretierten Küche.

Ausgezeichnet – **Alboths Restaurant im Kaisersaal** 1: Futterstr. 15/16, Tel. 0361 568 82 07, Fax 0361 568 81 81, www.alboths.de, Di–Sa ab 18.30 Uhr geöffnet, Hauptgerichte um 26 €, 4-Gang-Menü 60–90 €. Claus Alboth gehört zu den besten Köchen Thüringens, auf der Karte seines elegant-

Nachts auf der Krämerbrücke

gediegenen Restaurants stehen raffinierte Kompositionen der modernen und klassischen Küche. Etwa alle zwei Monate lässt sich der Chef drei neue Menüs mit acht Gängen einfallen.

Historisch – **Zum güldenen Rade** 2: Marktstr. 50, Tel. 0361 561 35 06, www.zum-gueldenen-rade.de, tgl. 11–24 Uhr, Hauptgerichte 10–17 €. In einem außergewöhnlich schönen Patrizierhaus – der ehemaligen Tabakmühle – hat sich ein hübsches, rustikales Restaurant etabliert. Verschiedene Räumlichkeiten und im Sommer der wunderschöne Garten sowie eine gute Thüringer Küche mit internationalem Touch lassen die Einkehr zum Erlebnis werden.

Bier und Thüringer Küche – **Goldener Schwan** 3: Michaelisstr. 9, Tel. 0361 262 37 42, www.zum-goldenen-schwan.de, tgl. 11–1 Uhr, Jan., Febr. nur abends, Hauptgerichte 8–15 €. In einem der ältesten erhaltenen Häuser der Stadt belebt der Wirt die Tradition der Gasthausbrauerei. Zu dem hausgebrauten Bier gibt es deftige Speisen der deutschen und Thüringer Küche.

Brasserie – **Faustus** 4: Wenigemarkt 5, Tel. 0361 540 09 54, www.restaurant-faustus.de, So–Do 9–2, Fr, Sa 9–3 Uhr geöffnet, Hauptgerichte 7–13 €. Modernes Restaurant an der Krämerbrücke im französischen Brasserie-Stil. Es bietet Frühstück, internationale und saisonale Spezialitäten, Kuchen, Eis und Kaffee, abends leckere Cocktails. Jeden Tag gibt es ein wechselndes preiswertes Tagesgericht für 5,80 €.

Einkaufen

Zum Einkaufen fährt man in die Innenstadt. Dort konzentrieren sich die meisten Geschäfte; große Warenhausketten sind ebenso vertreten wie kleine Boutiquen oder Läden mit Erfurt-typischen Erinnerungsstücken.

Unwiderstehlich – **Schokoladenparadies** **1**: s. S. 265.

Wurst und mehr – **Thüringer Spezialitätenmarkt** **2**: Krämerbrücke 19, Mo–Sa 10–18, So 10–17 Uhr, Tel. 0361 346 34 90, www.thueringer-spezialitaeten.de. Über 500 ausgewählte traditionsreiche Thüringer Spezialitäten sind im Angebot.

Aktiv & Kreativ

Auf Kufen flitzen – **Eissportzentrum** **1**: Arnstädter Str. 53, Tel. 0361 655 46 95, www.gunda-niemann-stirnemannhalle.de. Für Kufenfreunde ein perfektes Areal mit Eislaufhalle, einer 400-m-Bahn und einer Eishockeyfläche. Von Ende Sept. bis Mitte März öffentliches Eislaufen.

Abends & Nachts

Erfurt hält ein breit gefächertes kulturelles Angebot bereit. Von den großen Oper im Neuen Theater über Kleinkunst wie Varieté, Kabarett, Tanztheater in der Alten Oper oder im DASDIE live bis zur heißen Diskothek ist alles

vorhanden. Über das Veranstaltungsangebot informiert das Erfurt-Magazin, das monatlich erscheint, auch das Internet unter www.erfurt-magazin.info.

Oper und Schauspiel – **Theater Erfurt** **1**: Placidus-Muth-Str. 1, Tickets unter Tel. 0361 223 31 55, www.theater-erfurt.de. Oper, Operette, Tanztheater, Schauspielaufführungen und Konzerte finden in dem erst vor wenigen Jahren erbauten modernen Haus statt.

Kleinkunst – **DASDIE live** **2**: Marstallstr. 12, Tel. 0361 55 11 66, www.dasdie.de. Varieté, Shows, Tanz und Kleinkunst stehen auf dem Veranstaltungsprogramm.

Beliebter Treff – **Engelsburg** **3**: Allerheiligenstr. 20/21, Tel. 0361 24 47 70, www.eburg.de. Im Studentenklub mit der Gaststätte Steinhaus und dem Café DuckDich ist immer etwas los, ab 21 Uhr wird oft Livemusik gespielt.

Infos & Termine

Information
Tourist-Information: Benediktsplatz 1, 99084 Erfurt, Tel. 0361 664 00, Fax 0361 664 02 90, info@erfurt-tourist-info.de, www.erfurt-tourist-info.de sowie Petersberg-Information der Zitadelle Petersberg, Tel. 0361 601 53 84

Anreise
Per Bahn: ab Weimar mit Regional- und ICE-Zügen.
Per Bus: ab Weimar Hauptbahnhof mit der Linie 234.
Per Pkw: von Weimar 25 km auf der B 7.
Innerstädtisches Straßenbahnnetz: www.evag-erfurt.de

Feste & Festivals
Rund 700 verschiedene Veranstaltungen pro Monat listet der offizielle Ver-

anstaltungskalender der Stadt auf. Informationen und Tickets erhalten Gäste der Stadt bei der Tourist-Information unter Tel. 0361 664 01 00 sowie unter www.erfurt-magazin.de.

Lange Nacht der Museen: Mitte Mai laden die Museen mit Veranstaltungen und Überraschungen bis Mitternacht in ihre Häuser.

Krämerbrückenfest: drittes Wochenende im Juni, Thüringens größtes Altstadtfest mit Gauklern, Musikern und Handwerkern auf einem mittelalterlichen Markt.

Danetzare: Anfang Juli treffen sich Kulturen und Menschen aus aller Welt mit ihren Traditionen zum Internationalen Folklorefestival, www.danetza re.de.

Domstufenfestspiele: Aug., ein mittlerweile traditionelles Open-Air-Festival, bei dem in jedem Jahr ein anderes Theaterstück vor der malerischen Kulisse von Dom und Sankt Severi zur Aufführung kommt, www.theater-er furt.de.

Erfurter Kirchenmusiktage: Sept., Konzerte in verschiedenen Erfurter Kirchen, www.kirchenmusik-erfurt.de.

Weihnachtsmarkt: Adventszeit, der Erfurter Weihnachtsmarkt gilt ob seiner mittelalterlichen Kulisse und Atmosphäre als einer der schönsten in Mitteldeutschland.

Jena ▶ D 2

Jena ist eine quirlige Stadt und sie gehört zu den jüngsten in Deutschland, denn rund die Hälfte der Bevölkerung zählt keine 40 Jahre. Etwa 25 000 Studenten prägen wesentlich das Stadtbild. Die Universitäts- und Industriestadt (104 000 Ew.) im Talkessel der mittleren Saale, die sich seit der Einheit Deutschlands zum Hightech-Standort entwickelt hat, ist mit großen

Namen verbunden. Friedrich Schiller, Johann Gottlieb Fichte und Ernst Haeckel lehrten als Professoren an der Universität. Der Handwerksmeister Carl Zeiß baute zusammen mit dem Physiker Ernst Abbe einen zu Weltruhm gelangten feinmechanisch-optischen Betrieb auf, der heute seine Fortsetzung in den Unternehmen Schott, Carl Zeiss und Jenoptik findet. 2008 durfte Jena den Titel »Stadt der Wissenschaft« tragen.

Stadtrundgang

In etwa zwei Stunden ist ein Rundgang durch acht Jahrhunderte möglich, denn die meisten Sehenswürdigkeiten liegen in Jena dicht beieinander, sind also bequem zu Fuß zu erreichen. Wer auf der Aussichtsterrasse des runden **Jen-Towers** 1 steht – von den Jenensern liebevoll Keksrolle genannt –, dem liegt die **Wagnergasse** 3 zu Füßen, Jenas Kneipenmeile, eine nur 300 m lange Gasse, in der sich über 15 Restaurants und Cafés drängen (s. S. 274), und das **Einkaufszentrum Goethe-Galerie** 1 mit mehr als 70 Geschäften, Restaurants und Cafés. Auf der weltgrößten Immobilienmesse Mipim 1997 in Cannes wurde die auf dem Areal der alten traditionsreichen Zeiss-Fabrikhallen errichtete Galerie mit dem »Oscar« der Immobilienbranche geehrt.

Mit einem der sechs Expressaufzüge wieder unten angekommen, geht es zum Carl-Zeiss-Platz mit dem **Ernst-Abbe-Denkmal** 2, einem achtseitigen, tempelartigen Bau, den der berühmte Henry van de Velde entworfen hat. An dem Platz befindet sich auch das 1903 von der Carl-Zeiss-Stiftung eingeweihte **Volkshaus** 3 »zum Zwecke der Volksbildung und zum Wohle der Jenaer Bevölkerung«. Das denkmalgeschützte Gebäude ist die bedeutendste Kultur- und Veranstaltungsstätte Jenas.

Jena

Optisches Museum 4

Di–Fr 10–16.30, Sa 11–17 Uhr, Eintritt 5 €, erm. 4 €, Tel. 03641 44 31 65, www.optischesmuseum.de

Das Optische Museum am Carl-Zeiss-Platz dokumentiert die Entwicklungsgeschichte von Brillen, Mikroskopen, Fernrohren und astronomischen Instrumenten. Informationen erhält man auch über das Leben und Wirken von Ernst Abbe, Otto Schott und Jenas wohl berühmtesten Bürger, Carl Zeiß.

Schillers Gartenhaus 5

Schillergässchen, Di–Sa 11–17 Uhr, April–Okt. auch So, Eintritt 2,50 €, erm. 1,30 €, Tel. 03641 93 11 88

Jena ist eng mit Friedrich Schiller verbunden, der von 1789 bis 1799 seinen Wohnsitz in der Stadt hatte. Von den vier Jenaer Wohnungen des Dichters blieb nur Schillers Gartenhaus erhalten, das seit 1953 Museum ist. Das Gartengrundstück, heute nahe einer verkehrsreichen Kreuzung gelegen, befand sich zu des Dichters Zeiten vor den Toren der Stadt. Goethe kam 1827 mit Eckermann nochmals hierher. »Sie wissen wohl kaum«, sagte er zu ihm, »an welcher merkwürdigen Stelle wir uns eigentlich befinden. Hier hat Schiller gewohnt. In dieser Laube, auf diesen fast zusammengebrochenen Bän-

ken haben wir oft an diesem alten Steintisch gesessen und manches gute und große Wort miteinander gewechselt.«

Theaterhaus 6

Schillergässchen, Tel. 03641 886 90, www.theaterhaus-jena.de

Mit dem Theaterhaus gegenüber der Schiller-Gedenkstätte besitzt Jena die »kreativste Ruine Deutschlands« 1. 1989 wurde der Zuschauerraum abgerissen, stehen blieb das Bühnenhaus, in dem heute ein überwiegend junges, aufgeschlossenes Publikum frisch und modern inszenierte Stücke anschaut.

1873 öffnete in Jena das erste Theater, ein kleines Liebhabertheater, das nur im Sommer bespielt werden konnte und als »Kunstscheune« Bekanntheit erlangte. Bauhausdirektor Walter Gropius übernahm 1921/22 den Auftrag zur Neugestaltung, doch aus Geldmangel reichte es nur zur Fassade. Um von der DDR-Regierung ein neues Theater zu erzwingen, ließ der Stadtrat den baufälligen Zuschauerraum abreißen. Gebracht hat es nichts, wie wir sehen. Nach der politischen Wende nahm eine junge Schauspieltruppe den Rumpf des Theaters, das 250 Zuschauer fassende Bühnenhaus, in Besitz und begann dort zu spielen. Un-

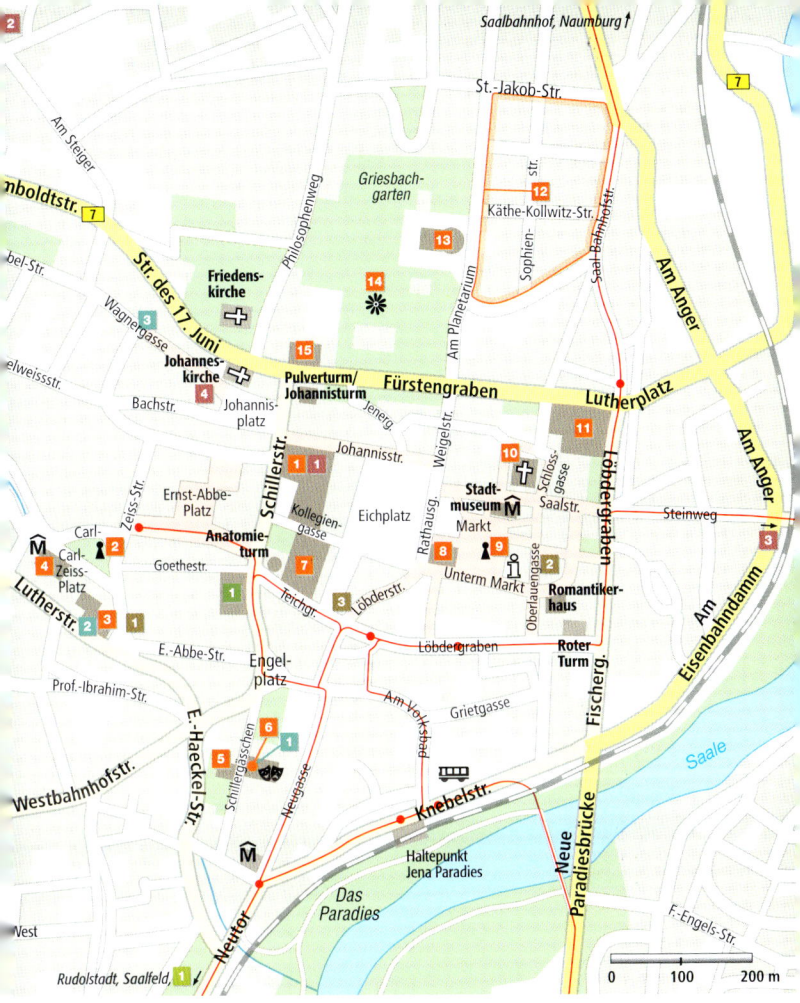

terstützung fanden sie bei solch berühmten Theaterleuten wie Heiner Müller, Peter Zadek und Frank Castorf. Am Gebäudekomplex des **Collegium Jenense** 7 in der Kollegiengasse, der Gründungsstätte der Universität, sollte man nicht achtlos vorbegehen. Denn ein Blick in den romantischen Innenhof lohnt sich. Der Mitstreiter von Martin Luther, Philipp Melanchthon, empfahl Kurfürst Johann Friedrich I. (1529–95),

in den leer stehenden Gebäuden des ehemaligen Dominikanerklosters eine »Hohe Schule« zu gründen. Das erfolgte 1548, zehn Jahre später bestätigte Kaiser Ferdinand I. die Universitätsgründung.

Rund um das Rathaus

Das **Rathaus** 8 in der Südwestecke des Markts, ein Doppelhaus über fast quadratischem Grundriss, hat schon viel er-

Lieblingsort

Jenas Kneipenmeile

Restaurants, Bars, Cafés reihen sich aneinander – die nur 300 m lange **Wagnergasse** 3 wurde zur Kneipenmeile im studentisch geprägten Jena. Die Ersten kommen in den frühen Nachmittagsstunden, am Sonntag hockt man sich bereits mittags zum Brunch zusammen. In der warmen Jahreszeit drängt es alle nach draußen in die schmale Gasse. Tische und Stühle, Fahrräder und Kinderwagen mit quirligem Studentennachwuchs versperren den Weg – in der Wagnergasse ist dann fast kein Durchkommen. Bei Einbruch der Dunkelheit wird sie zum Mekka der Nachtschwärmer. Mancher bringt die Gitarre mit, spielt und die Kumpels stimmen ein. Kontrastreich, bunt und laut geht es in der Wagnergasse zu. Wir finden es immer wieder schön, hier zu sitzen, uns an den Gesprächen zu beteiligen oder auch nur das bunte Leben zu beobachten.

lebt, denn es ist bereits zwischen 1377 und 1380 entstanden. Am Turm schmückt es sich mit einer bedeutenden **Kunstuhr,** »Schnapphans« genannt. Der »Hans von Jene« über dem Zifferblatt versucht zu jeder vollen Stunde nach einer goldenen Kugel zu schnappen, die ihm ein Pilger zu seiner Rechten reicht. Jeweils viertelstündlich läutet der Engel auf der anderen Seite ein Glöckchen. Teile dieses technischen Meisterwerks stammen noch aus der Zeit um 1500.

Johann Friedrich I., genannt »Hanfried«, verhalf Jena durch die Gründung der Universität zu viel Ehre. Das war Grund genug, dem sächsisch-ernestinischen Kurfürsten zu Ehren auf dem Marktplatz das **Hanfried-Denkmal** 9 zu errichten. Aufgestellt wurde es 1858 zur 300-Jahr-Feier der Universität.

In der 1556 fertiggestellten **Stadtkirche St. Michael** 10, einer gewaltigen Hallenkirche, befindet sich die bronzene Platte, die ursprünglich das Grab von Martin Luther in der Wittenberger Schlosskirche zieren sollte. Durch den Schmalkaldischen Krieg gelangte die 1549 in Erfurt gegossene Platte jedoch nur bis Jena, Wittenberg erhielt eine Kopie.

Vorbei am 1908 eingeweihten **Universitätshauptgebäude** 11, einem bedeutendsten deutschen Hochschulbau, gehend, gelangt man in das soge-

Jena: Wo alt und neu aufeinandertreffen

nannte **Damenviertel** 12, einem geschlossenen, fast vollständig erhaltenen Gründerzeitgebiet mit zauberhaften Hausfassaden.

Zeiss-Planetarium 13
Vorführungen Di–So, Eintritt ab 8 €,
Termine unter Tel. 03641 88 54 88,
www.sternevent.com
Unter der markanten Kuppel des Planetariums werden überwältigende Blicke in den Kosmos geboten. Das 1926 eröffnete und somit älteste »Sterntheater« der Welt besitzt neben Peking die gegenwärtig modernste Technik: sechs synchron arbeitende Laserprojektoren.

Botanischer Garten 14
Tgl. April–Okt. 10–19, Nov.–März
10–18 Uhr, Eintritt 3 €, erm. 1,50 €,
Tel. 03641 94 92 71
An das Planetarium schließt sich der Botanische Garten an. Etwa 12 000 Pflanzen aus allen Klimazonen wachsen in den Freilandanlagen und den fünf großen Gewächshäusern. Bereits im 18. Jh. war er eine anerkannte Forschungs- und Bildungseinrichtung.

Goethe-Gedenkstätte 15
April–Okt. Mi–So 11–15 Uhr,
Nov.–März geschlossen, Eintritt 1 €,
erm. 0,50 €, Tel. 03641 94 90 09
Am Rand des Botanischen Gartens steht das ehemalige Inspektorenhaus, das zur Goethe-Gedenkstätte wurde. Goethe bezeichnete in einem Brief an Schiller vom 29. April 1800 die Stadt und ihre Universität als einen »Stapelplatz des Wissens und der Wissenschaft«. Der Dichter weilte oft in Jena, hier fühlte er sich wohl, denn in der Stadt gab es keine Hofzwänge. Zu Knebel hat er einmal geäußert: »Hier bin ich fleißiger und gesammelter als in Weimar, ob es mir gleich auch dort an Einsamkeit nicht fehlt.« Besonders

mochte er die »lieblichste Gartenwohnung« mit der »heitersten Aussicht« inmitten so vieler »Berge, Täler, Gärten, Alleen, Wiesen und Pflanzungen«.

Übernachten

Das Übernachtungsangebot Jenas hält für jeden etwas bereit. Vom 4-Sterne-Hotel bis zum Privatzimmer ist alles vorhanden. Buchungen können entweder direkt in den Hotels oder in der Tourist-Information Jena vorgenommen werden: s. S. 279. Auf tagesaktuelle Preise sollte geachtet werden.

Modernes Design – **Steigenberger Esplanade** 1: Carl-Zeiß-Platz 4, 07743 Jena, Tel. 03641 80 00, Fax 03641 80 01 50, www.jena.steigenberger.de., DZ ab 89 € exkl. Frühstück. Das First-Class-Hotel im Zentrum mit viel Glas und innovativem Design ist in die Goethe-Galerie integriert. Die 179 Zimmer, Suiten und Apartments, der Wellnessbereich über zwei Etagen und das Restaurant Rotonda dürften die Erwartungen eines Jeden erfüllen.

Rustikal – **Hotel Zur Noll** 2: Oberlauengasse 19, Tel. 03641 597 70, Fax 59 77 20, www.zur-noll.de, 22 Zi., DZ/F ab 80 €. Die Zimmer in dem historischen Haus in der Innenstadtgasse sind gemütlich-rustikal eingerichtet.

Einfach und modern – **Ibis** 3: Teichgraben 1, 07743 Jena, Tel. 03641 81 30, Fax 03641 81 33 33, www.ibishotel. com, DZ ab 69 € exkl. Frühstück. Hier weiß man, was einen erwartet: neuzeitliches, für die Hotelkette übliches Ambiente sowie preisgünstige Zimmer.

Essen & Trinken

Wie überall in Thüringen dominiert die regionale Küche, gemischt mit internationalen Einflüssen.

Ausflüge in die Umgebung

Interessant die jugendliche Szene z. B. in der **Wagnergasse** (s. S. 274), kleine Kneipen und Bistros, in denen man für wenig Geld recht gutes Essen bekommt.

Gourmet mit Aussicht – **Scala** **1**: Leutragraben 1, Tel. 03641 35 66 66, www.scala-jena.de, tgl. 11–24 Uhr. Hauptgerichte 18–31 €, Mittagsmenü: 2 Gänge für 20 €, 3 Gänge für 25 €. Vom 28. Stock des Jen-Towers eröffnet sich ein herrlicher Blick auf Jena und die Umgebung. Die ausgezeichnete internationale Küche hat sich in den letzten Jahren einen guten Namen gemacht.

Speisen auf dem Balkon – **Landgrafen** **2**: Landgrafenstieg 25, Tel. 03641 50 70 71, www.landgrafen.com, Mi–So 11–23 Uhr, Hauptgerichte 10–20 €. Der Blick schweift weit über Jena und Umgebung vom »Balkon Jenas«. Vom Restaurant mit seiner großen Glasfensterfront auf einem der Hausberge Jenas, bei schönem Wetter von der Terrasse oder vom kleinen Aussichtsturm, bietet sich ein herrlicher Ausblick. Die Küche lädt zu gediegener Thüringer und leichter Küche.

Historisch und preiswert – **Grüne Tanne** **3**: Karl-Liebknecht-Str. 1, Tel. 03641 44 50 33, www.gasthaus-gruene-tanne.de, Di–Sa 12–23, So 11–22 Uhr, Hauptgerichte 6–15 €. Das am Saale-Ufer gelegene historische Haus ist eng verbunden mit der Geschichte der Burschenschaften. Heute ist es Treffpunkt für Einheimische, Studenten und Gäste der Stadt, die Küche ist deftig, einfach und preiswert. Mi sind alle Schnitzelgerichte für 7,99 € zu haben, am So ist Kloßtag. Das Kloßmenü umfasst Suppe oder Salat, Schweinebraten mit Rotkohl und einem Thüringer Kloß für 7,99 €.

Mediterran genießen – **Restauration Stilbruch** **4**: Wagnergasse 1, Tel. 03641 827171, www.stilbruch-jena.de, Mo–Fr ab 8.30, Sa/So ab 9 Uhr, Hauptgerichte 7–15 €. Mediterranes Flair und Thüringer Küche harmonieren auf das Beste auf Jenas Genussmeile, der Wagnergasse.

Abends & Nachts

In Jena gibt es ein reges Nachtleben. Vor allem in der Wagnergasse trifft man sich zum Trinken und Schwatzen. Das vielfältige kulturelle Angebot ist eher auf junge Leute zugeschnitten, die in der Stadt dominieren.

Experimentell – **Theaterhaus** **1**: Schillergässchen 1, Tel. 03641 886 90, www.theaterhaus-jena.de. Hier wird das andere Theater geboten: Schauspiel, kleine Oper, Tanztheater, Experimentelles.

Musikalisch – **Volkshaus** **2**: Carl-Zeiß-Platz 15, Tel. 03641 49 81 30, www.

Unser Tipp

Kulturarena Jena

Jazz, Rock, Pop, Rap, Samba, Reggae, Blues und vieles mehr in ungewöhnlichen Arrangements und Interpretationen – das bietet im Juli und August das Sommerfestival Kulturarena in Jena. Zu dem Festival, das sich seit 1992 zu einem rauschenden überregionalen Event entwickelt hat, gehören auch Theater und Kino. Tausende treffen sich jährlich auf dem Theatervorplatz, um neue Künstler und Gruppen kennenzulernen, aber auch, um ein Wiedersehen mit jenen zu feiern, die als Arena-Urgesteine gelten. Nur wer sich zeitig um Eintrittskarten bemüht, gehört zu den glücklichen Event-Gästen (Ticket-Hotline 03641 49 80 60, www.kulturarena.com).

volkshaus-jena.de. Das Haus bietet vielseitige Kulturveranstaltungen und ist regelmäßiger Spielort der Jenaer Philharmonie.

Für Nachtschwärmer – **Wagnergasse** **3**: s. S. 274

Aktiv & Kreativ

Badespaß und Wellness – **Freizeitbad »GalaxSea«** **1**: Rudolstädter Str. 37, Tel. 03641 42 92 31, www.galaxsea-jena.de. Im tgl. geöffneten Freizeitbad laden verschiedene Schwimmbecken, Wellen- und Spaßbad, Rutschen, Felsgrotte und Whirlpools, sechs verschiedene Saunen und ein separat zugänglicher Wellness-Bereich zum Relaxen ein.

Infos & Termine

Information
Tourist-Information: Markt 16, 07743 Jena, Tel. 03641 49 80 50, Fax 03641 49 80 55, tourist-info@jena.de, www.jena.de

Anreise
Per Bahn: ab Weimar .
Per Bus: ab Weimar Hauptbahnhof mit der Linie 409.
Per Pkw: von Weimar 23 km auf der B 7.
Öffentliche Verkehrsmittel: www.jenah.de

Feste & Events
Den offiziellen Veranstaltungskalender für Jena und das Umland bekommt man in den Tourist-Informationen, in Sparkassenfilialen, Kultureinrichtungen, Hotels und Gaststätten. Wer sich vorher informieren möchte, was in Jena los ist, schaut unter www.jena.de.
Lange Nacht der Museen: Mai, alle Museen haben bis Mitternacht geöff-

net und bieten ein ausgefallenes Rahmenprogramm.
Altstadtfest: 10 Tage im Juli herrscht in der Stadt Volksfeststimmung.
Kulturarena: Juli–Aug., s. S. 278, www.kulturarena.com.
Thüringer Jazzmeile: Okt.–Nov., Jazz-Liebhaber kommen voll auf ihre Kosten, www.jazzmeile.org.
Lesemarathon: Zwei Wochen Anfang Nov., berühmte Schriftsteller lesen aus ihren Werken und diskutieren mit den Zuhörern darüber und über Gott und die Welt.
Theater in Bewegung: alle zwei Jahre im Nov. (nächstes Mal 2013), Tanzfestival, das innovativ und provokant neue Formen des Bewegungs- und Tanztheaters zeigt.

Abstecher nach Dornburg ▶ D 1

Mit Schlössern und Burgen ist Thüringen reich gesegnet. Drei davon stehen in Dornburg, wohin sich Goethe oft zurückzog. Hoch über dem Saaletal thronen sie auf einer Felsenterrasse und schauen 100 m tief ins Tal. Den Reisenden grüßen sie bereits von Weitem, so vermutlich auch Goethe, der sie 1776 bei einem Ritt mit Carl August entdeckte. In den folgenden Jahrzehnten weilte Goethe mehr als zwanzig Mal in dem 12 km von Jena entfernten Dornburg. Eine steile Straße führt vom Saaletal hinauf in das Städtchen (850 Ew.) mit dem **Rathaus** von 1728, einigen schönen **Bürgerhäusern** und der **Stadtkirche St. Jacobus**, die 1718 auf mittelalterlichen Fundamenten errichtet wurde.

Das **Renaissance- und das Rokokoschloss** sind seit Jahrzehnten beliebte Ausflugsziele. Das nördlichste, kastenförmige **Alte Schloss** (1521) dagegen war lange Zeit Amtshaus, Pension und Seniorenheim. Nach einer in den vergangenen Jahren erfolgten Sanierung nutzt es heute die Universität Jena.

Renaissance- und Rokokoschloss !

Mitte April–Okt. Di–So 10–18 Uhr, Eintritt 2/ erm. 1,50/Kombiticket beide Schlösser 3,50 €, erm. 2,50 €, Schlossgärten tgl. von 9 Uhr bis Einbruch der Dunkelheit, Tel. 036427 222 91, www.dornburg-schloesser.de
In dem **Renaissanceschloss** (1539, 1605–08), das 1824 in Weimarer Besitz gelangt war und in dem sich zahlreiche geschnitzte Balkendecken aus dem 17. Jh. erhalten haben, verbrachte Goethe 1828 seinen längsten Dornburger Aufenthalt. Mehr als zwei Monate zog er sich nach Dornburg zurück, so sehr schmerzte ihn der Tod seines Freundes und Gönners, des Großherzogs Carl August. An Karl Friedrich Zelter schrieb der damals 79-Jährige: »Ich weiß nicht, ob Dornburg dir bekannt ist; es ist ein Städtchen auf der Höhe im Saaltale unter Jena ... anmutige Gärten ziehen sich an Lusthäusern her; ich bewohne das alte, neu aufgeputzte Schlösschen am südlichsten Ende. Die Aussicht ist herrlich und fröhlich ...«

Das **Rokokoschloss** (1736–41), von Herzog Ernst August als Sommerschloss errichtet, nutzte Goethe oft als Quartier, wenn ihn Amtsgeschäfte in diese Gegend führten. Die Inneneinrichtung erinnert bislang an die drei bedeutendsten Nutzungszeiten, die das Schloss geprägt haben; so das Vestibül in der Beletage an die Erbauungszeit unter Herzog Ernst August, das Speisezimmer mit weiß-blauen Möbeln und wertvollem chinesischen und niederländischen Porzellan an Großherzog Carl Alexander und im oberen Stockwerk das Wohnzimmer mit originalem Mobiliar an die Zeit von Herzog Carl August.

Die **Schlossgärten** mit dem Rosenlaubengang und Skulpturen sowie dem barockisierenden Parterre nördlich des Rokokoschlosses wurden nach historischem Vorbild erneuert. Die Weinberge hat man rekonstruiert und selbst das Weinberghäuschen am Hang unterhalb des Renaissanceschlosses wieder errichtet. Besonders zur Rosenblüte zeigen sich die Gärten, von denen sich ein weiter Blick über große Teile des mittleren Saaletals bietet, in schönster Pracht.

Übernachten, Essen

Gute Adresse – **Schlossberg:** Tel. 036427 704 63, Fax 036427 224 52, www.dornburger-schloesser.de, DZ/F ab 70 €, Hauptgerichte 7–13 €. Vier gemütliche Zimmer in ruhiger Lage direkt am Parkeingang, das Restaurant verfügt über eine große Terrasse.

Infos & Termine

Information
Dornburg-Tourist: Friedrich-Ludwig-Jahn-Str. 7, 07778 Dornburg, Tel. 036427 209 34, Fax 036427 755 98, www.dornburg-saale.eu

Feste
Rosenfest: letztes Wochenende im Juni, mit der Wahl der Rosenkönigin erlebt das bunte Volksfest seinen Höhepunkt, www.dornburger-rosenfest.de.

Weit schweift der Blick von den Dornburger Schlössern aus über das Saaletal

Register

Register

Register

Ausgewählte Kunstwerke

Abbildungsnachweis/Impressum

Abbildungsnachweis

akg-Images, Berlin: S. 59
Bildagentur Huber, Garmisch-Parten-
kirchen: S. 52/53 (Lubenow), 21, 75
(R. Schmid)
DuMont Bildarchiv, Ostfildern: S. 33,
100 rechts, 107, 141 li., 168, 246
rechts, 247 li., 266/267, 269, 281
(Lubenow)
Frank Grätz, Dresden: S. 10/11 (außer
S. 11 links unten), 98/99, 101 li,
104/105, 112/113, 116, 122, 146,
152/153, 158, 166/167, 176 rechts,
180/181, 192, 202, 220, 230,
240/241, 250/251, 254, 262,
274/275, Umschlagrückseite
Hotel Dorotheenhof, Weimar: 11
links unten, 196/197
laif, Köln: Titelbild, S. 90, 276 (Babo-
vic), 72 (Celentano), 164/165 (Eisen-
mann), 9 (Westrich), 36/37, 96,100
links, 111, 140 rechts, 156 (Zanet-
tini)

look, München: 130/131 (Herzig)
Mauritius Images, Mittenwald: S. 246
links, 249 (go-images), 208 rechts,
211 (Wrba)
Picture-Alliance, Frankfurt am Main:
S. 57, 204 (akg-images), 194
(bifab), 66 (Grossemy), 208 links,
226/227 (Hilbich), 87 (Hirndorf),
94, 175 (Kasper), 60 (Kneffel), 93
(Koch), 89 (Mayer), 46/47 (Ott), 68
(Rose), 126 (Schlegel), 198/199
(AKG/Schlegelmilch), 12/13, 134/135
(H. Schmidt), 27, 42, 62, 79, 80/81,
83, 84, 176 links, 186, 245 (Schutt)
transit, Leipzig: 64, 77 (Haertrich)
Bernd Wurlitzer/Kerstin Sucher, Berlin: S. 8, 9, 31, 140 links, 159, 173,
209 li., 234/235, 264

Kartografie

DuMont Reisekartografie,
Fürstenfeldbruck
© DuMont Reiseverlag, Ostfildern

Umschlagfotos

Titelbild: Blick vom Turm der Jakobskirche

Hinweis: Autoren und Verlag haben alle Informationen mit größtmöglicher
Sorgfalt geprüft. Gleichwohl sind Fehler nicht vollständig auszuschließen. Alle
Angaben erfolgen ohne Gewähr. Bitte schreiben Sie uns! Über Ihre Rückmel-
dung zum Buch und über Verbesserungsvorschläge freuen sich Autoren und
Verlag:
DuMont Reiseverlag, Postfach 3151, 73751 Ostfildern,
info@dumontreise.de, www.dumontreise.de

2., aktualisierte Auflage 2012
© DuMont Reiseverlag, Ostfildern
Alle Rechte vorbehalten
Redaktion/Lektorat: Jutta Gay, Silvia Engel
Grafisches Konzept: Groschwitz/Blachnierek, Hamburg
Printed in China